国家林业和草原局普通高等教育"十三五"规划教材
涉农产业创新创业教育课程适用系列教材

创意创新创业基础

李玉萍 主编

中国林业出版社
·北京·

内容简介

本书《创意创新创业基础》与本科生必修课"创新创业基础"对应。全书共8章：第1章为创意、创新、创业与人生发展；第2章为创业机会与创业风险；第3章为创业环境与创业资源；第4章为创业者与创业团队；第5章为创业计划；第6章为新公司、新企业创办；第7章为创业比赛与涉农企业；第8章为业界翘楚为梦想起航。

《创意创新创业基础》围绕培养"三创"兴趣，激发"三创"热情，关注"三创"动态，了解"三创"精英及学生身边的创业者范例设计课程内容体系，了解开展"三创"活动所需要的基础知识和基本理论，认知"三创"的基本内涵和特殊性，辩证认识和分析创业者、创业机会、创业资源、创业计划和创业项目。正确理解"三创"与职业生涯发展的关系，为大学学习实践乃至就业创业奠定基础。

本书既可以作为涉农院校"创新创业基础"课程的教材，亦可作为有志于在涉农领域创新创业者的入门导读。

图书在版编目（CIP）数据

创意创新创业基础／李玉萍主编. — 北京：中国林业出版社，2019.11（2023.7重印）
国家林业和草原局普通高等教育"十三五"规划教材
涉农产业创新创业教育课程适用系列教材
ISBN 978-7-5219-0330-0

Ⅰ.①创… Ⅱ.①李… Ⅲ.①大学生-创业-高等学校-教材 Ⅳ.①G647.38

中国版本图书馆 CIP 数据核字（2019）第 245609 号

中国林业出版社·教育分社

策划、责任编辑：高红岩　段植林　　责任校对：苏梅
电话：(010)83143554　　　　　　　传真：(010)83143516

出版发行	中国林业出版社（100009　北京市西城区德内大街刘海胡同7号）
	E-mail：jiaocaipublic@163.com
	电话：(010)83143500
	http://www.forestry.gov.cn/lycb.html
经　　销	新华书店
印　　刷	河北京平诚乾印刷有限公司
版　　次	2019年11月第1版
印　　次	2023年7月第5次印刷
开　　本	787mm×1092mm　1/16
印　　张	12.75
字　　数	260千字
定　　价	32.00元

未经许可，不得以任何方式复制或抄袭本书之部分或全部内容。

版权所有　侵权必究

涉农产业创新创业教育课程适用系列教材
编写指导委员会

主　任
　　邢国明　杨武德

常务副主任
　　李玉萍

委　员(以姓氏笔画为序)
　　王　勇　王如福　王秦俊
　　许大连　李鹏飞　杨　燕
　　郑少文　赵志红　高培芳
　　崔清亮　靳　岷

《创意创新创业基础》编写人员

主　编
　　李玉萍

副主编
　　高培芳　王秦俊

编写人员（以姓氏笔画为序）
　　王立柱　王　勇　王秦俊
　　冯锦军　李玉萍　陈　婕
　　姚晓萍　高培芳　郭荣珖
　　谢艳丽

前言

为积极落实《国务院办公厅关于深化高等学校创新创业改革的实施意见》(国办发〔2015〕36号)、《教育部办公厅关于做好2018年深化创新创业教育改革示范高校建设工作的通知》(教高厅函〔2018〕20号)等文件精神,面向全体学生开好创新创业教育专门课程,山西农业大学于2018年7月启动了创新创业教育优质课程建设工程,确定建设山西农业大学校级创新创业课程群。根据山西农业大学学科专业属性,课程群面向涉农产业创新创业构建。根据课程群前期基础建设的完成情况,拟进行涉农产业创新创业教育课程适用系列教材建设。涉农产业创新创业系列教材设计一套8种教材,并各有侧重,在前期山西农业大学校级创新创业课程群建设基础上延伸,教学用一体设计,以创意创新创业基础导入,以种、养、加、服引深,达成企业创办与经营管理及新创企业营销策划之目标。《创意创新创业基础》是一套8种之第一种,是为大学生奠定创意创新创业基础而作。

《创意创新创业基础》与"创新创业基础"课程对应,该课程为全校本科生必修课。

《创意创新创业基础》全书共8章:第1章创意、创新、创业与人生发展,第2章创业机会与创业风险,第3章创业环境与创业资源,第4章创业者与创业团队,第5章创业计划,第6章新公司、新企业创办,第7章创业大赛与涉农企业,第8章业界翘楚为梦想起航。

《创意创新创业基础》紧紧围绕培养创意、创新、创业兴趣,激发创意、创新、创业热情,关注创意、创新、创业动态,了解创意、创新、创业精英及学生身边的创业者范例设计课程内容体系,使学生了解开展创意、创新、创业活动所需要的基础知识和基本理论,认知创意、创新、创业的基本内涵和特殊性,辩证地认识和分析创业者、创业机会、创业资源、创业计划和创业项目;使学生了解创意、创新、创业应具备的能力、创业资源整合与创业计划撰写的方法、新公司新企业的开办流程、大学期间投身创意、创新、创业的途径等,正确理解创意、创新、创业与职业生涯发展的关系,为大学学习实践乃至就业创业奠定基础。

结合山西农业大学校级创新创业课程群前期建设的经验，立足真正实现创新创业基础课程的教学目标，构建了本书的编写框架和编写体例。本书在内容呈现体例上每章设有本章要点，关键术语，本节提要，案例学习，复习思考题等。

本书由李玉萍担任主编，高培芳、王秦俊担任副主编。李玉萍、高培芳、王秦俊制定编写大纲，经全体编委会成员反复讨论修改确定。最终由高培芳、王秦俊统稿，李玉萍统筹定稿，王如福审稿，高佳楠校稿。在准备阶段，高佳楠、宫丽云、李嘉婧等协助查阅及分析了大量资料。在本教材成书进程中，每一个环节都得到了中国林业出版社的帮助和支持，在此向各位辛勤的付出表示衷心感谢！向本书的审稿、校稿及协助查阅分析资料的各位老师辛勤的付出表示衷心感谢！

全书共分为8章，具体写作分工如下：前言和第1章由山西农业大学创业学院李玉萍编写；第2章由山西农业大学创业学院陈婕编写；第3章由山西农业大学创业学院王勇编写；第4章由山西农业大学城乡建设学院王立柱编写；第5章由山西农业大学城乡建设学院谢艳丽编写；第6章由山西经济管理干部学院冯锦军编写；第7章由山西省农村经济研究所郭荣珑编写；第8章由山西农业大学经济管理学院姚晓萍编写。

希望本书可以给读者带来创意、创新、创业关于精神层面的思考，帮助读者认识到创意、创新、创业意识的魅力所在，并裨益于培养和提升读者创意、创新、创业的素养。本书既可以作为涉农院校"创新创业基础"课程的教材，亦可以作为有志于在涉农领域创新创业者的入门导读。

本书在编写过程中，借鉴和参考了大量国内外创意、创新、创业的教育、实践、研究等方面的文献资料，以及一些专家学者的理论和同行的观点，书中引用的案例与材料部分来自期刊、网络等，在此，一并表示衷心感谢。

由于编者水平所限，书中难免有疏漏和不当之处，敬请指正。

编　者

2019年9月30日

目录

前　言

第 1 章　创意、创新、创业与人生发展 ·· 1
　1.1　创意概述 ·· 1
　1.2　创新概述 ·· 11
　1.3　创业概述 ·· 16
　1.4　创意、创新、创业与人生愿景 ·· 20

第 2 章　创业机会与创业风险 ·· 30
　2.1　创业机会 ·· 30
　2.2　创业项目 ·· 33
　2.3　创业风险 ·· 39
　2.4　商业模式设计 ··· 43

第 3 章　创业环境与创业资源 ·· 52
　3.1　创业环境辨析 ··· 52
　3.2　创业资源获取 ··· 56
　3.3　创业资源整合 ··· 58
　3.4　创业资源管理 ··· 62

第 4 章　创业者与创业团队 ··· 78
　4.1　创业者 ··· 78
　4.2　创业团队组建 ··· 81
　4.3　创业团队风险管理 ·· 85
　4.4　团队精神与高情商团队 ·· 88

第 5 章 创业计划 ················· 103
5.1 创业计划书概述 ················· 103
5.2 创业计划书撰写 ················· 107
5.3 创业计划书展示 ················· 113
5.4 众创空间、星创天地与大学生创业园 ················· 118

第 6 章 新公司、新企业创办 ················· 127
6.1 新公司名称核准 ················· 127
6.2 创办新公司具备的条件 ················· 131
6.3 新公司的注册流程 ················· 138
6.4 企业生存能力 ················· 144

第 7 章 创业大赛与涉农企业 ················· 148
7.1 创业大赛 ················· 148
7.2 涉农企业与大学生创新创业 ················· 157
7.3 案例分析 ················· 161

第 8 章 业界翘楚为梦想起航 ················· 167
8.1 涉农创意之翘楚 ················· 167
8.2 涉农创新之翘楚 ················· 171
8.3 涉农创业之翘楚 ················· 177

参考文献 ················· 195

第1章 创意、创新、创业与人生发展

本章要点：使学生了解创意、创新、创业的含义；认识创意产业的特征；尝试创新思维训练；了解创业的步骤、创业的阶段；尝试用5W2H描述创业的想法或思路；通过简单的在线测试，使学生初步了解自己的职业兴趣，引导学生结合所学专业励志定向。

关键术语：创意；创新；创业

1.1 创意概述

本节提要：使学生了解创意、创意产品、创意经济的含义；认识创意产业的特征；结合所学专业体会创意农业发展蕴含的勃勃生机。

1.1.1 创意的含义

创意是什么？很多人对创意一词进行过阐释。在西方，"创意"有不同的理解方式，如"creative"有创造性的、有创造力的、创作的、产生的、引起的等含义。《现代汉语词典》的释义指有创造性的想法、构思等。中国学者从古至今对创意也有很多解释，汉王充《论衡·超奇》："孔子得史记以作《春秋》，及其立义创意，褒贬赏诛，不复因史记者，眇思自出於胸中也。"意思是孔子根据历史记载来写《春秋》这本书，但是《春秋》这本书里面的立场观点褒扬贬损却不是根据之前的历史记录来的，这本书里所有的观点都是出自孔子自己的内心，是孔子自己的思维。王国维《人间词话》："美成深远之致不及欧、秦，唯言情体物，穷极工巧，故不失为第一流之作者。但恨创调之才多，创意之才少耳。"郭沫若《鼎》："文学家在自己的作品的创意和风格上，应该充分地表现出自己的个性。"创意是创造性思维的产物；创意是超越常规的想法；创意是深度情感和理性的思考；创意是创造未来的过程；创意是旧元素的重新排列与组合；创意是致富的知识货币等。

创意起源于人类的创造力、技能和才华，创意来源于社会又指导着社会发展。人类是创意、创新的产物。类人猿首先想到了造石器，然后才动手把石器造出来，而石器一旦造出来类人猿就变成了人。人类是在创意、创新中诞生的，也要在创意、创新中发展。从人类诞生起,"创意"就开始左右着人类的发展,人类每一次的发明、创造都是在一定的环境、压力、生存下产生的。语言的创意让人类变成了高级动物——直到人类发明、制造、运用了工具,并在这个技术开拓过程中深化了思考,驾驭了语言,才与其他动物有了质的区别。随着市场经济的发展和人类可持续发展问题的提出、演进,创意一词逐渐被引入商业领域,受到越来越多的学者和企业家关注。

创意是创业策划的重要环节,也是创业的第一步。创意的产生需要把握几点:一是创意的产生需要运用创造性思维和方法;二是创意必须具有独特性、新颖性和价值性;三是创意是对产品形象、风格、意境等构思的过程。

一个创意的产生可能通过多种途径,它可能源于市场需求、新技术的出现、环境的变化、一个待破解的问题或困难,也可能产生于偶尔的一个特殊灵感。无论通过何种方法途径,创意的产生,需要运用创造性思维,提出与众不同的新想法。因此,一个好的创意应该具有创造性、新颖性、实用性、价值性等特征。

创造不是天才的专利,创意是可学的,是普通人通过训练可以拥有的能力。一个好的创意能够改变人的命运,挽救一个企业。正如比尔·盖茨说过,好的创意才是价值之源。理查德·弗罗里达在其《创意经济》一书中断言,"哪里有创意,哪里就必定有技术创新与经济增长。"创意已经成为经济发展的不竭动力之源。

总体概括,创意就是与众不同的、创造性的、新颖的想法,它是指对现实存在事物的理解以及认知所衍生出的一种新的抽象思维和行为潜能,是一种通过创新思维意识,从而进一步挖掘和激活资源组合方式进而提升资源价值的方法。

1.1.2 创意产品

1.1.2.1 创意产品的构成要素

创意产品指创意产业所产生的,在生产过程中需要耗费创造力,需要某种程度技术创新的产品。

从创意到产品需要很多要素,不同行业、企业的创意产品可能涉及的要素不同。但是,任何一个优秀创意产品的产生,都有其独特的思考逻辑和构成要素。通常情况下,一个创意产品的形成包括三个要素:

(1)构思概念

在充分调研的基础上,把创意产品的意境、形象、风格等构思出来。

(2)选择恰当的工具或素材

在产品意境、形象确定之后,就要寻找能够更好地表达这个形象或产品的工具或素材。例如,广告创意和文学产品所需要的工具可能是不同的,不同行业的创意产品所需要的素材也不同。

(3)表现技巧和方法

各种创意构思只有通过相应的工艺、技术和方法,才能把头脑中的创意变成现实的产品，巧妙地设计出深受消费者喜爱的创意产品。

1.1.2.2 创意产品的价值

根据创意产品的构成要素，人们设计了各种各样的创意产品。人们最熟悉的创意可能是文化创意，如动画、艺术作品、广告创意等。近几年，商业创意被广泛应用于工业产品设计，从绿色环保型创意房屋、创意汽车到小小的创意椅子、创意茶杯、创意牙签等，创意越来越贴近人们的生活。通过创意设计的产品，更受消费者喜爱，也大大提高了创意产品的价值。

经济学家罗默（Rohmer，1986）指出，新创意会衍生出无穷的新产品、新市场和财富创造的新机会，所以新创意推动创意产品的形成，是推动一国经济成长的原动力。例如，商业活动中的创意产品对刺激经济活力具有不可替代的作用。

(1) 吸引更多消费者

通过创意设计，生产出创意产品，使产品更加富有个性、美感，增强可使用性，满足消费者多方面的需求，吸引更多的消费者对产品的青睐。

(2) 增加文化内涵

创意产品不局限于单纯强调由物质材料所构成的使用价值，而是赋予产品更多的文化内涵与时尚元素，大大丰富了产品的内容，消费者通过消费行为来标识自己的社会地位，获得身份认同感。

(3) 提升经济价值

普通产品可能依据其成本定价，销售价格比较低廉，而创意产品由于具有独特性、新颖性和更多的知识、技术和文化内涵，深受消费者喜爱，自然提升了它的经济价值。

随着创意产品越来越受到消费者青睐，创意产品可带来更高的附加值。因此，提升持续发展能力，注重创意产品设计与研发已日渐成为一个新的发展潮流和趋势。

1.1.3 创意经济

创意经济是指那些从个人的创造力、技能和天分中获取发展动力的企业，以及那些通过对知识产权的开发可创造潜在财富和就业机会的活动。它通常包括广告、建筑艺术、艺术和古董市场、手工艺品、时尚设计、电影与录像、交互式互动软件、音乐、表演艺术、出版业、软件及计算机服务、电视和广播等。此外，还包括旅游、博物馆和美术馆、遗产和体育等。

自从英国政府 1998 年正式提出"创意经济"的概念以来，发达国家和地区提出了创意立国或以创意为基础的经济发展模式，发展创意产业已经被提到了发达国家或地区发展的战略层面。与此同时，西方理论界也率先掀起了一股研究创意经济的热潮。从研究"创意"（creativity）本身，逐渐延伸拓展到"创意产业"（creative industry）、"创意资本"（creative capital）、"创意经济"（creative economy）、"创意阶层"（creative class）。

1.1.3.1 创意经济的概念和内涵

创意是将个人独特的天赋、才能及看法转换成新奇而有效用的想法,是一种能面对日常生活的问题或挑战,而衍生出创新主张或办法的能力,至于"创意经济"这个概念则由英国最先明确提出。1997 年 5 月,英国首相布莱尔为振兴英国经济,提议并推动成立了创意产业特别工作小组(Creative Industry Task Force)。这个小组于 1998 年和 2001 年分别两次发布研究报告,分析英国创意产业的现状并提出发展战略;1998 年,英国创意产业特别工作组在出台的《英国创意产业报告》中首次对创意经济进行了定义,将创意经济界定为"那些从个人的创造力、技能和天分中获取发展动力的企业,以及那些通过对知识产权的开发可创造潜在财富和就业机会的活动"。创意经济也称创意产业、创新经济、创意工业、创造性产业等。

随着科技对农业的贡献越来越大,创意农业随之产生,如番茄王国、南瓜餐具等,通过创意把文化艺术活动、农业技术与农耕活动以及市场需求有机结合起来,开拓了新的创意空间。到目前为止,人们吃的、穿的、玩的、使用的工具等都出现了各种各样的创意产品,如中国(寿光)国际蔬菜科技博览会(山东寿光蔬菜高科技示范园)、山西晋城司徒小镇创意农业园,都是很好的创意农业的典范,展示了创意农业发展的勃勃生机。

经济学家约翰·霍金斯(John Howkins)在《创意经济》(2001)一书中,从产业角度界定创意经济。他把创意产业界定为其产品都在知识产权法的保护范围内的经济部门。知识产权包括专利、版权、商标和设计四大类。每一类都有自己的法律实体和管理机构,每一类都产生于保护不同种类的创造性产品的愿望。Howkins 认为,知识产权法的每一形式都有庞大的工业与之对应,加在一起"这四种工业就组成了创造性产业和创造性经济",全世界创意经济每天创造 220 亿美元,并以 5% 的速度递增。在这个定义上,创意产业组成了资本主义经济中非常庞大的部门。有版权的产品(书籍、电影、音乐)带来的出口收入超过了汽车、服装等制造业。Howkins 为创意经济所下的定义相对于英国创意产业特别工作组所下的定义有不少优点。它为确定一种现有的活动是否属于创造性部门提供了一种有效而又一致的方式。他特别强调了创意产业依赖于知识产权的国家强力保护体系。通过界定创意部门,Howkins 避开了该职业的性质是否有创造性这一潜在难题。对 Howkins 来说,"印刷书籍和摆放舞台布景的人与作者、舞台上的表演者一样都不过是创造性经济的一部分"。

卡内基梅隆大学的 R. Florida(2005)认为"创意时代"(creative age)已经到来。他从推动一国经济增长的主要动力出发,把世界的经济社会发展分为农业经济时代(A)、工业经济时代(M)、服务经济时代(S)、创意经济时代(C)四个时期。在 1900 年以前,世界还处于农业经济时代,那时的经济主要以农业为主,工业经济、服务经济和创意经济还处于萌芽状态;1900—1960 年,工业经济迅速崛起,成为世界的主导经济,而农业经济在经济社会扮演的角色开始退缩,服务经济和创意经济在此期间有所发展;1960—1980 年,在世界范围内服务经济超过工业经济成为领头羊,工业经济经过成熟期占世界经济的份额开始有所下降,创意经济则开始进一步发展;1980 年以来,虽然服务经济依然占据主导地位,但是创意经济增长速度很快,有着超越服务经济的趋势,因此创意时代已经到来。在创意时代,一国的经济不再主要是由其自然资源、工厂生产能力、军事力量,或者科学和技术构成。在创意经济时代,竞争力围绕一个中心,即一国或一个区域能动员、吸引和留住创意人才的能力。因为推动经济增长的主要因素不再是技术也不是信息,而是创意。R. Florida 设计了一套衡量创意经济发展水平的指标。它由才能指标(talent index)、科技指标(high-tech index)、宽容指标(tolerance index)组成。三者权重各为 1/3。按照他的计算,在世界各国的创意水平排名中,瑞典排名第一,日本排名第二,芬兰排名第三,美国排名第四,中国名列第 36 位。

1.1.3.2 创意经济的外延

可从产业、要素、经营、管理、环境等更宽广的视野来观察和讨论创意经济的外延。

(1)从产业角度定义创意经济

"创意产业化"意义上的创意经济,指把创意经济理解为创意产业。创意产业指将内容作为最终消费产品加以产业化的产业。英国创意产业特别工作组的创意产业部门划分,基本限制在文化产业范围内。这是最狭义的创意产业定义,它排斥了创意作为生产方式对国民经济所有部门具有的普遍意义,仅将创意视为特殊产业现象。

现代服务业意义上的创意经济,指创意作为中间产品意义上的内容产品,即内容生产资料,而形成的产业;也是指将创意方法和工具产业化而形成的服务产业。

"产业创意化"意义上的创意经济。产业创意化有不同的含义:一是将创意作为生产非内容产品的方法,并加以专业化,如策划;二是使内容作为物质产品的高端附加值部分的产业延伸方式;三是指利用广告、营销等创意环节带动其他经营环节的商业方式。

(2)从要素角度定义创意经济

将创意经济理解为"生物进化",强调经济的"非决定论"性质,把经济发展理解为生物进化式的自然聚集。

将创意经济理解为"人本"资源配置,不是按照资源稀缺性,以效用最大化原则来配置资源,而是通过创意配置资源,主要指根据企业家主观创意和天才来重组资源,还包括根据价值、意义和文化标准配置资源。

(3)从经营角度定义创意经济

将创意经济理解为对产品的内容附加值的生产;将创意经济理解为创意投入和创意资本化主导的经济行为;将创意经济理解为企业策划和广告营销。

(4) 从管理角度定义创意经济

将创意经济理解为与完备理性方法相反的"艺术化管理";将创意经济理解为与完备理性方法相反的学习演进式管理;将创意经济理解为用完备理性方法对创意活动的管理;将创意经济理解为用完备理性方法对以创意为手段的商业活动的管理;将创意经济理解为利用综合方法对创造力进行管理;将创意经济理解为人文潜意识管理;将创意经济理解为直觉决策。

(5) 从环境角度定义创意经济

强调发展创意经济就是营造使创意具有经济性的环境;强调发展创意经济主要是提供文化公共品和创意基础设施;强调发展创意经济主要是营造文化氛围;强调发展创意经济就是营造适合创意的法律环境。

1.1.3.3 创意阶层的特征

R. Florida(2002)认为,在创意经济时代,美国的社会阶层构造发生了重要变化。除了劳动者阶层(working class),服务业阶层(service class)以外,一个新的阶层在悄然兴起,那就是创意阶层(creative class)。他把创意阶层分成"具有特别创造力的核心"(super creative core)和"创造性的专门职业人员"(creative professionals)两个组成部分。前者包括科学家、大学教授、诗人、艺术家、演员、设计师、建筑师、引导当代社会潮流的小说家、编辑、文化人士、咨询公司研究人员以及其他对社会舆论具有影响力的各行各业人士;后者包括高科技、金融、法律及其他各种知识密集型行业的专门职业人员。创意阶层的特征可概括为:

(1) 创意阶层具有创意与创造力

R. Florida(2002)认为,那些属于创意阶层的人们从事各种不同的行业,但其中一个共同点就是他们经常会有创新的想法,发明新技术,从事"创造性"的工作;评论是否属于创意阶层的指标是必需的,即职业指标和学历指标。在劳动者阶层和服务业阶层中,按工作计划不加思考地进行工作的人居多,而创意阶层更加自主灵活,在工作中充分发挥个人的创造性,进行各种新的尝试。

(2) 创意阶层具有一些共同的价值观和能力

比如说,尊重个性,竞争与实力主义优先,喜欢开放与多样的城市社会环境,具有重新修改规则、发现表面离散的事物间共同联系的能力等。R. Florida 创意阶层的价值观,与密歇根大学社会学家因格哈特(Ingelhart)早年提出的"后物质主义"价值观有相似之处。Ingelhart(1990)指出,在发达国家,人们对经济成长的关心已逐渐被对生活方式以及自我价值实现等其他关心所取代。这些价值观会大大解放个人的创造性,从而成为后工业时期资本主义经济成长的新的推动力。

(3) 创意阶层对城市生活舒适条件需求较高,舒适条件好的城市会吸引创意阶层

城市舒适性(urban amenities)具备以下条件:

①充实的商品市场及服务；
②由优美的建筑和城市规划等形成的良好城市外观；
③低犯罪率，良好的学校等公共服务的完备；
④便捷的交通及通信基础设施(Glaeser，2000)。

Glaeser以美国为例指出，即使房租和地价偏高，许多高学历者也希望在旧金山等便利性高的城市居住。在收入不变的情况下，房租与地价的上涨部分反映了人们对城市便利性的需求以及为此需要付出的价格。

(4) 创意阶层独特的生活方式以及价值取向会左右未来城市和社区的发展方向

R.Florida(2002)认为创意阶层在选择工作时，除了对工资的关注以外，还特别重视工作的意义、工作的灵活性与安定性、同事的尊重、技术要求以及公司所在城市等其他因素。作为这种价值取向的结果，劳动力市场向水平方向发展，人们往往从所从事的职业，而不是从所在的公司那里寻找个人认同。同时，创意阶层由于工作时间延长，经常会推迟结婚和生育。在业余文化生活方面，比起像棒球、篮球等观赏型的体育运动，他们更喜欢参与型的体育运动，如自行车、攀岩、潜水、滑雪等运动。这些在工作与业余生活方面的价值取向变化会对城市和社区产生深刻的影响。随着创意阶层的增加，低收入的服务行业从事者也在增加。创意阶层的人们收入较高，工作时间长，因而对餐饮业、保洁业等各种生活服务的需求在加大。创意阶层与服务业阶层之间在社会经济方面的差距，在空间上的隔离会愈发明显。

1.1.3.4 创意产业的特征

纵观世界不同国家或地区对创意产业的定义及具体行业的划分，不管叫"创意产业""文化创意产业""创意工业"或者"版权产业"，还是首先提出"创意产业"概念的英国所指"创意产业"的13个行业，几乎全部已列入相关国家或地区的该类产业。创意产业具体包括的行业不外乎广告、建筑、艺术品和古玩、工艺品、设计、时装、电影与录像、动漫、音乐、表演艺术、出版、软件与电脑服务、电视和广播等。实际上，作为新崛起的产业，创意产业既有设计、研究开发、软件、咨询、会展策划、印刷包装等生产性服务的内容，也有信息、文化艺术、时尚消费和娱乐等消费性服务的内容。可以说，创意产业是二、三产业共同发展的结合点，是现代经济发展的新内容和新载体。

虽然在实际的政策运用或政府的产业统计中，由于各国和地区的经济社会发展阶段以及文化背景的不同，对创意产业内涵与外延的界定存在一定的差异，但总体而言创意产业还是有其共同的特征：

(1) 创意产业具有极高的附加值，是一个"引擎"产业

创意产业在技术、知识产权、专利制度、金融服务等发展条件的支撑下，以居于价值链高端的地位渗透所有产业，决定生产过程利润分配的本质，这也是知识经济对

创意产业的要求。

(2) 从需求方面看,创意产业具有需求的不确定性

在创意产业的产品投入生产之前,无法预测消费者如何评价和对待新的创意产品,很难根据以往经济发展形势来加以判断(R. E. Caves, 2000)。从供给方面来看,创意产品体现创意的多样性和差异性。由于创意产业更多地具有文化艺术的特性,因而其风格、基调、艺术特色更多地具有多样性与差异性。

(3) 创意产业是以知识产权为核心资产的新的产业门类,需要有知识产权法来保护其创新成果

创意产业也是一个智力密集型行业,其精华是人的创造力。广义的创造力可以存在于技术、经济和文化艺术三方面,即技术发明、企业家能力和艺术创造力。技术发明和艺术创造需要有企业家才能获得创新,也就是变成产品和实现价值。创造力必须有知识产权保护才能创造财富。为此,有知识产权保护制度的地方才能发展创意产业。

(4) 创意产业蕴含以人为本精神,是一种人本化的现代知识服务业

创意产业以人的创造性思维为最重要经济资源。每个创意工作者都可以在一定范围内将个人对产品的理解和创意冲动倾注于实体产品的质量与形态里。它的所有的技术创新追求、文化创新追求均力求充分地考虑现代社会中那些集体和个体消费者的独特创意,互动、融合、客户、合作和网络是关键。

(5) 创意产业具有产业集群的特征

创意产业的发展并不仅是个人和单个企业的行为,而是需要集体的互动和企业的地理集聚。随着各种新兴科学技术的出现以及人们对创意产品要求的提升,创意产业内部分工也更趋细化,生产过程日益复杂,往往需要各种硬件和软件的支持,同时需要各个层面、众多创意人才协同配合才能完成。为了获得规模经济和范围经济,集群内不同类型企业共生互补,不断向产业链的两头延伸,往产业链上的价值高端攀越是创意产业集群的共同现象。

(6) 创意产业反映了产业融合的趋势

创意产业包含的专业领域很广,它和高科技产业、内容产业及文化艺术产业等有广泛的联系。正如 J. O. Connor 所言:"可以断言,地方和区域战略后十年的任务是找到一种可以把文化产业与更广泛的制造业部门联系起来的方式,创造性、风险、创新和信息、知识与文化在全球经济中将具有核心作用。"

1.1.3.5 创意人才

创意人才有不同的分类标准。蒋三庚(2009)根据产业链的不同环节,把创意人才分为创意生产者、创意策划者和创意成果的经营管理者三类。

创意生产者是创意内容的提供者和创意产品的完成者。创意生产者包括艺术工作者,如画家、作家、编剧、动画制作人员等,还包括设计师,如服装设计师、建筑设

计师等，同时也包括民间艺术家和民间手艺工人。

创意策划者致力于把创意以最完美和最恰当的形式展现出来。他们不仅是创意的生产者，有专业技能和创意灵感；还是创意的引导者，能够整合创意资源，拓展创意空间，激发创意生产者的创意灵感。创意策划者包括导演、广告策划人、项目策划人等。

创意成果的经营管理者是指通过创意产品经营实现创意产品价值的人才。创意成果的经营管理者包括公司经理、项目经理、经纪人、中介人等。

1.1.4 创意产业园

创意产业园区是产业集聚的载体，其主要构成应有相关文化创意设计方面的企业，有提供高科技技术支持（如数字网络技术）的企业，有国际化的策划推广和信息咨询等中介机构；还有从事文化创意产品生产的企业和在文化经营方面富有经验的经纪公司等。这种相互无缝连接的企业集群，构成立体的多重交织的产业链环，对提高创新能力和经济效益都具有实际意义。

1.1.4.1 中国瓜果书创意产业基地

中国瓜果书创意设计生产基地成立于2008年11月，在深圳大学经济学院、艺术与设计学院和景德镇陶瓷学院师生的大力支持和指导下，在著名学者佛山华夏建筑陶瓷研究开发中心高级顾问、旅美学者、美国俄克拉荷马州荣誉市民张有卓教授的悉心支持下，创意设计中心设计制作出了极具创意的瓜果书系列产品。瓜果书结合了最新的工艺设计思想，使盆栽技术和书本构造有机结合，开创了"书本开花结果"的奇迹。瓜果书作为极具创新意识的时尚创意产品开创性的融合了先进的工业设计思想和园艺科学理论。在中国甚至在世界范围内首创"书，是用来种的！"的这一极具冲击力的创意。一定程度引领了时尚设计潮流，其卓越的气质和华贵优雅的气派体现了工业设计精髓，具有深厚的文化底蕴和时尚气息。中国瓜果书创意产业基地在充分吸收日本、美国创意设计的基础上，自主设计研发出来的瓜果书系列产品开创性地集合了时尚创意和园艺科学理论的本质。国内瓜果书的设计和制作尚处于初期发展阶段，中国瓜果书的设计富有创意并体现了瓜果书的精髓。

1.1.4.2 佛山创意产业园

佛山创意产业园位于佛山市季华路，占地面积12公顷，建筑面积20万平方米。园区是"三旧"（旧城镇、旧厂房、旧村庄）改造重点项目的典范，已吸引了从事设计、金融、保险、法律服务等1000多家企业入驻，先后获得"广东文化（创意）产业园""广东省知识产权试点园区""国家知识产权局专利交易基地"等14项称号，并被列为2010年广东省政府重点建设项目，先后被海内外媒体报道3000多次。

佛山创意产业园是由政府支持，民营企业全额投资和运营的市场化主体，由12家旧工厂改造而成。在佛山市委市政府、禅城区委区政府的强力支持下，秉承"文化是魂，产业是根，平台是关键"的宗旨，经过 5 年的改造，12 家工厂变成了 500 多家创意企业，2000 多名蓝领工人变身 2 万名白领精英，形成了文化产业、生产性服务业、高端生活配套服务业集聚的创意产业园。

佛山创意产业园是以"洋人街·中国梦"为主题的人居现代服务业园区，目标是打造成为白领人才办公、休闲、娱乐、购物的城市副中心。洋人街既是外国人在中国的故乡，也是中国人不出国门学习西方文化的体验馆；洋人街是产业街，既是为外国企业和人才提供服务的企业集聚地，也是到中国的外国服务业的集聚地；洋人街是平台街，既是外国人在中国创业实现梦想的平台，也是中国人借力国际智慧实现中国梦的平台。

"一群有意思的人，在一个有意思的地方，做有意思的事情，赚有意思的钱，过有意思的生活。"这是对创意产业园的形象描述。创意产业园就是一个集成的互动平台，为创意者服务、为创意企业服务、为创意活动服务。它是资源的整合者和平台的搭建者，通过搭建信息交流平台、文化艺术活动与交流平台、公共技术服务平台、融资变现平台、生活服务及采购平台、公共商务会展平台、知识产权保护平台、国际交流平台，致力于打造一个有能量的灵性空间和创意文化场，以此催生创意、变现创意、保护创意，实现创意产业化、产业创意化。

1.1.4.3 山西晋城司徒小镇

晋城，古称泽州、泽州府，历史悠久，是山西通往中原的门户。自古为兵家必争之地，素有"河东屏翰、中原门户、三晋咽喉"的美誉。司徒小镇，位于山西东南部，晋城市城区中心的东北部，西距晋城市区北高速路口 5 千米。占地千余亩，是集特色餐饮、休闲娱乐、农耕体验、旅游购物、文化演艺等为一体的"老晋城民俗印象基地，新晋城美食旅游地标"。每年春节期间接待游客量均达百万以上人次，屡次刷新晋城旅游行业新纪录。游客大多来自山西、河南、河北、陕西以及长三角地区，奔着八百种山西各地美食和三百种民俗，特别是晋城市独有的"泽州打铁花"而来。浓郁的山西民俗风情和精彩呈现的非物质文化遗产千人"打铁花"实景演绎，绝美绚烂，广受全国各地游客的喜爱。司徒小镇从晋城市现代都市农业生态园逐渐被打造成了一个集休闲旅游、餐饮、住宿为一体的充满晋东南地方风情的精品小镇。

春节是司徒小镇的黄金游玩期。春节期间，省级非物质文化遗产千年绝技"打铁花"在司徒小镇内的人工湖广场精彩上演，民间匠人用熔炉将生铁熔化成数千摄氏度的铁汁，抛起用力击向天空，朵朵铁花如天女散花，绚丽夺目，夜空之下，火星璀璨，带来的是红火和惊诧，也带来了希望与憧憬，吸引大量游客前来观看。最高峰时期，单日游客量高达 15 万人，创造了多项晋城市城区景区接待量的新纪录。

1.2 创新概述

本节提要：使学生了解创新的含义、创新的类型、创新能力的构成；尝试创新思维训练；结合所学专业思考如何培养自己的创新能力。

1.2.1 创新的含义

创新是指人类为了满足自身需要，不断拓展对客观世界及其自身的认知与行为的过程和结果的活动。具体地，创新是指人为了一定的目的，遵循事物发展的规律，对事物的整体或其中的某些部分进行变革，从而使其得以更新与发展的活动。创新，顾名思义，创造新的事物。《广雅》有"创，始也"；新，与旧相对。创新一词出现很早，如《魏书》有"革弊创新"，《周书》有"创新改旧"。与创新含义近同的词汇有维新、鼎新等。

创新概念起源于经济学家熊彼特 1912 年出版的《经济发展概论》。熊彼特提出创新是指把一种新的生产要素和生产条件的"新结合"引入生产体系。熊彼特的创新概念包含的范围很广，其包括五种情况：引入一种新产品，引入一种新的生产方法，开辟一个新的市场，获得原材料或半成品的一种新的供应来源，新的组织形式。随后有关创新的研究逐渐深化，进而形成较为系统的理论。

1.2.2 创新的类型

创新虽有大小、层次之分，但无领域、范围之限。若按大的属性划分，可以将创新粗略地分为知识创新、技术创新、管理创新和方法创新四大类。

(1) 知识创新

知识创新就是对现有知识的构成要素进行新的组合或分解，是在现有知识基础上的进步或发展，是在现有知识基础上的发明或创造。人们一般将知识细分为自然科学知识和社会科学知识两类，因而知识创新也可以进一步细分为自然科学知识创新和社会科学知识创新。

(2) 技术创新

技术创新就是对现有技术构成要素进行新的组合或分解，是在现有技术基础上的进步或发展，是在现有技术基础上的发明或创造。技术一般可以细分为自然科学技术和社会科学技术两大类。技术创新也可以进一步细分为自然科学技术创新和社会科学技术创新。

(3) 管理创新

管理创新是指对现有管理构成要素进行新的组合或分解，是在现有管理基础上的进步或发展，是在现有管理基础上的发明或创造。"管理"一词一般有三个方面的含义：

①负责某项工作，使其顺利进行；②保管和料理；③照管并约束。但是从本质上看，管理的主要构成要素是管理知识、管理方法。管理创新可以进一步细分为行政管理创新、企业管理创新、事业管理创新、团体管理创新和个人管理创新。

（4）方法创新

方法是指人们在探索、利用或改造世界的实践中所积累的观察问题、分析问题或解决问题的途径、程序或诀窍等。方法创新就是对现有方法构成要素进行新的组合或分解，是在现有方法基础上的进步或发展，是在现有方法基础上的发明或创造。

1.2.3 创新思维训练

（1）求异思维的自我训练

创新思维训练并不难，关键是要通过练习而形成一种崭新的思维习惯，以至于遇到问题时，能用与众不同的眼光来看待和分析这些问题，训练伊始，可以从身边的工作生活开始，或者看到什么事都可以想一想，难道只能这样吗？还能做哪些改变呢？

在进行训练的时候，采用看到什么就拿什么提问，遇到什么提问，就拿什么问题说事的办法，每天都要做练习，同时也做记录，先不管问过之后的新想法是否有价值，先让思维形成一种习惯，这一点非常重要。

怎样才能训练求异思维能力呢？可以这样考虑，就是遇到一件事情的时候，考虑难道这个事情真的会是这样吗？有没有用其他的方法处理呢？通过假设猜想、求异。这种思维一旦形成习惯，对思维训练是非常有帮助的。

（2）扩散思维的自我训练

扩散思维和集中思维怎样去做自我训练？我们可以做这样一个训练，比如说所见到的麦子，它是一种农产品，那么用麦子可以制作什么样的食品。列举出麦子能制作的食品的种类，列举越多，证明扩散思维的能力就越强。所谓的扩散思维，是从一个集中的点向四周扩散的一种思维方式，也称为发散思维。扩散思维在整个思维的过程中是不受任何约束的，也就是说在思维的过程中它们的范围是比较宽的、方向是多向的，能够在思维的过程中捕捉到更多的信息，寻找到解决问题更多的途径。如果用扩散思维的方式用于创新，那么就是将针对创新能力的扩展、扩散思维用于创新能力的培养上。扩散思维能力的高低，直接影响创新能力的高低。集中思维，实际上是在扩散思维的基础之上，把所获取的一些信息，重新进行归纳，重新进行整理、组织，然后，往正确处理问题的方案集中引导。通过这种集中思维的方式，可以找到解决问题的最佳方式。在训练扩散思维的时候，比如说使用一种工具，这种工具能够在哪些方面使用，能够以怎样的方式使用，想象的越多，证明扩散思维的能力越强。比如说手机，手机的用途有哪些方面，考虑得越多，思维就越扩散，思维就越强。再比如说平常听到的铃声，那么铃声有多少功能呢？铃声的功能都体现在哪些方面呢？它主要应用于哪些领域呢？可以围绕这个展开想象来进行思维能力的培养，主要培养扩散思维。

集中思维能力的培养，要尽可能地先使用扩散思维，想象出能有多种方式可以解决问题，然后在获取信息的基础上，对各个解决办法进行比较，选择其中最佳的一个解决问题的办法。在这个过程中，实际上对扩散思维和集中思维同时进行了训练。

（3）联想思维的自我训练

联想就是指从一种事物想到另外一种事物的心理过程，联想可以是概念与概念之间的联想，也可以是方法与方法之间的联想，还可以是自行想象形象之间的联想。看到地上潮湿的时候，可以想象到下雨、多云；看到树动的时候，可以联想到刮风。联想的本质实际上就是事物之间存在的联系。在观察两个事物的时候，它们之间要么有直接的联系，要么有间接的联系，所以就给联想思维提供了一个依据。

联想的方法一般有自由联想法、强制联想法、仿生联想法。自由联想法，就是在思维方面，不受任何限制的联想，可以从多方面、多角度、多方位、多种可能性等，寻找最佳的解决问题的办法或方案。强制联想法就是给出固定的两个事物，然后从中找出它们之间的联系。比如一本书和一个桌子，怎样才可以把二者联系在一起呢？可以这样想，书可以放在桌子上，书里面可以画上一张桌子。仿生联想法就是通过研究生物的技能，或者是结构特征等，来设想创造一种对象的方法，像自然界中的飞鸟，通过联想想象可以制造飞行器。仿生学通过仿生而创作的产品，可以说举不胜举。根据三种联想方式，可以针对不同的联想方式来进行自我联想思维的训练。比如相关联想，见到老师的时候可以联想到学校、学生；见到医生的时候可以联想到医院、病人、护士等。比如说强制联想法，一个木桶和一张纸，二者之间有什么样的联系？木桶可以造纸，纸上可以画木桶。

（4）直觉思维的自我训练

直觉思维即不需经过大脑的分析、推理，而直接给出答案的过程。它是大脑受到外界刺激后马上产生的一种反应，这种反应形成的预感是不加任何思索推理的结果。那么直觉思维为什么常常是正确的呢？甚至具有创造性呢？这是因为直觉的本质是在经验的前提下，大脑对思维过程进行简化压缩或超越后得出事物的规律或问题的答案的一种闪电式顿悟。

尽管直觉在创新活动中起着非常重要的作用，但必须指出的是直觉是以经验为基础的，越是熟悉的事物越容易产生直觉，而经验是有限的，这一有限性，常导致创新者凭直觉得出的结论被限制在一定的范围内，并可能出现错误的论断。比如在没有对病人做周密的观察之前，从中根据直觉判断，医生就有可能做出错误的诊断。因此在创造过程中，既要重视直觉思维的积极作用，又要注意克服它的缺陷，对于由直觉得出的猜测，应进一步用实践来检验它的正确性。

直觉思维的自我训练，主要是训练正确利用直觉思维的能力，也就是说当直觉提示我们的时候，既不要因为忽视直觉的提示而错失良机，也不要因为过分迷恋直觉而导致走向的错误。遇到自己无法立即明确下结论的时候，一定要给予高度重视，并按照科学的方式、方法来进行求证，以得到正确的结果。

（5）灵感与灵感思维训练

灵感思维是大脑的一种潜在机能，是客观存在的，是思维发展到高级阶段的产物，钱学森教授说"刚出生下来的娃娃不会有灵感，所以灵感是人们社会实践的结果，不是神授，既是社会实践的结果，又是经验的总结，那它就有规律。总而言之，应该是有一种人可以控制的大脑活动，有一种思维，也是有规律的。"

灵感的特点主要表现在以下方面：①突如其来，让人茅塞顿开。②它不为人的意志所左右，也不能预定时间。③瞬间即逝，飘然而去。灵感呈现过程极其短促，往往只是一瞬间一刹那，稍纵即逝。为了避免事后后悔，一定要随身携带钢笔、纸张，当灵感光临的时候，把它写下来，是留住它的最好办法。

1.2.4 创新能力的构成

创新能力指技术和各种实践活动领域中不断提供具有经济价值、社会价值、生态价值的新思想、新理论、新方法和新发明的能力。创新能力由学习能力、分析能力、综合能力等构成。

（1）学习能力

学习能力一般是指人们在正式学习或非正式学习环境下，自我求知、做事、发展的能力，如观察力、记忆力、抽象概括能力、注意力、理解能力等，体现个体运用科学的学习方法去独立地获取信息、加工和利用信息、分析和解决实际问题的一种个性特征。

（2）分析能力

把某一事物、现象、概念分成较简单的部分，并对其进行单独剖析、分辨、观察和研究的技能和本领。事物是由不同要素、不同层次、不同规定性组成的统一整体。认识事物的有效方式之一就是把它的每个要素、层次、规定性在思维中暂时分割开来进行考察和研究，弄清楚每个局部的性质、局部之间的相互关系以及局部与整体的联系。

（3）综合能力

综合能力指在思维中把客观对象的各个部分结合成一个有机整体进行考察、认识的技能和本领。思维中的综合，是把客观存在的各个要素、层次和规定性，用一定线索把它们联系起来，从中发现它们之间的本质关系和发展的规律。

（4）想象能力

以一定知识和经验为基础，通过直觉、形象思维或组合思维，不受已有结论、观点、框架和理论的限制，提出新设想、新创见的能力。想象力往往是发现问题和解决问题的突破口，在创新活动中扮演突击队和急先锋的角色，缺乏想象力很难从事创新工作。

(5) 批判能力

与其他能力相比,批判能力贵在发现问题。批判能力表现在两个方面,在学习、吸收已有知识和经验时,批判能力保证人们不盲从,而是批判性地、选择性地吸收和接受,去粗取精、去伪存真;在研究和创新方面,则质疑和批判是创新的起点,没有质疑和批判就只能跟在权威和定论后面亦步亦趋。

(6) 创造能力

创造能力是善于运用前人经验并以新的内容和形式来完成工作任务的能力,是创新能力的核心,指首次提出新的概念、方法、理论、工具、解决方案、实施方案等的能力,是创新人才的禀赋、知识、经验、动力和毅力的综合体现。

(7) 解决问题的能力

解决问题的能力基于发现问题。解决问题的能力包括提出问题和凝练问题,针对问题选择和调动已有的经验、知识和方法,设计和实施解决问题的方案,对于难题,能够创造性地组合已有的方法乃至提出新的解决方法。

(8) 实践能力

实践能力指实际动手能力或理论应用于实际的能力。实践能力常特指社会实践能力。提出创造发明成果,只是创新活动的第一阶段,要使成果得到承认、传播、应用,实现其学术价值、经济价值和社会价值,必须要和社会打交道,实践能力就是为实现这一目标而进行的各种社会实践活动的能力。

(9) 组织协调能力

组织协调能力指根据工作目标任务,对资源进行分配,同时控制、激励和协调群体活动过程,使之相互融合,从而实现组织目标的能力。一般认为组织协调能力包括组织能力、授权能力、冲突处理能力、激励下属能力。

(10) 整合多种能力的能力

创新人才的宝贵之处不仅在于拥有多种才能,更重要的是能够把多种才能有效地整合在一起发挥作用。整合多种能力的能力是能力增长和人格发展的结果,这需要通过学习、实践和人生历练。能否完成重大创新,拥有整合多种能力的能力是一个关键。

1.2.5 创新能力的培养

人人具有创新的潜能,只要采取合适的方法,创新能力都可以大幅度提高,培养大学生创新能力,既是实施科教兴国和建设创新型国家的必然要求,也是提高大学生自身综合素质的重要途径,在建设创新型国家的总体战略部署下培养大学生创新能力势在必行。

(1) 重视学生的个性发展与创造精神

要把每个学生看作具有创造潜能的主体,具有丰富个性的主体。学校要重视学生的个性差异，注重学生的个性发展，因材施教。如果各环节管理过死，学生就会完全处于被动状态，个性得不到尊重和发展，就谈不上培养学生的创造精神和创新能力，为此，应该改革传统的教育教学管理体制。例如，可以实行学习过程多元化的管理模式，允许大学未毕业的学生进行自主创业，为他们保留一定时间的学籍，激励那些敢于创新的学生脱颖而出。

（2）营造校园创新环境与创新氛围

学校创新环境的建设是创新人才培养的必要条件，要把创新环境的建设放在学校工作的重要地位，大学应该充分发挥第二课堂的作用，定期举办各种学术讲座、学术沙龙和大学生科技报告会，出版大学生论文集，鼓励学生积极参加学术活动，对于不同领域的知识，有一个大体的涉猎，进行不同学科之间的交流，从而学习他人如何创造性地解决问题的思维和方法，以强化创新意识。鼓励学生大胆创新，可以让他们参加教师的科研课题，也可以由学生自拟题目，并选派教师指导，并对学生的科研课题进行定期检查和鉴定，这样可以培养学生的创新毅力和责任心，拓展学生的视野，有效发挥他们的创造才能。建立激励竞争机制，举办各种形式的竞赛活动，对在创新方面成绩突出的学生进行表彰和奖励。

（3）构建合理的课程体系，开设专门的创新课程

创造能力来源于扎实的基础知识和良好的素质，仅仅掌握单一的专业知识是不够的，因此，加强学生基础教育的内涵更新和外延拓展及构建合理的课程体系就显得非常重要。大学教育中要注重文理渗透，可以对文科学生开设部分自然科学课程，对理科学生适当加强人文学科课程的教育，使学科之间相互渗透，改变专业划分过细、学生知识面狭窄的现状，实行大学科、大专业教育，使课程之间相互渗透，打破明显的课程界限。增加选修课的比重，倡导学生跨系、跨专业选修课程，使学生依托一个专业，着眼于综合性较强的跨学科训练。这不仅可以优化学生的知识结构，为以后在某个专业深造做好准备，同时也有利于发展学生的特殊兴趣，使之能够学有所长。尽可能开设一系列专门的创新课程，有重点地对学生进行一些创新的基本训练。

1.3 创业概述

本节提要：使学生了解创业的含义、创业的要素、创业的类型、创业的步骤、创业的阶段；尝试用5W2H描述创业的想法或思路。

1.3.1 创业的含义

"创业"一词由"创"和"业"组成，所谓"创"就是创造，即创建、创立、创新之意，《辞海》的解释是"创立基业"。古代《孟子·梁惠王》有："君子创业垂直，可继也。"诸

葛亮《出师表》曰："先帝创业未半，而中道崩殂。"这里所谓的"创业"是广义上的创业，是指"事业的基础、根基"，既可以是古代的"帝王之业""霸王之业"，也可以是百姓家业、家产和个人事业。关于"业"字，其含义也很多，《现代汉语成语辞典》对"业"有如下解释：学业；修业，毕业，就业，转业；事业，功业；家业，产业，企业；专业，职业；正业，副业；行业等。可见"业"的内涵极为丰富。同样，"创业"的内涵也极其丰富，有性质、类别、范围和过程阶段等方面的区别与差异。

在现代社会中，"创业"被普遍用于描述开创某种事业的活动，与保持前人已有成就和业绩的"守业"是相对的。改革开放以来，创业常指一切个人或团队创立自己的产业的活动，如开店、办厂、创办公司、投资生意等生产经营活动。在高等教育中表述的"创业"，主要指以所学知识为基础，以技术、工艺、产品、服务的创新成果为支柱，以风险投资基金为依托，开创性地提供有广阔前景的新技术、新工艺、新产品、新服务，直至孵化出新的高新技术企业甚至新产业部门的一系列活动。

创业有广义和狭义之分，区分在于对"业"的理解或释义。一般地，创业是创业者对自己拥有的资源或通过努力对能够获取的资源进行优化整合，从而创造出更大的经济价值或社会价值的过程。

杰夫里·提蒙斯（Jeffry A. Timmons）在其所著的《创业创造》（New Venture Creation）经典教科书中，给出的定义是创业是一种思考、推理结合运气的行为方式，创业为运气带来的机会所驱动，需要在方法上全盘考虑并拥有和谐的领导能力。

1.3.2 创业的要素和类型

1.3.2.1 创业的要素

创业是创业者通过发现和识别商业机会，组织各种资源，提供产品和服务，以创造商业价值的过程，这一过程的中心在于整合各种必要资源、利用资源并创造价值。在这一定义中，包含创业者与创业团队、创业机会、创业资源等要素。

（1）创业者与创业团队

创业者是置身于创业过程核心的个人或团队，是创业的主体。作为创业主体要满足具有强烈的创业意愿、具有足够的创业能力两个条件。创业者通常独自创业，但是在许多情形下创业团队是十分重要的，不同的团队成员扮演不同的角色并分担相应的责任。创业者承担个人财务和声誉上的风险从事创业活动，在创业过程中起着关键的推动和领导作用，包括商业机会识别，企业组织的创立、融资、产品创新、资源获取和有效配置及运用，以及市场开拓等。创业的成功与失败很大程度上取决于创业者和团队的素质与经验。创业者和创业团队在创业中的作用比创意、机会、资源更加重要，因为创意能否转化为机会，机会能否实现其价值和资源能否得到有效利用，都取决于创业者和创业团队的素质和经验。

（2）资金

将本求利，天经地义。巧妇难为无米之炊，创业必须有资本，资金是创业成功的必备基础，也是创业成功的第一要素。不能说有钱能使鬼推磨，但民间俗语有"一分钱逼死英雄汉"的说法。所谓无本经营，只是自己没有钱或不想出钱，不等于没钱就可以创业成功，创业可以通过借力使力，动用可用的方式来融资。所以，无论创业资金由谁出，都必须有资金。资金可以置换创业所需的其他资源，有形资产、无形资产均可置换，如品牌、专利等。创业者的关键职能之一就是吸引投资，将其转化为市场需要的产品和服务，实现商业价值。

（3）商业机会

商业机会是指存在于某种特定的经营环境条件下，企业可以通过一定的商业活动发现、分析、选择、利用，并为企业创造利润和价值的市场需求。商业机会对于意欲创业者来说就是创业机会，利用这种商业机会是创业者进行创业的主要驱动力量。利用商业机会并将其转化为价值的过程就是创业的过程。创业者往往从发现和识别商业机会开始创业，努力以现在不能的方式来做重要的事情，并且做得更好，这种改进就是创业者对于市场的创新，如果市场认同这种改进，并且创业者可以有效创新并且盈利，那么就可以创造价值，实现创业目标。

（4）想法或思路

思维人人都有，但关于创业的思路不是所有人都具备。想法或思路的载体是创业计划，创业计划描述关于创业的设想。关于创业计划的格式化、规范化的文本称为创业计划书。创业计划书要能够用5W2H清晰地描述。在后续课程推进中，将循序渐进，由表及里、由浅入深，引导学生从案例赏析切入，欣赏别人创业，解析别人创业，模仿别人创业……逐渐深化，从而达成双创教育课程设置的目的。

1.3.2.2 创业的类型

（1）根据创业组织分类

根据创业活动组织不同，可以分为个体创业和公司创业。个体创业主要是指与原有组织实体不相关的个体或团队的创业行为，而公司创业主要指由已有组织发起的组织的创造、更新与创新活动。虽然在创业本质上，公司创业和个体创业有许多共同点，但是由于起初的资源禀赋不同、组织形态不同、战略目标不同等，在创业风险承担、成果收获、创业环境、创业成长等方面也有很大差异。

（2）根据创业动机分类

根据创业动机的差异，可以分为生存型创业和机会型创业。生存型创业指那些由于没有其他就业选择或对其他就业选择不满意而从事创业的活动，生存型创业的目的在于谋生，为了谋生而自觉或被迫走上创业之路；机会型创业指那些为了追求一个商业机会而从事创业的活动，机会型创业的出发点并非谋生，而是为了抓住和利用市场机遇，虽然创业者还有其他的选择，但由于他们的个体偏好而选择了创业。

(3) 根据创业主体分类

根据创业主体差异，可以分为大学生创业、无业或失业者创业和兼职者创业。大学生创业，可独立创业，也可合伙创业；可选择所学专业相关的，也可选择非所学专业相关的，大学生创业的目的是多元化的。无业或失业者通过自身努力，可以成为创业成功者。这类创业多选择投资少、回报快、风险低的服务行业，比如各地的家政服务就是无业或失业人员开办的，其市场潜力很大，十分适合有生活经验的中年妇女。兼职者创业，如大学老师中有一部分就是兼职创业者，尤其是从事艺术专业的，自己建立公司，对外招揽生意。也有一些研究生、博士生在读期间就开始创业。

(4) 根据创业方式分类

根据创业者创业方式的差异，可以分为复制型创业、模仿型创业、安家型创业、冒险型创业。复制型创业是在现有经营模式基础上的简单复制。例如某人原先担任某家电公司部门主管，后来他自行离职，创建了一家与原家电公司相似的新家电公司，且新组建公司的经营风格也基本与离职前的那家公司相同。模仿型创业是创业者采取模仿和学习他人创业成功范例而进行的创业活动。模仿型创业具有投资少、见效快、迅速进入市场等特点，对于市场来说虽然也很少带来新创造的价值，创新的成分也很低，但对创业者本身命运的改变还是较大的。如某煤矿公司的经理辞职后，模仿别人新组建一家网络公司。安家型创业以企业内部创业为代表，支持员工内部创业的主要目的是为了留住具有创新精神和才能的优秀人才。这种形式的创业，重点是对"安"与"家"的理解与考量，创业者所从事的仍旧是原先熟悉的工作，例如，企业内部的研发小组在开发完成一项新产品后，继续在该公司开发另一种新产品项目，并不对原有组织结构进行重新设计和调整。冒险型创业指难度很高，有较高的失败率，但成功所得的报酬也很诱人的创业类型。这种类型的创业如欲获得成功，必须在创业者、创业时机、创业精神、创业策略、模式设计、创业管理等方面具备较强的能力。

1.3.3 创业的步骤与创业的阶段

1.3.3.1 创业的步骤

(1) 选定创业项目

对大量创业成功者的实例研究证明，选定好的创业项目是创业成功的前提和基础。选择创业项目，不仅要对自身的兴趣、特长、实力进行全面客观的分析，而且要善于发现市场机会，把握未来发展趋势。

(2) 拟定创业计划

选定创业项目是指决定创业"干什么"，拟定创业计划则是指决定创业"怎么干"。可行的创业计划是创业成功的基础。只有拟出切实可行的创业计划，创业活动才能有的放矢，减少失误，提高创业成功的可能性。

(3）筹集创业资金

常言说，巧妇难为无米之炊。创业也是一样，必须拥有一定的资金，否则，创业活动就无法展开。创业初期，创业者一般都缺乏资金，因此，筹集创业启动资金就成为创业者必须解决的首要问题。

（4）办理创业有关的法律手续

创业者确定创业，需要先创办自己的创业公司，必须按照有关法律、法规要求，准备国家要求的有关资料和注册资金，到所属地市场监督管理部门按照流程登记注册公司，完成新公司创办。

（5）创业计划的实施

创业者完成了前四步创业活动的准备工作后，接下来就要按照拟定的创业计划要求，组织调配人、财、物等资源，进入创业活动的实施阶段。创业实施阶段的工作既是创业活动的重点，也是创业活动的难点，这一阶段的工作成效决定创业者能否实现创业的目标。

1.3.3.2 创业的阶段

创业旨在通过某种方式来探索、评估和开发潜在的机会，从而创造出未来的商品和服务。由于创业的本质是一种行为过程，学者们在进行关于创业行为的研究时，开始关注创业阶段的研究，由于划分标准的不同，学者们对创业阶段进行了不同的划分。Reynolds(2005)根据GEM(全球创业观察)报告的定义，将创业进程分为创业机会识别期、创业机会开发期、新企业成长期、企业稳定期四个阶段。Klyver(2007)将创业周期分为探索阶段、初创阶段、新企业阶段三个阶段。我国学者蔡莉和单标安(2010)认为创业年龄8年以下的企业均属于新企业，并且他在Leung等学者(2006)将新企业分为创建期和成长期基础上，借鉴了Littunen(2000)的观点，将新企业分为创建期、存活期、成长期三个阶段。Coviello(2006)认为创业研究的内容主要是指Reynolds划分的创业四阶段的前三个阶段，创业企业进入稳定期后，不再属于创业研究范畴。以上这些学者都强调了创业机会识别、创业机会开发、新创企业成长三个阶段是创业发展的关键阶段。

1.4 创意、创新、创业与人生愿景

本节提要：通过简单的职业兴趣测试，使学生初步了解自己的职业兴趣，引导学生思考职业生涯规划，结合所学专业励志定向。

1.4.1 职业兴趣测试

1.4.1.1 霍兰德职业兴趣测试

霍兰德职业兴趣测试由美国著名职业指导专家霍兰德编制,主要用于确定被测试者的职业兴趣倾向,进而用于指导被测试者选择适合自身职业兴趣的专业发展方向和职业发展方向。

霍兰德认为人的人格类型、兴趣与职业密切相关,兴趣是人们活动的巨大动力,凡是具有职业兴趣的职业,都可以提高人们的积极性,促使人们积极地、愉快地从事该职业,且职业兴趣与人格之间存在很高的相关性。霍兰德认为人格可分为现实型、研究型、艺术型、社会型、企业型和常规型六种类型。

(1) 现实型(R)

共同特点:愿意使用工具从事操作性工作,动手能力强,做事手脚灵活,动作协调。偏好于具体任务,不善言辞,做事保守,较为谦虚。缺乏社交能力,通常喜欢独立做事。

典型职业:喜欢使用工具、机器,需要基本操作技能的工作。对要求具备机械方面才能、体力或从事与物件、机器、工具、运动器材、植物、动物相关的职业有兴趣,并具备相应能力。如:技术性职业(计算机硬件人员、摄影师、制图员、机械装配工),技能性职业(木匠、厨师、技工、修理工、农民、一般劳动)。

(2) 研究型(I)

共同特点:思想家而非实干家,抽象思维能力强,求知欲强,肯动脑,善思考,不愿动手。喜欢独立的和富有创造性的工作。知识渊博,有学识才能,不善于领导他人。考虑问题理性,做事喜欢精确,喜欢逻辑分析和推理,不断探讨未知的领域。

典型职业:喜欢智力的、抽象的、分析的、独立的定向任务,要求具备智力或分析才能,并将其用于观察、估测、衡量、形成理论、最终解决问题的工作,并具备相应的能力。如:科学研究人员、教师、工程师、电脑编程人员、医生、系统分析员。

(3) 艺术型(A)

共同特点:有创造力,乐于创造新颖、与众不同的成果,渴望表现自己的个性,实现自身的价值。做事理想化,追求完美,不重实际。具有一定的艺术才能和个性。善于表达、怀旧,心态较为复杂。

典型职业:喜欢的工作要求具备艺术修养、创造力、表达能力和直觉,并将其用于语言、行为、声音、颜色和形式的审美、思索和感受,具备相应的能力。不善于事务性工作。如:艺术方面(演员、导演、艺术设计师、雕刻家、建筑师、摄影家、广告制作人),音乐方面(歌唱家、作曲家、乐队指挥),文学方面(小说家、诗人、剧作家)。

(4)社会型(S)

共同特点:喜欢与人交往,不断结交新的朋友,善言谈,愿意教导别人。关心社会问题,渴望发挥自己的社会作用。寻求广泛的人际关系,比较看重社会义务和社会道德。

典型职业:喜欢要求与人打交道的工作,能够不断结交新的朋友,从事提供信息、启迪、帮助、培训、开发或治疗等事务,并具备相应能力。如:教育工作者(教师、教育行政人员),社会工作者(咨询人员、公关人员)。

(5)企业型(E)

共同特点:追求权力、权威和物质财富,具有领导才能。喜欢竞争,敢冒风险,有野心、有抱负。为人务实,习惯以利益得失、权利、地位、金钱等来衡量做事的价值,做事有较强的目的性。

典型职业:喜欢要求具备经营、管理、劝服、监督和领导才能,以实现机构、政治、社会及经济目标的工作,并具备相应的能力。如:项目经理、销售人员、营销管理人员、政府官员、企业领导、法官、律师。

(6)常规型(C)

共同特点:尊重权威和规章制度,喜欢按计划办事,细心、有条理,习惯接受他人的指挥和领导,自己不谋求领导职务。喜欢关注实际和细节情况,通常较为谨慎和保守,缺乏创造性,不喜欢冒险和竞争,富有自我牺牲精神。

典型职业:喜欢要求注意细节、精确度、有系统、有条理,具有记录、归档、根据特定要求或程序组织数据和文字信息的职业,并具备相应能力。如:秘书、办公室人员、记事员、会计、行政助理、图书馆管理员、出纳员、打字员、投资分析员。

在霍兰德的理论中,人格被看作是兴趣、价值、需求、技巧、信仰、态度和学习个性的综合体。就职业选择而言,兴趣是个体和职业匹配的过程中最重要的因素,直至目前,霍兰德职业兴趣理论是最具影响力的职业发展理论和职业分类体系。

人们通常倾向选择与自我兴趣类型匹配的职业环境,如具有现实型兴趣的人希望在现实型的职业环境中工作,可以最好地发挥个人的潜能。但职业选择中,个体并非一定要选择与自己兴趣完全对应的职业环境。一则因为个体本身常是多种兴趣类型的综合体,单一类型显著突出的情况不多,因此评价个体的兴趣类型时也时常以其在六大类型中得分居前三位的类型组合而成;二则因为影响职业选择的因素是多方面的,不完全依据兴趣类型,还要参照社会的职业需求及获得职业的现实可能性。因此,职业选择时会不断妥协,个体需要逐渐适应社会的职业供给状况。

职业兴趣是职业选择中最重要的因素,是一种强大的精神力量。职业兴趣测验可以帮助个体了解自己,从而能得到最适宜的活动情境并给予最大的能力投入。根据霍兰德的兴趣理论,个体的职业兴趣可以影响其对职业的满意程度,当个体所从事的职业和他的职业兴趣类型匹配时，个体的潜在能力可以得到淋漓尽致的发挥，工作业绩也更加显著。在职业兴趣测试的帮助下，个体可以清晰地了解自己的职业兴趣类型和在职业选择中的主观倾向，从而在纷繁的职业机会中找寻到最适合自己的职业，避免职业选择中的盲目行为。尤其是对于大学生和缺乏职业经验的人，霍兰德的职业兴趣理论可以帮助其做好职业选择和职业设计，成功地进行职业调整，从整体上认识和发展自己的职业能力。

通过在线完成霍兰德职业兴趣测试，可以预知自己的个性特征，可以帮助您作个性自评，从而获悉自己的个性特征更适合从事哪方面的工作，有助于选择适合于个人发展的职业。

1.4.1.2 职业锚(职业价值观)测试

职业锚，又称职业系留点(career anchors)。实际就是人们选择和发展自己的职业时所围绕的中心，是指当一个人不得不做出选择的时候，他无论如何都不会放弃的职业中的那种至关重要的东西或价值观。职业锚是自我意向的一个习得部分。个人进入早期工作情境后，由习得的实际工作经验所决定，与在经验中自省的动机、价值观、才干相符合，达到自我满足和补偿的一种稳定的职业定位。职业锚强调个人能力、动机和价值观三方面的相互作用与整合。职业锚是个人同工作环境互动作用的产物，在实际工作中是不断调整的。

职业锚问卷(career anchor questionnaire)是一种职业生涯规划咨询、自我了解的工具，是国外职业测评运用最广泛、最有效的工具之一，能够协助组织或个人进行更理想的职业生涯发展规划。职业锚分为 8 种类型。

(1) TF 型：技术/职能型职业锚 Technical/Functional Competence

始终不肯放弃的是在专业领域中展示自己的技能，并不断把自己的技术发展到更高层次的机会。希望通过施展自己的技能以获取别人认可，并乐于接受来自于专业领域的挑战，可能愿意成为技术/职能领域的管理者，但管理本身不能给你带来乐趣，极力避免全面管理的职位，因为这意味着你可能会脱离自己擅长的专业领域。

(2) GM 型：管理型职业锚 General/Managerial Competence

始终不肯放弃的是升迁到组织中更高的管理职位，这样能够整合其他人的工作，并对组织中某项工作的绩效承担责任。你希望为最终的结果承担责任，并把组织的成功看作是自己的工作。如果目前在技术/职能部门工作，你会将此看成积累经验的必须过程，你的目标是尽快得到一个全面管理的职位，因为你对技术/职能部门的管理不感兴趣。

(3) AU 型：自主/独立型职业锚 Autonomy/Independence

始终不肯放弃的是按照自己的方式工作和生活，希望能够提供足够的灵活性，并由自己来决定何时及如何在组织中工作。如果你无法忍受任何程度上的公司的约束，就会去寻找一些有足够自由的职业。你宁可放弃升职加薪的机会,也不愿意丧失自己的独立自主性。为了能有最大程度的自主和独立,你可能创立自己的公司,但你的创业动机与创业家的动机是不同的。

(4) SE 型:安全/稳定型职业锚 Security/Stability

始终不肯放弃的是稳定的或终身雇佣的职位。你希望有成功的感觉,这样你才可以放松下来。你关注财务安全(如养老金和退休金方案)和就业安全。你对组织忠诚,对雇主言听计从,希望以此换取终身雇佣的承诺。虽然你可以到达更高的职位,但你对工作的内容和在组织内的等级地位并不关心。任何人(包括自主/独立型)都有安全和稳定的需要,在财务负担加重或面临退休时,这种需要会更加明显。安全/稳定型职业锚的人总是关注安全和稳定问题,并把自我认知建立在如何管理安全与稳定上。

(5) EC 型:创造/创业型职业锚 Entrepreneurial/Creativity

始终不肯放弃的是凭借自己的能力和冒险愿望,扫除障碍,创立属于自己的公司或组织。你希望向世界证明你有能力创建一家企业,现在你可能在某一组织中为别人工作,但同时你会学习并评估未来的机会,一旦你认为时机成熟,就会尽快开始自己的创业历程。你希望自己的企业有非常高的现金收入,以证明你的能力。

(6) SV 型:服务型职业锚 Sense of Service, Dedication to a Cause

始终不肯放弃的是做一些有价值的事情,如让世界更适合人类居住,解决环境问题,增进人与人之间的和谐,帮助他人,增强人们的安全感,用新产品治疗疾病等。你宁愿离开原来的组织,也不会放弃对这些工作机会的追求。同样,你也会拒绝任何使你离开这些工作的调动和升迁。

(7) CH 型:挑战型职业锚 Challenge

始终不肯放弃的是去解决看上去无法解决的问题,战胜强硬的对手或克服面临的困难。对你而言,职业的意义在于允许你战胜不可能的事情。有的人在需要高智商的职业中发现这种纯粹的挑战,如仅仅对高难度、不可能实现的设计感兴趣的工程师。有些人发现处理多层次的、复杂的情况是一种挑战,如战略咨询师仅对面临破产、资源耗尽的客户感兴趣。还有一些人将人际竞争看成是挑战,如职业运动员,或将销售定义为非赢即输的销售人员。新奇、多变和困难是挑战的决定因素,如果一件事情非常容易,它立马会变得令人厌倦。

(8) LS 型:生活型职业锚 Lifestyle

始终不肯放弃的是平衡并整合个人的、家庭的和职业的需要。你希望生活中的各个部分能够协调统一向前发展,因此你希望职业有足够的弹性允许你来实现这种整合。你可能不得不放弃职业中的某些方面(如晋升带来跨地区调动,可能打乱你的生活)。你与众不同的地方在于过自己的生活,包括居住在什么地方、如何处理家庭事务及在某一组织内如何发挥自己优势都游刃有余。

职业锚测评旨在找到目前期望的和适合的职业定位，职业锚测评需要被测者拥有一定的工作经验，至少在工作 1~3 年之后，本测试才有相应的指导意义，在此仅作为职业生涯规划思考的方向或参照。

1.4.2 职业生涯规划

目前，很多大学生站在毕业选择的十字路口茫然无措，其中最主要的原因就是在大学期间缺乏对未来生活和职业目标的远景规划与相应准备。面对严峻的就业压力，如果大学生希望在毕业时能有一个良好的选择，在未来职业生涯中充分体现自我价值，就应该尽早地进行大学职业生涯规划，规划好大学的学习、生活、工作，避免盲目或被动的学习。结合自己的实际特点，确定职业发展方向和实施策略，避免在今后的人生发展道路中走弯路。总之，职业生涯规划是大学生最先行、最基础的一项基础工作，也是大学生实现职业理想和职业目标的关键一环。

1.4.2.1 职业生涯与职业生涯规划

职业生涯，指的是一个人从职业学习开始到职业劳动最后结束这一生的职业工作经历过程。职业生涯规划，是指结合自身条件和现实环境，确立自己的职业目标，选择职业道路，制订相应的培训、教育和工作计划，并按照职业生涯发展的阶段实施具体行动以达成目标的过程。职业生涯规划贯穿人的一生，因此，对职业生涯规划，就是为自己的未来绘制理想的蓝图。

1.4.2.2 职业生涯规划的出发点

职业生涯规划，简单地说，就是要解决职业生涯设计中"做什么""何处做""怎么做""以什么样的心态做"这四个最基本的问题，有专家将此高度概括为职业生涯中的"四定"——定向、定点、定位和定心。

定向，就是确定自己的职业方向。方向和目标有所不同，目标是自己拟定的期望达到的一个理想，而方向是为达成目标而选择的一种路径。

定点，就是确定职业发展的地点。地点也是现实环境的一个因素。就中国来说，各地的经济发展现状和前景都有一定差异。

定位，就是确定自己在职业人群中的位置。定位过低会导致个人在职业生涯中无法实现自我价值的最大化，过高则容易因连遭挫折而对职业生涯丧失信心。

定心，就是稳定自己的心态。人的一生必然会有高低起伏，成功与挫折总是结伴而行的。个人的职业生涯也不例外，在漫长的职业生涯中需要保持良好的心态。

1.4.2.3 职业生涯规划的类型

职业生涯规划的类型，一般是按照规划的时间维度划分为短期规划、中期规划、长期规划和人生规划。

①短期规划：指 2~3 年的职业生涯规划，主要是确定近期目标，制订近期任务。

②中期规划：指 3~5 年的职业生涯规划，在短期规划的基础上设定中期目标，这

是一种常见的职业生涯规划。

③长期规划：指5~10年的职业生涯规划，规划目的主要是设定比较长远的目标。

④人生规划：指对整个职业生涯的规划，时间跨度可达40年左右。目的是确定整个人生的发展目标。

在实际操作过程中，职业生涯规划的时间跨度越长，不确定因素就越多，变数就越大，规划的弹性就越强。因此，比较理想的职业生涯规划是中期规划，其次是长期规划，既便于根据实际情况设定可行性目标，又便于随时根据现实境况及时调整。

1.4.2.4 职业生涯规划的主要原则

①可行性：职业生涯规划要有事实依据，并非是美好的幻想和不着边际的梦想。

②清晰性：保证目标与措施的清晰和明确，可以按部就班具体实施计划以达成目标。

③适时性：规划中的各项措施与行动应该有明确的时间表，以便及时评估和修正。

④适应性：未来具有很强的不确定性，规划需要有一定的弹性，以便于适时调整。

⑤持续性：规划要考虑到生涯发展的整个历程，每个发展阶段应能持续地连贯衔接。

⑥长远性：规划应该从大方向着手，尽可能制订较远期的目标。

⑦挑战性：如果目标在原地踏步不前，则规划失去了原本的意义，无法激励自己。

1.4.3 创意创新创业与人生

创意、创新和创业(简称"三创")是社会个体发展过程中的表现形式，也是社会个体多样性、差异性的本质所在。三者从不同的方面影响以至于决定着社会个体发展的进程和结果，社会个体价值的实现程度取决于自身的"三创"能力。随着《关于深化体制机制改革加快实施创新驱动发展战略的若干意见》《关于大力推进高等学校创新创业教育和大学生自主创业工作的意见》《关于发展众创空间推进大众创新创业的指导意见》等创新创业相关的纲领性文件陆续出台，为创新创业搭建了广阔的平台。以此为契机，中国"大众创业、万众创新"开始由梦想全面转入实践阶段，拉开了构建创新型社会的序幕。

创意、创新与创业三者相互促进，密不可分。创意是创新创业行动的先导，决定着创新创业的方向，反过来，创新创业实践又会影响创意的内容；创业是创业者主观能动的开创性实践活动，是一种高度的自主活动，在创业实践中，创业者的这种主观能动性将会得到充分的发挥和体现，这种能动性进一步创造性地深化了创业实践；创新的价值在于能够为创业者带来潜在的商业价值，尤其是巨大的超额利润，它引领着创业的方向和节奏，也是创业成功与否的关键所在。

拥有"三创"能力的个体，可以改变人生轨迹，正如我们所看到的那样，社会个体从一出生就具有差异性。区域差异表现为有人生在山村，有人生在城市；经济条件差异表现为有人生在贫穷家庭，有人生在富裕家庭……这是社会个体不能选择的。但是在全球的各个角落，各个行业都有无数的杰出人士，有的是发明家、科学家，有的在企业担任高管，有的开创了自己的公司，这些杰出的成功人士未必都出生于优越的地区或家庭，正所谓"英雄不问出处"。是什么改写了他们的人生？那些乐观、积极、好胜、热忱、正直、诚实、守信的人，不论从事什么工作，他们都独立而乐观地生存着，并为国家贡献着聪明才智；是什么让他们找到了生存的乐趣？人生成功的标志并不一定是财富和地位，而是其内生的快乐和动力。这种精神动力来自于人们对自己的正确认识，来自于在多大程度上发挥自己的潜能。而"创意、创新和创业"的精神和意识，正是人们追求实现人生价值的动力源泉。一个人在人生旅途中取得的成就大小，在一定程度上取决于他的"创意、创新和创业"的素质和能力。

1.4.4　山西农业大学的创业三部曲

"扶上马，送一程，做后盾"，通俗的创业教育三部曲，生动形象地诠释了山西农业大学立足涉农高校特色，实施"创业意识培育""创业能力提升""创业条件帮扶"三大工程的丰富内涵。

2003年以来，山西农业大学从创业政策、创业师资、创业课程、创业平台、创业资金等方面，全过程、全方位鼓励、支持和帮助在校学生及毕业生创新创业，较好地解决了"培养什么样的农科大学生，怎样培养未来种地人"这一地方农科院校办学的根本问题，为上百名大学毕业生铺就了爱农务农、兴农富农的创新创业之路。

(1)"扶上马"——创业教育

为培养学生对农业、农民、农村的感情，注入创新创业教育的动力源泉，山西农业大学充分发挥课堂教育主导作用，组织广大专业课教师积极参与"一村一品""一县一业"科技服务专项行动、"百团大战"科技扶贫专项行动，多层次推进国情省情教育和农情民情教育进讲义、进课堂、进学生头脑；坚持教书和育人相结合，要求非农专业建设必须体现农本特色，非农专业学生必须选修二至三门涉农课程，通过面向全校学生开设必修课，开展创新创业通识教育。

为培养学生的创新创业意识，2009年5月，学校启动了"青年企业家进校园"和大学生创业论坛，先后邀请新东方学校创始人俞敏洪、北京昂明亚网络科技有限公司董事长昌向东等20余位创新创业成功人士来校做报告，强化学生的创新创业意识。学校还坚持开展"校友导航——成功者之路"创新创业教育工程，每年举办15场创新创业成功者报告会。十多年来已先后邀请200多位在各条战线特别是在农业战线上自主创新创业的优秀校友回校做报告，以王永富、黄超、江利斌、马红军、张阳阳、张宏霞、蒙雨田、刘清河等往届毕业生极富说服力和感染力的创新事例，通过创业成功者亲口讲述，用"身边事"教育"身边人"，进一步激发大学生的创新创业意识和热情。

(2)"送一程"——创新能力培养

提升大学生的创新能力是创新创业教育的关键所在。在教育实践中,山西农业大学坚持将创新创业教育作为立德树人的重要抓手,在深化就业观、择业观和创业观的过程中,不断提升学生的动手能力和创新创业素养。

为帮助大学生掌握创业技能,构建创新创业教育的链条,山西农业大学坚持为有志创业的学生提供系统化的创新创业培训。2011年6月,学校在民政部门注册成立了"太谷县山西农业大学大学生创业服务中心",为大学生提供讲座、培训、咨询、奖助、援助等创新创业公益性服务。2012年9月,学校引入"创办和改善你的企业"公益性培训项目,面向即将毕业的大四学生和在读研究生,展开科学化、系统化的创业教育。2013年4月,山西农业大学列入全国"大学生KAB创业教育基地",形成了较为完善的大学生创业教育培训体系。

为帮助大学生积累创业经验,提高创新能力,山西农业大学积极深化教育改革,在2014年启动了"大学生创业能力提升工程",向山东寿光8家农业现代企业选送了100余名有志在农村、农业领域自主创业的青年学生,进行为期三个月的锻炼,全方位开展现代农业经营理念、先进管理模式和生产技术的学习和实践,为学生的自主创业奠定了坚实的基础。

(3)"做后盾"——创新创业指导

提高大学生创业成功率,关键在于积极开发培育适合大学生的创业项目,并提供配套支持。为此,山西农业大学将支持学生创新创业作为党建带团建的品牌活动,搭建平台,创造条件,有力地推进了青年学生特别是大学毕业生积极投身自主创业实践。

2013年,山西农业大学与太谷县政府、巨鑫现代农业园区合作,成立了山西农业大学大学生创业园,2014年11月,学校开办了首期创新创业先锋班,开始有重点地培养农业职业经理人和新型农业企业家。目前,大学生创业园区已经开发了20公顷土地,建成了20栋温室大棚,先后共有30多个学生创业团队600余名同学入驻。

为了有效解决大学生毕业回乡创业初期遇到的经验、技术、资金、平台等各方面的瓶颈问题,山西农业大学启动实施了"毕业生创业助推工程",先后对已毕业近五年的大学生创业者开展跟踪帮扶,重点对到基层工作的农大毕业生在资金、技术、合作平台、规划建设等方面给予大力支持。

"问渠哪得清如许?为有源头活水来。"从成效上看,山西农业大学创新的人才培养模式,凸显了农科高校的优势和特色,涌现出了"全国农村青年致富带头人"王永富、"全国就业创业优秀个人"黄超、"第九届全国大学生年度人物"江利斌、2014年度"中国大学生自强之星"马红军,2018年度"中国大学生自强之星"刘浩杰、金永贵、斛如媛等一批创新创业典型,不仅为现代农业培养了一大批高端新型的职业农民,也为知识型青年人才依托母校这块"半亩方塘""天光云影"实践着他们的创业梦想。

复习思考题

1. 结合所学专业试述创意农业发展蕴含的商机。
2. 结合创新能力的构成评价自身的创新能力。
3. 用5W2H描述你认可的创业成功者的创业计划。
4. 分析你自己在线完成的霍兰德职业兴趣测试(免费版)结果。

第 2 章　创业机会与创业风险

本章要点：使学生了解创业机会、创业风险和商业模式的含义和特征，明白影响创业机会识别的因素，学习如何识别创业机会；了解创业项目的分类，明白如何选择创业项目，学习如何选择适合的创业模式；明白大学生创业面临的风险，学习如何对创业将面临的风险进行识别与管理；了解商业模式的设计要素，学习商业模式的种类，了解我国农业企业的商业模式。

关键术语：创业机会；创业风险；商业模式

2.1　创业机会

本节提要：使学生了解创业机会的含义和特征；明白影响创业机会识别的因素；学习如何识别创业机会。

2.1.1　创业机会的含义

对于创业机会的理解存在不同的视角。很多研究从静态考察创业机会。例如，柯兹纳认为，机会的最初状态是"未精确定义的市场需求，或未得到充分利用的资源和能力"。后者可能包括基本的技术、未找准市场的发明创造或新产品、新服务的创意；蒂蒙斯认为，一个创业机会"其特征是具有吸引力、持久性和适时性，并且伴随着可以为购买者或使用者创造机会或增加使用价值的产品或服务"；赫尔伯特等人认为创业机会是一种亟待满足的市场需求，是技术、经济、政治、社会以及人口环境发生变化，使得新产品、新服务、新原材料和新的组织方式可能出现的情境。如果这种潜在的市场需求十分旺盛，那么实现这种需求的商业活动必然是有利可图的。

从动态视角分析创业机会的概念内涵，则是在创业机会的识别中加入了许多主观因素，强调了创业者的努力在识别机会中的重要性。例如，谢恩和维卡塔拉曼认为，创业机会实际上是新产品、新服务、新原材料，甚至一种新的组织形式，它能够被引入生产并且以高于成本的方式实现销售。机会无需高科技的支持，既可以是技术或组织结构的创新，也可以是对现有的组织框架进行的调整。

综上所述，创业机会是指能够通过一种创造性的资源融合，进而契合市场需求来实现附加值的恰当时机，是对未成型事业通过一段时间演变为成型事业的过程描述。

2.1.2 创业机会的特征

(1) 可行性

看到机会，产生创意并发展成清晰的商业概念意味着创业者识别到机会。一些未经系统论证调查的或偶然发现的机会给人们带来了初步的创业想法，至于发展出的商业概念是否值得投入资源开发，是否能成为有价值的创业机会，还需要对机会的可行性加以论证。

(2) "机会窗口"性

机会窗口是指在市场中存在的、能够使创业者在一定时段中创立企业，并获得投资回报的时间、空间。创业者必须善于识别并准确把握机会窗口。若竞争者已经有了同样的思想，并已把产品推向市场，那么机会之窗也就关闭了。由于创业机会存在于一个动态的、发展变化的背景下，创业机会通常被形象地比作窗口，这说明了创业机会的适时性很重要，窗户打开的时间长度有限，能否在窗户关闭之前把握和抓住机会这很重要。

机会窗口对创业者主要有以下几点启示：第一，创业者在机会窗口的哪个阶段进入市场，在很大程度上决定了创业的成败，创业者最好在机会窗口敞开时开展创业活动，才能够增加创业成功的可能性；第二，市场规模和机会窗口敞开时间的长短对于创业成功有关键作用，一般而言，市场规模越大，特定机会的时间跨度越大，市场的成长性越好；第三，创业者需要具备前瞻性的市场判断能力，如果创业者一定要等到天时、地利、人和，各种条件都具备的时候，再开展创业，之前的商机可能已经不复存在，适度的前瞻性以及对市场变化趋势的判断力是创业者必需的素质。

(3) 可开发性

多数创业机会具有很强的不确定性，其潜在价值依赖创业者的开发活动，即创业机会不是被发现的，而是被开发出来的。在实际创业活动中，创业机会价值大小取决于创业者掌握的和能整合到的资源，以及对资源开发的利用能力。

创业者资源可分为内部资源和外部资源。内部资源主要是指创业者个人的能力，包括自身的专业知识、技能、职业资格、社会声誉等资源；外部资源主要是指人脉资源及其所拥有的社会人际网络或社会资本。只有创业者所拥有的资源、战略开发方案与创业机会能够做到良好匹配，创业机会的价值才能得到最大提升。

(4) 可盈利性

创业机会的可盈利性指机会对创业者具有的价值性。创业者可以利用它谋取利益，得到足够的利润回报，体现在提供产品或服务，为购买者和最终使用者创造和增加价值的基础上，满足需求的成本必须低于人们所期望的价格，需求的规模同时必须达到一定水平。

2.1.3 创业机会识别的要素

创业机会识别是创业领域的关键问题之一。从创业过程角度来说，它是创业的起点。创业过程就是围绕着机会进行识别、开发、利用的过程。识别正确的创业机会是创业者应当具备的重要技能。

（1）先前阅历

在特定产业中的阅历有助于创业者识别出商业机会，创业者一旦创建企业，他就开始了一段职业历练。在这段旅程中，创业者一旦投身于某产业创业，其将比那些产业外观察者更容易看到产业内的创业机会。

（2）个人特质

机会识别取决于创业者的创新意识与创新精神及性格特质。创业者作为极具发展潜力的企业家，思维敏捷，看问题具有战略眼光，能够识别具有良好前景的经营领域、具有市场潜力的产品和技术。

（3）创造性

创造性是产生新奇或有用创意的过程。从某种程度上来说机会识别是一个创造过程，是不断反复的创造性思维过程，创造性包含在许多产品、服务和业务的形成过程中，创造过程可分为准备、孵化、洞察、评价和阐述五个阶段。

（4）认知因素

警觉性指创业者能够敏锐地识别出被其他人忽略的机会的能力。机会识别可能是一项先天技能或一种认知过程，多数创业者认为他们比别人更警觉、更敏锐，拥有某个领域更多知识的人，倾向于比其他人更敏锐感知该领域内的机会。

（5）社会关系

社会关系网络能带来承载创业机会的有价值信息，社会关系网络的深度和广度影响机会识别能力。不同社会网络对创业者识别机会具有不同的影响，社会网络的规模、密度和强度与创业者进行机会识别的信息获取数量和质量有密切关系，会影响到创业者的思维和判断。

2.1.4 创业机会的识别

有研究者以蒂蒙斯创业机会评价指标标准为指标库，在实证和理论分析的基础上，借鉴平衡记分卡原理，从财务、顾客、内部因素、创新与成长四个维度，构建了创业机会评价指标体系，可用于识别创业机会。

（1）四个维度指标释义

财务：体现投资者价值最大化，其目标是解决"股东如何看待我们"这一类问题。它主要包括预期内部报酬率、预期投资回报率、投资回收周期、销售增长、销售净利率等，这将告诉创业者及创业团队他们的努力是否会对新创企业的经济收益产生积极的作用，因此财务方面是其他三个方面的出发点和归宿。总之，财务方面是描述预期的投资回报及财务风险。

顾客：体现顾客满意度最大化，其目标是解决"顾客如何看待我们"这一类问题。它主要包括市场接受性、市场规模、市场结构、成本、价格。顾客方面指标主要解决企业为谁提供及提供什么的问题。顾客评价是通过顾客的眼睛来看一个企业，从价格、质量、服务和成本几个方面，关注市场份额以及顾客的需求和满意程度。顾客评价是衡量创业机会的最重要的标准，也是创业机会能持续存在的根本。

内部因素：体现创业机会的核心竞争力，内部因素的目标是解决"我们擅长什么"这一问题。它主要包括创业者素质、管理层素质、创业者的资源、致命的缺陷。顾客和财务因素都属于外部因素，为了满足股东投资和顾客的需求，创业者必须创造性的整合其内部资源，这些资源既包括人的因素，如创业者、创业团队等，也包括物的因素，如创业资源、创业者的网络等。内部因素反映了新创企业的核心竞争力。

创新与成长：体现创业机会的持续竞争力，其目标是解决"我们是在进步吗？"这一类问题。它主要包括创业者的潜力、创业团队的潜力、机会的持续性、环境适应能力、抗风险能力。将注意力引向了企业未来成功的基础，涉及人员、信息系统和市场创新等问题，主要包括创业团队是否有持续进步的潜力、创业机会是否有增长的潜力、创业机会对环境的适应能力及创业者抗风险的能力等。

（2）四个维度指标的内在联系

以创业机会的持续竞争力，保障创业机会的核心竞争力；以创业机会的核心竞争力，保障顾客满意度最大化；以顾客满意度最大化，保障投资者价值最大化。财务指标是创业者最终的追求和目标，也是机会存在的根本物质保证；而要提高企业的利润水平，必须以客户为中心，满足客户需求，提高客户满意度；要满足客户，就必须加强自身建设，提高企业内部的运营效率；提高企业内部效率的前提是创业者和创业团队的学习与发展。四个维度指标之间构成一个循环，从四个角度解释新创企业在发展中所需要满足的四个因素，并通过适当的管理和评估促进新创企业的发展。

2.2 创业项目

本节提要：使学生了解创业项目的分类；明白如何选择创业项目；学习如何选择适合的创业模式。

2.2.1 创业项目的分类

项目是单次性活动的一种组织管理模式。创业项目指创业者为了达到商业目的具体实施和操作的单次性活动。

对于有志于实现心中创业梦想的大学生而言，选对一个合适的创业项目作为自己事业的起步极为关键，极可能会影响到创业最终的成败。从不同的角度划分，创业项目有多种类型。

①从观念上来看，创业项目分为传统创业、新兴创业以及最新兴起的微创业。

②从方法上来看，创业项目分为实业创业和网络创业。

③从投资上来看，创业项目分为无本创业、小本创业、微创业等。

④从方式上来看，创业项目分为自主创业、加盟创业、体验式培训创业和创业方案指导创业。自主创业需要资金链、人员、场地、产品等多项内容的系统化规划，创业起步较高，风险较大；加盟方式比较普遍，而且比较正统、专业、规模化。

还可以从创业项目的投资主体、时间跨度、所涉领域、产业门类、风险大小等方面分类。

2.2.2 创业项目的选择

(1) 选择具有前景的行业

创业者想要开创自己的一番事业必须了解国家产业发展的政策，知道国家目前正在扶持、鼓励哪些行业发展，哪些行业是允许创业的，哪些是限制的。创业者选择国家政策扶持、鼓励的行业，对日后企业的发展将起到不可估量的作用。同时，对于当地政府出台的优惠政策和银行贷款利率，创业者也需要核查清楚，确保资金充裕且顾及资金成本。

正确选择创业项目要因时而动，创业者主要应关注两个时间段的市场行情：一个是看当前的市场需求、市场空白和市场上畅销的产品，创业者选择当前畅销的产品项目时，要注意冷静分析，弄清畅销的真正原因；另一个是看行业今后长远的发展前景，如该行业是否符合国家产业政策，是否适应人们的消费发展趋势。

(2) 了解市场需求

不少创业者一味地认为，办企业、办公司就是为了赚钱，哪些行业火，哪个赚钱就做哪个，其实这种想法是不当的。创业必须树立"企业是为解决客户需求而存在的"观点，这样才能确保企业长盛不衰。创业项目的选择是以市场为导向的，必须从社会需求出发。创业者要想知道社会需求，就必须做市场调查，特别是第一次创业的创业者，必须对市场进行详细的调研。

要了解消费者对产品(服务)需求的强烈程度。消费者因性别、年龄、文化层次、职业等因素而导致需求差异，可依据这些因素对消费者进行细分，从而把他们细分成一个个消费群体，每一个消费群体就是一个细分市场，就是创业者应该集中精力服务的对象，所以创业者选项目时一定要知道自己服务的对象群体到底是哪些人，他(她)们对产品(服务)需求的强烈程度如何。需求越强，项目越容易做；需求越弱，项目越难做。

创业者要不断问自己该项目面临的直接竞争对手是谁，间接竞争对手是谁，竞争的程度如何，是恶性竞争还是良性竞争。如果是恶性竞争，就要问一问该产品有没有有价值的新特色来应对这种竞争，或者有没有竞争不太激烈的其他项目可做。所以，从竞争的角度来看，创业者不应该把眼光始终盯在竞争十分激烈的项目上，而应该去寻找一些有特色的新产品来做，或者寻找一些竞争不太激烈的新项目来做。必须指出的是，有些项目很有特色，但是客户不一定认可，所以创业者必须选择既有特色又有市场的项目或产品，这样才有助于提高创业成功率。

（3）利用自身优势与长处

俗话说"隔行如隔山"。创业者应尽量选择与自己的专业、经验、兴趣、特长相匹配的项目。兴趣是最好的老师，是创业的基础，项目能让创业者兴奋是创业成功的必要条件。日本的著名创客"米饭爷爷"，几十年专注煮饭，正是因为兴趣让他沉浸其中，乐此不疲。很多创客、极客在切入项目和发展企业时选择自己兴趣所在的领域，他们在工作时往往是享受且不知疲倦的。前些年，有人问史玉柱为什么投资巨人网络这样一个游戏公司，史玉柱很实在地回答说："我就很喜欢玩游戏，每天在办公室玩，被下属看到后感觉不好意思，不如干脆投资一个游戏算了。"因兴趣而萌生的创业往往会走得更远并且容易取得较大的成就。

兴趣爱好决定了价值观，一个人在遇到困难、挫折时，选择坚持或放弃往往取决于他对这件事的重要性及其意义的认识，即价值观。因此，选择项目时要不断问自己：我的兴趣爱好是什么？我认为哪些事是有价值的？该项目是否满足我内在的心理需求，是否与我的价值观念相匹配。市场好比汪洋大海，创业者犹如沧海一粟。但是每个人都有自己的长处和优势，当你充分了解了某一行业、某一领域，同时又在技术上有专长时，就形成了自己在行业里的长处。创业者选择一个能充分发挥自己的长处和优势，自己有兴趣且熟悉的行业，那么创业就成功了一半。

适合自己的才是最好的。所谓好的创业项目，是指目前市场行情总体看好，大部分从业人员有利可图的项目。但市场行情看好的项目，也不见得人人都能通过其取得成功。再好的项目，如果不适合自己，也有可能失败。反之，大家都认为行情不好，不愿意去投资的冷门产业，如果自己在这方面有优势，也可以尝试去做。

（4）量力而行

创业是一种风险投资，每位创业者都必须遵从量力而行的原则。创业者若拿自己的血汗钱或借钱来创业，就应该尽量规避风险较大的创业项目，把为数不多的资金投到风险较少、规模较小的创业项目当中，积少成多，滚动发展。

同时，创业者在选择创业项目时还要考虑产品成本、价格与利润，比如要考虑该项目提供的产品或服务成本是多少，售价是多少，毛利是多少，毛利率是多少等问题，创业者对毛利率低于20%的项目要慎重考虑，有时候仅毛利率一个因素就可以否定一个项目，因为企业必须自负盈亏，求得生存与发展，做生意的基础是利润。

此外，资源条件也是影响创业项目选择的重要因素。创业者在选择项目时还要充分考虑自己掌控的资源条件能否满足项目本身的内在需求，避免在资源不足的情况下追求高大上的项目。

（5）把握时机

事物处在发展初期，往往意味着先机还没有被人重视，竞争较弱，此时进场较容易成功，百度、阿里、淘宝、腾讯、京东、小米等企业的发展壮大无不说明把握先机或大趋势的重要性。事物发展成熟或衰退，往往意味着先机已经失去，此时或者市场被几大竞争对手牢牢抢占，或者该行业处于衰退期，不论在哪种情况下，进场都为时已晚。进场时机的把控成为项目能否做起来的关键因素，因此，创业者选择创业项目时可考虑一些刚刚兴起的产业，如当下最火爆的人工智能产业。

2.2.3 创业模式的选择

（1）创业模式的含义

模式是解决某一类问题的方法论，把解决某类问题的方法总结归纳到理论高度，即成为模式。模式是一种参照性指导方略，有助于得到解决问题的最佳办法，达到事半功倍的效果。创业模式指创业者为保障自身的创业理想与权益，对各种创业要素进行的合理搭配，是对创业方式、组织形式、创业行业等要素的统一整合。

创业之初创业者需要寻找一个适合自己的创业模式，对一个创业者来说，一个真正好的创业模式，应该是适合自己的、与自身能力匹配、能把现有资源有效整合的模式。准确判断自己的优势和劣势，选择最适合自己的创业模式，可以化解很多的不利因素。资金、规模等都不应成为创业模式选择的限制因素。一个合适的创业模式，未必需要自己投资一大笔资金，未必需要很大的规模，有志于创业的人应善于进行资源整合，借力发展，开拓创新。

（2）大学生创业模式

以陕西杨凌示范区为例。大学生具有年龄优势，年轻有为、朝气蓬勃、生龙活虎、富有激情，处于愿意体验、敢于体验的年龄段。大学生具有知识优势，大学是知识的殿堂，大学生在就读期间接受专业教育培养，成为或正在成为专门人才。大学生具有创意优势，领悟力、自主学习能力强，善于接受新事物，思维活跃，求新求异，富有创见性。在大众创业、万众创新的时代，杨凌大学生与全国其他地区的大学生一样生逢干事创业的好时代，已经成为其所在杨凌示范区的一支有生力量。

杨凌作为我国唯一的农业高新技术产业示范区，依托西北农林科技大学和杨凌职业技术学院，形成以杨凌为中心，面向我国西北干旱和半干旱地区多层次、多元化涉农产业链，在促进现代农业发展方面有着得天独厚的科技优势。在大力推进创新创业工作中，杨凌高度重视大学生群体。为全面推动世界知名农业科技创新城市建设，杨凌示范区大学生创业孵化基地于2015年4月在杨凌创业工场孵化基地挂牌。同年8月,《杨凌示范区进一步支持大学生创新创业若干政策》出台。经过一年多的运行,从数量看,基地聚集了140家由大学生创办领办的企业,涉及多个创业项目。从产业类型看,涉及研发新产品、服务新模式、行业创新式、教育及设计类、品牌及传统类、多元化等。从发展阶段看,55%居于初创期,45%居于初创期向成长期过渡。截至2016年12月,其创业项目涉及服务于农业生产的土壤检测、新能源开发、动物疫苗培养、植物组培快繁、软件开发、无人机、大数据、智能化、新传媒和电商等领域,成为区域经济中新型产业的诞生地。2016年大学生企业创造经济效益近3亿元,以创业带动就业,解决了2000多名青年就业。大学生创业不仅以创业带动了就业,而且在新成果、新技术和新营销模式等方面均有突破,在创新创业中形成的发展模式也独具特色。

①知识转化型创业模式:占140家企业的7.90%。知识转化型模式是将所学知识合理有效转化为技术和成果推向市场,以实现其经济效益的创业模式。大学生创新创业者的创业项目与专业知识紧密结合,具有一定的技术先进性和开发价值,产品市场前景广阔。杨凌示范区大学生创业孵化基地有29家企业自主研发新产品,具体项目有光伏智能农业、动物疫苗研发、种苗组培快繁、有机食品等,产品涵盖了最新科技热点,属于典型的知识转化型创业模式。这些企业所处的行业是未来最具发展潜力、也是竞争最为激烈的行业,企业本身也是知识经济时代最有活力的经济力量。

知识转化型创业模式的特点,表现在核心团队是新知识、新技术的最先接触者之一,他们了解最前沿的科研动态,具备了深厚的专业知识,掌握了先进技术与成果,开发的产品具有弥补市场空白的作用和价值。杨凌普兆农业科技有限公司、杨凌博德越生物科技有限公司是知识转化型创业模式的杰出代表。

②技术服务创新型创业模式:占140家企业的20.7%。技术服务创新型模式指通过专业团队试验、示范、培训、指导及咨询等服务,承包规模种植或养殖合作社的生产管理,将最新的科研成果和实用技术,由专业人员实施于生产全过程的创业模式。杨凌示范区大学生创业孵化基地有11家企业主要通过新技术服务推广业务,具体项目有奶牛养殖托管、乳制品检测、土壤检测和有机食品认定服务等,其服务方式是运用新知识、新成果、新技术,利用新平台,采用新方法的创新型模式。

技术服务创新型创业模式的特点,表现在公司成员以高层次技术人员为主,创业团队充分发挥自己的技术优势,选择需要专业知识和技术能力的智力型业务,利用互联网思维开展线上与线下服务。技术服务创新型模式突显出的是创业者的技术与智力优势,成为市场细分中成本小、效益高的产业。在农业领域,这类企业独具优势,在西北农林科技大学和杨凌职业技术学院的科技支撑下,这类企业呈现出增长态势。杨凌秾福农牧科技服务有限公司、杨凌新化生态科技有限公司是技术服务创新型创业模式的杰出代表。

③概念创新型创业模式：占140家企业的21.50%。概念创新型模式源于大学生对新事物的敏锐性和较强领悟能力，随之在市场中产生的新型事务，其核心是立足客户的潜在需求，挖掘和创造新的客户需求，拓展新的市场空间。创业者的设想足够标新立异，是某行业或领域的新创举，以此迅速抢占市场先机。杨凌大学生创业孵化基地有30多家企业是通过概念创新模式发展起步的。

其一，网络创业模式。大学生对于网络的认知程度普遍深刻，使用网络几乎成为每天必不可少的事情。网络的飞速发展带动了电商经济迅速崛起，网络中所蕴藏的巨大商机迅速被有创业意愿的大学生锁定。杨凌戈绿源农业有限公司是网络创业模式的杰出代表。

其二，传统行业概念创新创业模式。思维新颖的新服务、新手段、新模式都具有发展前景。杨凌稷农农业科技有限公司、杨凌田音农业开发有限公司是传统行业概念创新创业模式的杰出代表。

其三，新产业概念创新创业模式。随着时代的发展，新的产业类型不断涌现。杨凌欢申装饰设计工程有限公司是新产业概念创新创业模式的杰出代表。经过5年多的发展目前已经扩展至全国300多个城市。2016年全年整个平台的GMV（网上平台交易额）预突破3亿元，已启动了新三板上市。公司目前有员工63人，旗下经销商500多人，解决就业人口近2000人，并为杨凌示范区培养了500多名电子商务人才。

④积累演进型创业模式：占140家企业的9.30%。积累演进型模式是大学生成立公司前期已具有一定的资本和经验积累，在此基础上个人或团队继续创业。前期从事某个工作或者前期在某个企业上班，在就业的过程中不断学习积累，并且逐步培养起自己的商业精神，把自己的知识和经验像滚雪球一样，由量变引起质变，最后成就一番事业，实现先就业再创业的模式。杨凌示范区大学生创业孵化基地有13家企业在成立公司前在业内就较有名气，创业项目集中在教育培训、景观设计、绿化工程等方面。积累演进模式的优点是在准备创业时就拥有较充足的资金、技术、人力资源和人脉关系，创业的基础条件较好，积累了持续发展的基础，其不确定性程度低，可以稳扎稳打，步步为营，风险较小，成功率较高。陕西小玲教育科技有限公司是积累演进型创业模式的杰出代表。

⑤依附式创业模式：占140家企业的14.20%。依附创业模式通过充分利用原企业或平台资源，广泛结交和积累人脉资源、市场资源等，夯实自己的事业基础，在各方面条件成熟以后再成立公司，以便保证创业成功。杨凌示范区大学生创业孵化基地属于此类创业模式的有20多家，具体项目有绿化工程、农药生产与销售、品牌代理、财务代理服务等。依附式创业模式能够为大学生创业者提供已有的品牌、规范的运营模式、健全的管理体制和市场机制等系列成熟的经营模式，为大学生创业者省去诸多的创业烦恼，提高了创业成功率。

其一，师生一体式创业模式。大学生与老师结合创业，老师有经验和市场渠道，学生有智力和很好的能动性，大学生在创业过程中依附高校教师夯实了基础、少走了弯路，而且在市场上迅速做大做强。杨凌亿霖园林工程有限公司是师生一体式创业模式的杰出代表。

其二，家族企业式创业模式。一种以家族血缘关系为纽带的企业组织形式，毕业大学生依附家族现有企业资源，创办自己的公司，基本是在原有企业基础上进行历练和提升自身的管理能力，这类企业一般处于成长期。

其三，打工创业式创业模式。这种企业一般是创业者大学生毕业在某领域工作了约三年以后，没有离开工作单位，却成立新公司创业，这类创业者既是就职公司员工，同时又管理自己的公司。创业项目一般为农药、饲料等生产销售类。

其四，加盟合作创业模式。创业者以加盟连锁的方式获得某一公司总部所拥有的商标、产品、专利技术、经营模式、统一终端形象等，按合同规定，在总部统一的运营模式下从事经营活动。

2.3 创业风险

本节提要：使学生了解创业风险的含义和特征；明白大学生创业面临的风险；学习如何对创业将面临的风险进行识别与管理。

2.3.1 创业风险的含义及特征

（1）创业风险的含义

风险指在某一特定环境下，在某一特定时间段内，某种损失发生的可能性。风险由风险因素、风险事故和风险损失等要素组成。

创业风险指在企业创业过程中存在的风险，指由于创业环境的不确定性，创业机会与创业企业的复杂性，创业者、创业团队与创业投资者的能力与实力的有限性而导致创业活动偏离预期目标的可能性。在创业过程中，创业者要投入大量的人力、物力和财力，要引入和采用各种新的生产要素与市场资源，要建立或者对现有的组织结构、管理体制、业务流程、工作方法进行变革。这一过程中必然会遇到各种意想不到的情况和各种困难，从而有可能使结果偏离创业的预期目标。

（2）创业风险的特征

①创业风险的客观性：创业风险是客观存在，是不以人的意志为转移的，创业者在创业过程中，所处的创业环境客观上存在不确定性，因而创业风险也必然是客观存在的，如天灾、人祸等风险发生导致的创业失败。

②创业风险的不确定性：不确定性指经济行为者事先不能准确地知道自己某种决

策的结果,换言之,只要一种决策可能的结果不止一种,就会产生不确定性。如进入新市场将面临着需求的不确定性,或者遭遇到市场竞争对手的挤压。

③创业风险损益的双重性:风险带来的不仅包括损失,也包括收益。高收益常常伴随着高风险,回避风险的同时有可能意味着失去获益的机会,如某些海外投资项目、部分理财产品,创业者在涉及这类型的项目时更需谨慎决断。

④创业风险的可测性与测不准性:创业风险的可测性是指创业风险是可以通过定性或定量的方法对其进行评估的。创业风险的测不准性指相较实际结果,对创业风险的预测常常会出现偏离误差范围的情况,如创业产品周期的测不准与创业产品市场的测不准。

2.3.2 大学生创业风险识别

创业有风险,从商须谨慎。市场经济条件下,创业总是有风险的,不敢承担风险,就难以求得发展。关键是创业者要树立风险意识,在经营活动中树立风险意识,尽可能识别风险、降低风险、规避风险。

(1) 财务风险

财务风险指因资金不能适时地筹集和供应而导致创业失败的可能性。财务风险贯穿在创业活动的整个过程。足够的资本规模,可以保证企业投资的需要,合理的资本结构可以降低和规避融资风险,融资方式的妥善搭配,可以降低资金成本。我国大学生自主创业资金主要来源于家庭支持、银行贷款、风险投资、典当融资、股权融资和融资租赁等渠道。其中,除去家庭支持外,其他资金来源渠道的获得途径都需要一定的资质和担保,这对于刚进行创业的大学生而言,是非常困难的,因为不管是银行,还是风险投资担保机构,都需要有实业或者其他企业机构的担保。如果没有广泛的融资渠道,创业计划无从谈起;如果没有足够的流动资金,很可能会导致在创业初期就遭遇失败。

(2) 市场风险

由于市场经济的规律,市场风险是大学生创业面临的首要不可控风险。经济危机、通货膨胀因素等带来的租金、原材料、用工成本上升等成为了大学生创业的首要瓶颈,也是其融资成本高的主要原因之一。在大学生创业者获得资金来源顺利进入市场后,又将面临市场突变、消费者购买力下降、汇率利率下降、市场份额急剧下降、竞争者和替代品的威胁,或出现反倾销、反垄断指控等市场风险。另外,大学生创业在面临市场变化时,由于进入市场时间和资金、经验限制等,通常只能被迫接受市场定价,购买商和供应商议价力变化、各类经济成本变化,都会压缩其盈利水平,加大大学生持续创业成功的风险。

(3) 创业者与创业团队的自身风险

创业者自身风险源自其创业意识。创业意识指在创业活动中对人起到动力作用的个性心理倾向，包括需要、动机、兴趣、思想信念和世界观等心理成分。大学生对于创业的意志力、决心、艰苦奋斗的意识、团队协作意识等因素会影响大学生创业的风险。研究表明，大学生容易在创业遇到困境时出现主观态度的松懈和麻痹以及观念上的不成熟导致各种风险发生。在对大学生创业追踪研究中，常见缘于大学生创业者的素质和能力局限而导致的创业失败案例。团队风险在大学生创业中尤为突出，缺乏共同的目标和和谐的创业团队，以及没有明确的制度规范和执行机制，角色团队分配不合理是导致大学生创业中途分崩离析的重要因素。

(4) 资源与环境风险

对大学生创业而言，资源风险主要指由于社会资源贫乏而产生的风险。企业作为社会企业类公民，需要与政府、社会团体、供应商、销售商等各方进行沟通和联系，社会资源越广泛，创业成功的可能性就越大。大学生的社会资源相对较少，尽管有老师和同学的帮助、政府创业机构的支持，但这些帮助对于其创业尤其是企业的持续经营而言明显不足。当大学生实施创业时，在宣传广告、市场营销、工商税务等方面将会遇到很多挫折和困难。创业环境与创业活动是相互作用的，社会环境、企业治理环境等的变化，都会对大学生的创业造成较大的影响，这种影响尤其表现在创业的中后期，其一旦发生，对企业的生存发展都是至关重要的。

(5) 技能不足风险

大学毕业生从象牙塔走出来就开始进行创业，其中有一些还是在校生，他们尚未实现由"学校人"向"社会人"的完全转变，其心智、年龄、阅历、心理等与有社会经验的人相比显然处于劣势，常常表现为眼高手低。技能不足表现在人生阅历、心理承受、专业素养、动手能力、实践经验等方面。创业活动是一个复杂的系统工程，市场不会因为创业者是学生就网开一面，在单纯的校园环境中成长起来的大学生，在面对社会和市场时，比有社会经验的人更容易迷失和迷茫，思考问题理想化，对困难问题估计不足。要求高校适应双创教育发展的需要，对学生进行创业教育，专创融合，把创新创业教育植入课程体系，规划有效的创新创业课程体系。

(6) 经营管理风险

创业管理风险指在创业管理运作过程中因信息不对称、管理不善、判断失误等影响管理的水平，从而导致创业失败的风险。企业管理不仅仅需要知识，还需要阅历，需要在日常工作中累积而成的经验。一些大学生创业者虽然可能接受过创业方面的培训，但大部分来自于书本，一腔热情，"纸上谈兵"，加之大学生知识单一、经验不足、资金实力和心理素质明显不足，更加大了管理风险。一些大学生创业者尝试性地选择了连锁经营却又因初期的加盟费用过高而在中途停止营业，一些在创业之初，一味地追求业务规模，造成盲目融资和资金浪费。因决策失误、组织结构不科学、用人不当等而导致的创业失败在大学生创业中尤为明显。

(7) 项目选择风险

创业项目选择风险指在创业初期因选择的创业项目不当，导致企业无法盈利而难以生存的风险。目前大学生创业的项目选择多集中在高科技领域和智力服务领域，如软件开发、网络服务、家教中介、设计工作室等。此外，快餐、零售等连锁加盟店也是大学生青睐的创业项目。有研究显示，约三分之二的大学生创业者是根据自身的兴趣或者从亲戚朋友处获取的信息而选择创业的行业和产品。大学生创业时如果缺乏前期市场调研和论证，不去了解市场，只是凭自己的兴趣和想象来决定创业项目，甚至仅凭一时心血来潮做决定，不去做大量细致的市场调研与论证，不结合自身掌握的资源状况做出决定，可能导致大学生创业项目存在风险。

2.3.3　大学生创业风险应对

大学生在创业过程中显性或潜在的各类风险无处不在，创业风险是影响大学生创业成功的一个关键性因素。创业过程中风险一旦发生，将给大学生创业者带来极大的思想压力。因此，作为大学生创业者，应具备正确的风险观，形成并保持良好、积极的心态，能够认识到创业风险的普遍性，敢于直面风险，主动认知和分析风险，增强对创业风险的警惕性，积极风险防范。

(1) 借力发展

我国大学生自主创业起步阶段资金主要来源于家庭支持，绝大多数大学生单个创业者资金实力非常有限，而同别人联手，形成合力攻入目标市场，不失为一种创业初期借力发展的有效途径。

(2) 拾遗补缺

小本投资者由于势单力薄，经不起市场竞争的大风大浪。因此，目标市场宜选择别人不愿意干或尚未顾及的那部分市场，采取拾遗补缺策略，聚力开发于自己有利可图的市场角落，或者选择依附大企业，走借船出海发展之路。

(3) 打造团队

团队力量的发挥是赢得竞争的必要条件，具有发展观的团队才有可能建立一套完善的内部调节机制，从而形成团队成员的向心力、凝聚力及战斗力，以保证组织的高效率运转，团队整体组织充满活力。

(4) 提升素质

大学生创业所存在的风险往往是由大学生这个特殊的群体在创业过程中具有的劣势造成的，因此想要规避风险，就必须从实际出发，提升大学生创业所需的各项技能与素质，方有可能在创业中技高一筹。

(5) 掌握技术

因为专业所以自信。具有技术专长的人员尤其是大学生，学有所成、学有所长，在创业团队中相对而言，更容易成为一个技术方面的合伙人，更容易在创业团队中找到自己的位置，意欲创业的大学生可以结合自身情况学一门技术。

（6）健全制度

无规矩不成方圆，制度建设是企业建设的基本要求，要打造一支企业员工队伍，必须明确岗位职责，制度对创业者是一种激励，也是一种鞭策。人力资源管理、营销管理、生产管理、财务管理等环节都须有完善的管理制度。

（7）慎选项目

大学生创业者在创业初期一定要做好市场调研，在了解市场的基础上创业。一般来说，大学生创业者宜根据自身掌握的财力、人力、物力、技术、信息、管理等情况，选择启动资金少、人力配备要求不高的项目，从小本经营做起。

2.4 商业模式设计

本节提要：使学生了解商业模式的含义和商业模式的设计要素；学习商业模式的种类；了解我国农业企业的商业模式。

2.4.1 商业模式的含义

商业模式指公司赚钱的途径或方式，即商业模式指企业与企业之间、企业的部门之间、企业与顾客之间、企业与渠道之间的交易关系和连结方式。

2.4.2 商业模式设计要素

（1）价值定位

创业公司所要填补的需求是什么或者说要解决什么样的问题？价值定位必须清楚地定义目标客户、客户的问题和痛点、独特的解决方案，以及从客户的角度来看这种解决方案的价值所在。

（2）目标市场

目标市场是创业公司打算通过营销来吸引的客户群，并向他们出售产品或服务。细分市场应该有具体的人数统计以及购买产品的方式。

（3）销售和营销

如何接触到客户？口头演讲和病毒式营销是目前最流行的方式，但是用来启动一项新业务远远不够，创业公司在销售渠道和营销提案上要做的更为具体。

（4）生产

创业公司如何做产品或服务？常规的做法包括家庭制作、外包或直接买现成的部件，关键问题是进入市场的时间和成本。

（5）分销

创业公司如何销售产品或服务？有些产品和服务可以在网上销售，有些产品需要线下多层次的分销商、合作伙伴或增值零售商，创业公司要规划好自身产品的销售渠道与销售区域。

(6) 收入模式

创业公司如何赚钱？关键要向你自己和投资人解释清楚如何定价、收入现金流是否会满足所有的日常开支和售后支持费用，是否有很好的回报。

(7) 成本结构

创业公司的成本包括哪些？新手创业者忌讳只关注直接成本而低估营销成本、日常开支和售后成本等。

(8) 竞争

创业公司面临多少竞争者？没有竞争者很可能意味着没有市场，若有10个以上的竞争者表明市场已经饱和。

(9) 市场大小、增长情况和份额

创业公司产品的市场有多大？在增长中还是在缩小中？能获得多少市场份额？风投寻找的项目所在的市场每年要有两位数的增长率，市场容量在10亿美金以上，创业公司要有10%以上市场占有率的计划。

2.4.3 商业模式的种类

(1) 分拆商业模式

APP产品服务商、银行的理财和资产管理咨询服务部门、汽车生产商归于分拆商业模式。分拆商业模式将企业从事的活动分为三种不同类型：客户关系管理、新产品开发以及基础设施管理。每种类型的活动有着不同经济、竞争和文化规则。这三种类型可能共存于同一家企业中，但理想情况下，它们各自存在于相互独立的实体中以避免冲突或不必要的消长。

(2) 长尾商业模式

喜马拉雅平台可以归于长尾商业模式的类别。长尾商业模式在于少量多种地销售自己的产品：它致力于提供相当多种类的小众产品，而其中的每一种卖出量相对很少。将这些小众产品的销售汇总，所得收入可以像传统模式销售所得一样可观。它不同于传统模式，以销售少数的明星产品负担起绝大部分的收益。长尾商业模式要求低库存成本以及强大的平台以保证小众商品能够及时被感兴趣的买家获得。

(3) 多边平台商业模式

最著名的多边平台商业模式就是淘宝。多边平台将两个或更多独立但相互依存的客户群体连接在一起。这样的平台对于平台中某一群体的价值在于平台中其他客户群体的存在。平台通过促进不同群体间的互动而创造价值。一个多边平台的价值提升在于它所吸引的用户数量的增加，这种现象被称为网络效应。

多边平台的运营者需要问他们自己几个问题：我们能够为我们平台的各个"边"的

群体吸引到足够数量的用户吗？哪一"边"对价格更敏感？如果对该群体施以补贴是否可以吸引到他们？另一"边"群体的加入创造的收益是否足以覆盖补贴的成本？这种商业模式的核心资源就是平台。三项关键活动通常是平台管理、服务实现以及平台升级。

以多边商业平台作为商业模式的企业有着特殊的结构。它们有两个或更多的客户细分群体，每一个都有各自的价值主张和各自的收益流。而且，这些客户群体之间相互依存，哪一个也无法独立存在。每一个客户群体产生一个收益流。一个或更多群体可以享受免费服务，或者享受来自另一个客户群体的收益流产生的补贴。选择对的客户群体作为补贴对象是一个关键的定价决策，这决定着该多边平台的商业模式能否成功。

（4）免费商业模式

网络游戏是典型的免费商业模式。免费商业模式中，一部分客户可以享受免费或者极低价的服务，而其费用和利润来自于另一部分细分客户。一部分花钱的游戏者获得更好的游戏服务，同时支持另一部分不花钱的玩家。

免费模式有很多又是多边平台模式，新浪、搜狐等新闻提供商也是免费模式（同时也是多边模式），对普通阅读者提供免费新闻服务，但对广告发布者和有特殊新闻要求的客户提供收费服务。免费模式一般遵循基础服务免费，增值服务收费的原则。一般是少数的增值服务客户补贴多数的普通客户。但并不一定非得是少数补贴多数，例如保险业则刚好相反，大量的保险客户为少数出险的客户买单。免费模式最重要的因素是要有足够低的边际成本。当客户数量增加时，边际服务成本应是极低的。免费模式用以吸引足够的客户数量，而增值服务的吸引力则决定了客户由免费向收费的转换。

免费模式也常用"诱饵"的方式实现盈利。最常见的在于设备及其易耗品（服务）的锁定销售上。商家以低价销售甚至免费赠送设备，但以较高价格提供以后的易耗品或者配套服务。商家通过免费的初始产品锁定今后的产品和服务。通常诱饵模式需要很强的品牌吸引力或者产品优势，如吉列剃须刀的刀片销售，佳能打印机的碳粉销售等。足够的品牌吸引力和产品优势是其关键，保证了客户的锁定关系。

（5）开放式商业模式

宝洁公司是典型的由外向内的开放式商业模式。开放式商业模式通过与外部伙伴的合作来获得创造价值的机会。可以是将外部的价值引入公司，也可以是将公司内部的低效或者闲置的部分提供给外部伙伴，从而共同提升价值。

宝洁公司在其商业模式中建立了三个桥梁：技术创业家、互联网平台以及退休专家，通过桥梁获得外部的价值，其与外部伙伴有关的创新工作超过了总研发量的50%。由内向外的开放常常更关注于公司的闲置或者低效资源，如闲置资产、闲置专利、闲置的人才储备。许多药品商或者高科技产品生产商在研发过程中会产生许多暂时不能产生效益的专利或者技术，他们可以通过出售或者合作来让这些闲置的资产获得新的价值。

2.4.4 我国农业企业的商业模式

在发展进程中,不同的农业企业根据其产业特点、核心竞争力、目标市场选择、产业链定位、市场定位、分销渠道、伙伴关系、客户关系等要素,进行不同的资源配置组合,构成了不同的商业模式组合。

(1) 以双汇为代表的全产业链控制型农业企业

全产业链控制型是目前发展最为普遍的农业产业化经营组织模式。具体指以农产品加工、营销企业为龙头,或者围绕几个重点环节进行控制,往往有自身的目标客户、品牌主张,通过与生产基地和农户实行有机的联合,进行一体化经营。这种形式能够有效利用闲散的农业资源,在养殖业和种植业中比较盛行。在实际运行中,公司企业联合基地,基地联合农户,公司企业直接面对分散农户,进行分工协作。

双汇从养殖业、饲料业、屠宰业、肉制品加工业、包装商业等各环节对产业链进行纵向整合,始终将重点放在屠宰业和肉制品加工业这两大主业上,先做大主业,再做相关上下游产业。养殖环节、饲料环节是采用产业链外包的模式,养殖环节采用公司加农户的模式为主,与各个村镇的养猪专业户签订合同,按照一定标准统一收猪。

这种模式让双汇有效地盘活了养殖业市场现有的资产,激活了低效的农民养殖环节,双汇通过自建屠宰环节和销售环节,通过屠宰环节实现了产业链的增值,通过销售环节掌控了市场,从而掌控了整个产业链,实现了农业基础资源、农民和土地价值到价格的有效转化。这种模式,分别在核心能力、资源配置、分销渠道、目标市场等方面相对于之前的肉制品企业进行了创新,能够实现生猪的规模化和低成本运营。

这种模式的核心问题是如何在产业链中进行有效和公平的利益分配。从上游环节来看,养殖户的生产率偏低,而且多以散户的形式出现,没有统一的组织,所以缺乏对下游的议价能力,在产业链的利益分配环节中处于不利的位置,很难获得满意的收益,当猪肉市场需求旺盛的时候这种矛盾还不明显,当猪肉市场稳定下来甚至下滑的时候,利益分配的矛盾就会被激化,"瘦肉精事件"就是典型的代表。上游为了保障自身利益,不合规定地降低生产成本,同时也降低了产品质量。最后整个产业链的利益受损。不少企业也针对这个问题进行了优化。例如白家食品公司、伊赛牛肉,通过公司+基地+农户模式进行运营,原材料的供给由公司进行监管,农户以人力、土地投入经营,与公司以合资的模式进行经营,但是核心问题仍没有解决,如果市场下行,占据产业链核心地位的公司势必会以牺牲农户的利益来保障自身利益,上游的利益无法得到保障,则上游的生产质量就无法得到保障。

(2) 专业细分市场+农户的专业市场带动型模式

专业农业市场以追求农业规模经济,促进农产品的专业化和集中化生产,满足流通的需求为目的。如陕西洛川的苹果交易市场、浙江舟山的水产品交易市场、江西赣州的脐橙批发市场、黑龙江的牡丹江木耳批发市场、重庆的生猪交易市场、云南昆明的花卉批发市场等。农业专业市场是有形的市场,即为某一类农产品提供交易的场所。随着农业生产的进一步发展和农业市场改革的深化,农业市场细分势必成为一种趋势。专业市场带动模式指以专业市场或专业交易中心为依托,围绕当地产业优势,通过培育和发展各类农产品市场,特别是农产品专业批发市场,拓宽商品流通渠道,带动区域专业化生产,实行产加销一体化经营,扩大经营规模,形成产业优势,节省交易成本,提高运销效率和经济效益。这种模式的问题是主要适用于粮食、小额农副产品销售等买方市场比较明显的行业和水果、花卉、水产等季节性、时效性较强,受市场约束较大的行业。尤其是我国基本的土地政策属于包产到户,起码在现阶段,农业资源的组织还处于无序化状态,这种专业市场模式随着农业经济的自由发展很容易演变成同质化竞争。

案例学习1:百年故宫的网红之路

"互联网+"让传统文化活起来。北京故宫博物院建立于1925年10月10日,位于北京故宫内,是在明清两代皇宫收藏品的基础上建立起来的中国综合性博物馆。故宫作为世界文化遗产,是传承中华传统文化的巨大宝库,也是国家和人民了解传统文化的一个窗口。然而,随着现代社会的发展,越来越少的人喜欢花时间和精力去研究传统文化,商业化、娱乐化的东西反而更能吸引人们的眼球。在这种充满竞争的环境下,故宫博物院作为文化传播者显然适应了新形势,在信息传播过程中改变了以往传播模式的问题,运用现代化的技术手段进行创新,增强了传播效果,在国内众多博物馆中率先迈出了触电"互联网+"的步伐。

单霁翔作为故宫的掌门人和故宫文化IP的代言人期间,他一直谦称自己"就是在故宫博物院里看门的"。也许,正是这种低姿态,才让他对每一个故宫客户、用户的需求能够做到细致、甚至是体贴入微的洞察,然后,带领团队做出不断优化用户体验的动作。

作为故宫建院以来的第一任走入大众视野的网红院长,单霁翔和他领导的网红博物馆(故宫博物院)在光环加持的同时,接受着媒体和大众的更为透明和严格的检视,不可避免地或多或少引发争议——虽然背靠故宫这个大IP,也确有没搞好的事情和失手的时候,如曾引起争议的故宫口红、故宫火锅、故宫灯光秀。但是,单霁翔所掌舵的故宫,在短短7年时间内完成了将一个古老文化IP向年轻化、大众化转型的跨越性巨变,这不得不令人赞叹。他们懂得如何打动年轻人,深知如何抓住年轻人的心。同时,更是为后来者开创了有复制可能的打造文化IP的方式。不过,最最核心的,是单霁翔和他带领的故宫团队在努力保持初心——传播故宫文化,无论何种方式,最终目的是为传播中华文化。也因此,在拿捏文化传承与商业平衡上,基本做到了"有分寸"。

北京故宫博物院是我国第一个同时利用线上和线下品牌宣传的博物馆。故宫博物院的品牌创新营销主要是通过新媒体的内容宣传，创造出具有自身特色的博物院品牌。通过将旧时代的传统与新时代的需要相结合，本应严肃的文化和历史更具趣味性和吸引力。

在一众传统企业还在找寻"互联网+"的入口时，已600岁高龄的故宫博物院却迅速走到大众眼前和聚光灯下。将一个古老文化IP，以中华文化为素材，"烹饪加工"成一道老少咸宜的"新菜"，让开始接地气的故宫也交出了令很多企业都难以企及的答卷：

有趣营销，快速传播。2014年8月，《感觉自己萌萌哒》雍正行乐图GIF图上线一周，单击量超过100万，广受热议。雍正卖萌、宫女摆剪刀手、鳌拜比心……把严肃的历史和人物用社会化和娱乐精神的角度诙谐展现，"宠幸了"现代人钟爱的内容画风，让故宫首次登顶公众号单篇浏览量10万以上。

销售额逐年攀升。作为中国第一家走红的博物馆文创，公开数据显示，故宫文创收入直线飙升，呈现出强劲的增长势头。据济研咨询统计，故宫博物院的文创产品已达到9170种，文创产品销售额2013年为6亿元，到2016年为近10亿元，2017年达到15亿元。

联合各路大牌，玩转跨界营销。做口红（各大彩妆品牌都有故宫联名款），玩游戏（与腾讯合作），拍综艺（与北京电视台合拍《上新了，故宫》），增加营销点。

巧妙借势，增加品牌话题点。电视剧《延禧攻略》收视大火，故宫就推出延禧宫专场。下雪啦，就在微博来一轮"听，雪落的声音"的雪景照片刷屏，引来2000万点击关注。2019年2月19日，故宫又推出"紫禁城上元之夜"灯光秀，由于关注者众多，购票系统一度陷入瘫痪。

……

"红起来"的故宫不断创造着新的奇迹。

"互联网+"的故宫找到了历史文化价值和商业价值之间的平衡点，线上与线下相结合，形成了一个完整的产业链闭环，实现了巨大的经济效益。故宫博物院在文化传播过程中，让更多年轻人了解传统文化和馆藏品，并且传递了故宫价值观。故宫文化的传播从受众需求、内容生产、情感价值和传播渠道、电商平台、跨界合作和新技术的应用等方面，成为了故宫文化传播的辅助手段和延伸表达，为传统文化在新环境下的传播提供了参考与启示。

(1) 面向年轻受众，重视社群运营

故宫的成功首先要归功于对受众的精准把握，传播中也把握年轻受众的阅读和使用偏好，生产优质内容，通过合适的渠道进行个性化推送。因此，传统文化需要转变传播思路，以受众为中心，尤其是以有消费能力的新型年轻受众为中心。首先，需要细分受众市场，进行精准投放，根据不同的受众需求提供个性化定制服务。其次，在传统文化的传播中应重视社群运营。从受众与传统文化的接近性的角度，将潜在受众转化为忠实受众的过程离不开社群运营。通过利用忠实受众自发的信息传播形成的"放大功率效应"，会使少数忠实粉丝影响到部分普通用户，在辐射裂变的过程中形成文化现象，从而引起更多人的关注。

(2) 打造精品内容，增加信息触点

随着手机网民规模的进一步扩大和手机应用体验的不断提升，移动终端成为受众获取信息的重要载体，同时现代快节奏社会时间碎片化和信息碎片化趋势的进一步加强，在信息爆炸的时代，如何吸引受众的注意力，是传统文化传播中的重要环节。因此，在内容生产方面，传统文化的内容和产品应根据受众喜好进行调整，"活化"传统文化，也就是要注重传统文化的现代表达，生产娱乐化、交互性、有内涵的精品内容，同时讲好中国故事，进行娱乐化转型的同时，需要加强自身的社会教育作用和文化传播功能。除此之外，还应增加受众的信息接触点，丰富受众接受信息的形式，在传播中覆盖更多的潜在受众。

(3) 丰富产品内涵，寻求情感认同

价值观和情感联系是一种共有的精神内核，可以跨越年龄、地域甚至国家间的文化差异，在此基础上，传统文化在传播中应该挖掘自身的文化内涵，激发受众的情感共鸣，通过贴近用户的方式与他们建立信任关系。同时不断丰富内容和产品的文化内涵，传递消费观念和生活方式，提高受众的主动性与忠诚度。所以，首先就需要从传统中发掘出与时代接轨的内容，寻找到将传统引回现代的新商业语境。同时，要进行筛选整合，选择符合传统文化定位的内容和方式，避免过度商业化和娱乐化，失去传统文化本身的内涵。

(4) 结合创新科技，拓展传播场景

在传播渠道上，要通过新媒体、人工智能(AI)、增强现实(AR)和虚拟现实(VR)等技术拓展信息传播的边界，通过多传播渠道，丰富传播形式，融入生活化场景，全方位地进行信息覆盖，提高受众的认同感和接受度。因此，在传统文化的传播中，要重视社交媒体的传播，开发立体深层次的传播渠道，将线上与线下相结合，通过多形式的跨界合作，举办线下展览、主题商店，利用虚拟现实技术，都可以使传统文化融入大众生活。

案例学习2：餐饮遇到互联网

"互联网+"代表着一种新的经济形态。当今世界，餐饮业在现代全新商业发展体系中占有很大的比例，而随着互联网经济的不断发展，各种形式的餐饮平台已经逐渐地走进了我们的生活。生活水平的提高，人们的便利性需求也为之增长，"互联网+"的发展，方便了人们的日常生活，但也提供了商机。"互联网+"是互联网思维的进一步实践成果，代表一种先进的生产力，推动经济形态不断地发生演变，从而带动社会经济实体的生命力，为改革、发展、创新提供广阔的网络平台。

王小帅有一家油条店铺，只卖油条，金黄色、口感松脆有韧劲，1.5元一根，每日生意好到爆，好的时候每天能卖掉1500根，最少也要卖个七八百根。本以为自己的油条生意达到了巅峰，但没想到，互联网思维让他的店慢慢地发生了变化：

只要在店里买豆浆，油条只要1块钱一根，豆浆的成本0.5元，1.5元一杯。于是他每天能卖出2000根油条和2000杯豆浆。

再后来买豆浆送油条，油条不要钱。

之后，人越来越多，王小帅提供收费小板凳让顾客坐着排队。

如果顾客一次性预定半年的豆浆油条，王小帅还提供插队优先购买豆浆。

每天早上来买早餐的人越来越多，王小帅决定把隔壁的店铺也租下来并打通，旁边的店铺专做煎饼稀饭，不卖豆浆油条。

在顾客等客时，王小帅让老客户关注他的微信公众号，关注后可以得到一杯豆浆，公众号主要提供线上排队服务。

顾客越来越多，王小帅也觉得有必要进一步做大，于是开始找银行贷款融资，开自己的早餐连锁店。连锁店开很顺利，店面装修得很漂亮，有固定包间，有普通堂食区域。但王晓帅规定固定包间最低消费不得低于30元。

免费豆浆没有白送，王小帅的公众号粉丝越来越多，公众号的功能也越来越多，不仅支持线上排队，还支持线上下订单送货上门，做外卖，将线上线下关联了起来。

王小帅生意越来越好，路边开了十几家油条店模仿他的口感和色泽。面对这种情况，王小帅及时调整经营策略，油条豆浆不收费，买一个还白送0.5元。不久同行就只剩下对门的那一家了。王小帅发现一直补贴不是个事，于是和对门的老板商量结束这场对峙，一起提价。

油条店的老顾客络绎不绝，隔壁的电器城悄悄盯上了这些人，派人过来发传单，王小帅可不会将自己的顾客白白被利用，决定收取电器城老板1000元一天。

不仅开了连锁店，王小帅还在油条点附近开了一个美食城，招加盟商入驻提供各种口味的早、中、晚餐。王小帅根据自己的经历，在公众号写了一篇文章，没想到阅读量超过了100万。这100万的阅读量，无形中又给自己的店做了一次广告。生意越做越大，最后，王小帅的油条店发展到了全国，一边买着豆浆油条，一边收着广告费。

在"互联网+"技术的发展与推动下，新型餐厅开办和传统餐厅倒闭已成为常态，这就要求餐饮企业调整营销策略和服务方式。互联网餐饮企业由于基于技术的营销和上门的个性化服务，对个人也提出新要求。一是必须敏锐地掌握新动态，领会新政策，接受"互联网+"新观念，顺应时代发展；二是不局限于职责，应该培养良好的自驱力，推动自己积极主动的学习多元化的知识与技术，不断改善工作方式，这样即使面对环境的变化甚至是餐厅的倒闭，也可以降低自身被迫退出率；三是要深度服务用户，提升用户体验。互联网餐饮企业要靠产品和服务赢得消费者与市场，员工可以借助互联网和大数据技术，更好地把握消费者需求信息，深入挖掘用户，从细节处提高用户体验。

复习思考题

1. 分析校园周边有哪些创业机会。
2. 考察晨曦市场，用5W2H分析法描述晨曦市场正在运行的某个项目。
3. 如何看待大学生创业风险？
4. 商业模式构成要素包括哪些？

第3章 创业环境与创业资源

本章要点：使学生了解创业环境、创业资源、创业资源整合的含义；掌握创业环境的内容，尝试对创业环境进行评价；掌握创业资源的作用以及获取的途径；了解创业资源整合的目标和原则，学习如何对创业资源进行管理，通过案例学习感悟如何充分利用创业资源实现创业梦想。

关键术语：创业环境；创业资源

3.1 创业环境辨析

本节提要：使学生明确创业环境的含义；了解创业环境的特征；学习如何对创业环境进行评价。

3.1.1 创业环境的含义

创业环境是足以影响或制约创业行为的一切外部条件的总称，是与创业活动相关联的因素的集合，包括宏观环境与微观环境。宏观环境指那些给企业造成市场机会或环境威胁的主要社会力量，包括政治、经济、社会、技术、自然和法律等因素。行业环境属于微观环境。行业指提供同一类产品（或服务）或提供具有可替代性产品（或服务）的企业群；行业环境分析的内容包括行业的生命周期阶段、行业的进入与退出障碍、行业的需求及竞争状况、行业主导技术的发展趋势及行业的发展前景等。

3.1.2 创业环境的分类

（1）宏观环境、中观环境和微观环境

按创业环境研究层次的不同，可分为宏观环境、中观环境和微观环境三种。宏观、中观、微观是相对而言的。宏观环境指一国或一个经济区域范围内的创业环境；中观环境指某个区域或城市、乡镇的创业环境等；微观环境指企业的文化氛围、团队合作精神、创新精神等。

(2)经济环境、政治环境、法律环境、科技环境、文化环境

按构成创业环境要素的学科属性,可分为经济环境、政治环境、法律环境、科技环境、商务环境、教育环境、社会环境、文化环境等。

(3)硬环境和软环境

按创业环境要素的物质形态属性不同,可分为硬环境和软环境。硬环境指创业环境中那些具有物质形态的要素组合,如基础设施、自然区位和经济区位;软环境主要指没有具体物质形态的要素的组合,如政治、法律、文化环境等。

3.1.3 创业环境的特征

(1)整体性

创业环境是一个由各要素相互作用、相互联系而组成的有机整体,创业环境的各要素相互联系、相互依存、相互影响。由于创业环境具有整体性的特征,在研究创业环境的时候,需运用系统的原则和方法,从整体的角度来分析考察创业环境,全面地分析研究,不能割裂开来孤立地分析单个要素。

(2)主导性

创业环境中的各个组成要素对于创业者而言,其地位或影响存在着差异性,总有一个或几个要素在某一阶段的发展中居于主导地位,即在创业环境中规定和支配着其他的要素,分析创业环境需要关注主要矛盾、关注矛盾的主要方面,对主导要素的研究居于特别重要的意义。

(3)动态性

创业环境是不断发展变化的,包括经济结构的调整、政治制度的优化、市场需求的变化、消费水平的提高等,这些都会极大地影响创业环境,使创业环境始终处在不断变化的过程中。需用动态的观点来看待、研究创业环境,认识创业与创业环境之间的辩证关系。

(4)差异性

创业环境的差异性不仅仅限于地区间的差异,产业之间同样存在创业环境的差异性。创业者所处区域不同,所选产业不同,则其所处的创业环境就有所不同。

3.1.4 优化创业环境的意义

(1)鼓励创业

优化创业环境的意义在于在全社会形成一种鼓励创业的氛围,学习借鉴他人的成功经验,激发创业意识,保护创业激情,形成创业光荣的社会共识,引导社会各个阶层的人能创则创,使社会充满创业的活力。

(2)支持创业

激发起创业者的创业激情,在于引导创业者心动。而由心动到行动,需要在制度设计层面充分考虑创业所需要的各个方面的支持,从要素获取到素质提升、从产品开

发到市场推广、从项目筛选到企业运营，从各个层面不同角度支持创业。

(3) 服务创业

服务型政府是在公民本位、社会本位理念的指导下，在整个社会民主秩序的框架下，通过法定程序，按照公民意志建立起来的以为公民服务为宗旨并承担着服务责任的政府。建设服务型政府要求政府必须优化工作流程，方便、快捷、高效、亲切地服务创业。

(4) 保护创业

创业环境应该能够直接为创业成果和创业过程提供保护，从法律上加强知识产权保护和财产安全，使创业者能够有效维权，免受不安定因素的影响，缓解后顾之忧，放心大胆创业。

3.1.5　创业环境的评价

创业环境是一个系统，系统的特征表现为整体性、主导性、可变性与差异性。创业环境评价包括对创业外部环境的评价和创业内部环境（如创业团队的文化、组织与分工等）的评价等。

国外的创业环境评价指标体系简单的只有三两项指标，复杂的可达到数百项指标。但这些指标是否完全可以放到中国来使用，对中国的创业企业家而言，哪些评价指标是比较重要的，这些问题还需要实证的检验。到目前为止应用最广泛的是 GEM 创业环境评价模型，但 GEM 模型也是从国外引进来的，侧重于创业外部宏观环境的评价，对微观环境及内部环境评价没有涉及。

3.1.5.1　创业环境评价体系构建原则

(1) 全面性原则

影响创业环境的因素有很多，既有内部因素，也有外部因素；既有宏观因素，也有微观因素；既有社会因素，也有自然因素。这些因素涉及市场、行业、经济、环境、政治、社会等各个方面，因此，在评价创业环境时，要全面考虑，综合评价。

(2) 科学性原则

创业环境评价的科学性体现在评价指标的科学性和评价方法的科学性。对于评价指标而言，科学性表现在两个方面：第一，指标是在实证的基础上确定的；第二，在参考国外评价指标体系的基础上，结合中国实际确定的。评价方法的科学性体现在对关键指标要采取定性分析方法，然后结合定量分析方法进行评价。

(3) 重要性原则

在坚持全面性原则的基础上，我们对影响创业环境的指标进行分类，对影响创业机会的关键指标采用定性的方法，这也是创业环境评价的第一步；同时，考虑不同地区、不同省份、不同历史阶段的差异性，对创业环境指标体系进行调整，保留那些影响创业环境的关键要素，去掉对创业环境影响不大的因素。

3.1.5.2 国内外关于创业环境的研究

(1) 国外关于创业环境的评价

目前，国际上常采用 GEM(全球创业观察)模型、五维度模型、MOS 模型三大创业环境概念模型，它们的区别在于：

①研究的出发点不同：GEM 模型重点考察不同国家或地区创业活动的活跃程度是否存在差异，是什么因素影响和决定了差异的存在，创业活动对经济增长的贡献程度如何这三个基本问题。五维度模型从影响创业环境因素角度分析，围绕创业环境归结为政府政策和工作程序、社会经济条件、创业和管理技能、对创业资金支持、对创业的非资金支持五个维度展开。MOS 模型以"创业机会论"为基础，从动机(Motivation)、机会(Opportunity)、技能(Skills)角度提出六维度创业政策框架。

②研究的理论基础不同：从 GEM 模型考察的九大因素可以看出，该理论体系的基础包含了"平台论"和"因素论"。五维度模型的评价体系则以"因素论"为基础。MOS 模型以"创业机会论"为基础。

③评价的指标体系不同：GEM 模型的九个维度框架下包含了若干个子指标。五维度模型共有 33 个子维度指标。MOS 模型共有 34 个二级指标，优化后有 26 个二级指标。

④应用的范围不同：GEM 模型着重于研究创业活动对经济增长的作用机制，侧重于宏观创业环境研究。五维度模型以其严密的逻辑体系和易于衡量的指标体系更适合于较小范围(地区)的研究，且处于不断地发展与完善之中。MOS 模型将创业过程分为创业前、创业、创业后三个阶段，创业政策围绕 M－O－S 而构建并评价，具有系统性，适合评价关于大学生的创业环境。

(2) 国内关于创业环境的评价

我国关于创业环境研究起步较晚，但发展比较快。从研究的内容来看，国内对创业环境的研究主要围绕创业环境概念(平台论、因素论、"两者论")、创业环境模型、创业环境评价展开。

①引入或加入国际上较为成熟的评价模型：2002 年清华大学作为我国的代表加入了 GEM 项目的调研工作，相关专家学者引入五维度模型和 MOS 模型等。

②引入并改进国际上相关的评价模型：唐海仕、姜国俊以 Lund-strom 和 Stevenson 开发的 M－O－S 模型为基础，针对我国大学生这一特殊的创业群体并结合我国的实际，构建了一套适合评价我国大学生创业环境的评价体系。

③根据我国的情况建立创业环境评价体系：张玉利、陈立新在 Devi R. Gnyawali 和 Daniel S. Fogel 的创业环境模型的基础上，把创业环境归为四大类：金融与非金融支持、社会经济条件、创业与管理技能、政府政策与工作程序。

④我国关于创业环境研究的特点：从我国学者对创业环境研究的发展来看，研

究的内容是逐步深入的，且大多数集中在东部沿海地区；大多是针对创业环境所进行的研究，专门针对创业环境对创业能力和创业机会实现影响的程度做出深入探讨的还比较少；对某个完整的地方行政省份的创业环境进行全面评价与比较的研究还不够。

⑤我国关于创业环境研究的趋势：随着学者们对创业研究的不断深入，创业环境越来越受到政府和学者们的重视。对创业环境的研究，需要深入和可选择的方向有四个：一是构建全面的创业环境评价体系，包括我国创业环境的总体评价和完整的地区创业环境的评价（特别是中西部地区）；二是结合国际上对创业环境评价的模型与我国的实际相结合，分类评价我国的创业环境（按照不同的产业或群体）；三是深入研究创业环境对于创业过程及创业的影响程度；四是根据相关研究成果试点提出优化地区创业环境的可行性方案。

3.2　创业资源获取

本节提要：使学生了解创业资源的含义与种类；认识创业资源在各个创业阶段的作用；学习创业资源获取的途径。

3.2.1　创业资源的含义

随着对创业活动的研究逐渐深入，一个影响创业的重要元素近年来被讨论的次数越来越多，这就是创业资源。在经济学当中，能够投入到生产过程中的一切要素均可以称之为资源。在企业中这些资源既包括看得见的有形资源（如机器、厂房、各种类型设备），同时也包括组织本身蕴含的无形资源（如品牌、企业声誉、企业具有的专利权等）。创业资源的内涵包括以下几个方面：

①所有投入到企业创业过程当中的为了实现企业创业目标的有形资源与无形资源的总和。

②创业资源是企业为了实现自己的目标，在为社会提供商品和服务过程中自身具备的、能够驱使的因素或者各种因素的组合。

③创业活动过程就是资源的重新组合的过程，创业资源是创业活动过程中企业投入的各类要素或其组合形式。

④创业资源是支撑企业创业活动的各种生产要素及条件。

⑤创业资源是创业企业赖以赢得创业机会并且设定企业战略的基础，同时能为企业带来价值，能够起到增强企业的竞争力等作用的一种特殊资源。

总而言之，创业资源是企业能够利用与控制的，并且主动进行整合的要素及其组合。这些要素既可以是有形的也可以是无形的。

3.2.2 创业资源的种类

资源对于企业的发展是必不可少的,特别是对于创业企业,拥有的资源更是生存之本。创业企业从创立到发展壮大的过程中必然会不断利用与消耗已有的创业资源,同时又要不断地拥有新的创业资源,以此获得长久持续的发展。这些资源是多方面的,不仅包括不断投入的各种人力资源,还包括政策环境、技术能力、信息支持、资金资源和物资资源等。创业资源可按照不同维度划分类型:

(1)按照资源要素对企业战略规划过程的参与程度分类

可将创业资源分为直接资源和间接资源两大类。直接资源包括财务资源、经营管理资源、人才资源以及市场资源,这些要素直接参与创业企业战略设计与执行过程;间接资源则包括政策资源、信息资源和科技资源,这些要素为企业创业提供间接的支持与帮助。

(2)按照资源要素对创业发展影响作用分类

各个创业要素按照对创业发展影响作用分为两大类:要素资源与环境资源。能够直接参与和投入创业企业日常生产发展过程中的要素即为要素资源,包括场地资源、资金资源、人才资源、管理资源与技术资源。而那些虽然不能直接参与组织的生产活动,但是其在企业运营中能够大幅度促进和提高企业创业与运营效率的要素称之为环境要素,包括政策资源、信息资源、环境资源与品牌资源。

(3)按照资源要素的重要性分类

将创业资源分为三大类:基础资源、核心资源和其他资源。核心资源包括人力资源、技术资源和管理资源;基础资源包括资金资源和场地资源;其他资源包括政策资源、人脉资源、品牌及文化资源和行业资源。

(4)按照资源的来源分类

资源分为自有资源和外部资源。其中,自有资源是指创业者自己所拥有的、能够自由配置和使用的各种可用于创业的资源,包括自有场地资源、自有设备资源、自有资金、自有技术、自有人才等。外部资源指对企业运营有影响但是企业不能完全掌控的所有社会因素和环境因素的集合。

3.2.3 创业资源在各个创业阶段的作用

创业活动的本质是创业者围绕潜在机会来调动和整合一切可能获得的资源以创造商业价值的过程。创业者所拥有的或者能够支配的资源在很大程度上决定了创业方向。

(1)社会资本在创业中的作用

社会资本是相对于物质资本和人力资本的一种无形资源形式,以社会关系中的信任、规范和网络为载体,既包括社会关系中的制度、规范和网络化等组织结构特征,又包括公民所拥有的信任、威望、社会声誉等人格网络特征,是人们在社会结构中所处的位置给他们带来的资源,包括权利、地位、财富、资金、学识、机会、信息等。

社会资本拥有状况体现创业者创业的基础。

(2) 资金在创业中的作用

资金是创业者资源整合的重要媒介,很多时候一个创业项目在起步后的相当一段时间内是没有收入的,或者收入不会像预期那么容易,尤其是大学生创业,其最大困难之一就是资金缺乏,即便是已经运营多年的企业,也极有可能因资金链断裂而毙命。因此,资金在创业中具有不可或缺的重要作用。

(3) 技术在创业中的作用

对于制造业或提供基于技术服务的新创企业而言,技术资产及技术开发能力是企业存在和发展的基石,是生产活动和生产流程稳定的根本,决定了创业产品或服务的市场竞争力和获利能力,创业能否成功的关键在于是否拥有可靠的技术支点,对高科技新创企业而言,技术更是其战略性资源。

(4) 专业人才在创业中的作用

知识经济时代,人才是经济和社会发展的第一资源。科技的迅猛发展、激烈的全球化竞争,任何技术都可能落伍,任何资源都可能被取代,只有人才资源是任何时代都不能缺少的,专业人才是企业的创立、创新和持续发展的基础,也是企业永葆活力的坚强后盾。

3.2.4 创业资源获取的途径

可通过市场途径和非市场途径获取创业资源。市场途径是指通过支付费用在市场购买相关创业资源,非市场途径则指通过社会关系,用最小的代价甚至无偿获取创业资源。

通过市场交易途径获取资源,采取购买、联盟和并购的方式,购买物资资源、技术资源、人力资源等。联盟则是联合其他组织对一些难以或无法自己开发的资源进行共同开发,联盟是一种现在比较普遍的形式。并购则是依托资金实力助力创业者缩短进入一个新领域的时间,从而及时把握商机,实现创业目标。通过资源吸引和资源积累的非市场交易途径也可获取创业所需资源。

选择通过市场途径还是非市场途径取得资源,取决于创业者拥有社会资本的状况、资金实力、创业者行为偏好等。可以在市场途径与非市场途径中选择一种以取得资源,也可以两种途径组合以取得资源。具体选择结果取决于创业者对自身综合实力、对效率、对自身行为偏好的综合考虑。

3.3 创业资源整合

本节提要:使学生明确资源整合的含义,了解创业资源整合的流程,认识创业资源整合的目标和原则。

3.3.1 创业资源整合的含义与流程

3.3.1.1 创业资源整合的含义

创业不是饮无源之水，栽无本之木。每一个人创业，都必然有其凭依的条件，也就是拥有的资源。创业的过程就是创业者建立、整合和拓展资源的过程。

资源整合是指企业对不同来源、不同层次、不同结构、不同内容的资源进行识别与选择、汲取与配置、激活和融合，使其具有较强的柔韧性、条理性、系统性和价值性，并创造出新的资源的一个复杂的动态过程。

创业资源整合在于寻找并有效利用各种创业资源的过程，这一过程一是尽可能发现有利的创业资源；二是以效率尽可能高的方式来配置、开发和使用这些创业资源。

成功创业者对把握商机过程中所需要的资源以及对这些资源的所有权和管理权都有着自己的独特看法，与企业经理人的看法极不相同，成功的创业者在新创企业成长的各个阶段，都会努力做到用尽可能少的资源来推进企业向前发展；同时，对他们而言，资源的所有权并不是关键，关键的是对其他人的资源的控制和影响。

整合就是要优化资源配置，就是要有进有退、有取有舍，就是要获得整体的最优。在战略层面，资源整合是系统论的思维方式，是通过组织协调，把企业内部彼此相关但却彼此分离的职能，把企业外部既参与共同的使命又拥有独立经济利益的合作伙伴整合成为一个为客户服务的统一体，取得 $1+1>2$ 的效果。

在战术层面，资源整合是资源优化配置决策，是根据企业的发展战略和市场需求对有关的资源进行重新配置，以凸显企业的核心竞争力，并寻求资源配置与客户需求的最佳结合点，目的是要通过组织制度安排和管理运作协调来增强企业的竞争优势，提高服务客户的水平。

3.3.1.2 创业资源整合的流程

企业的核心竞争力就是对资源的整合能力，对资源的整合能力越强，核心竞争力越强。因此，企业如何走出狭隘的发展空间，做大做强，与领导者的思维有着不可分割的关系，这就需要领导者必须具备一定的整合能力。

创业者在面对自己的创业任务时，首先要考虑自己在此项目上有哪些资源，分析已有的资源，并对资源进行发掘。资源整合的前提是要善于发现资源，培养一双善于发现资源的眼睛，及时捕捉到所需的财富资源，就能比竞争对手多走一步。

将自己的资源列出一张清单，包括资金、团队、渠道、客户、品牌、专业、人脉等方面，对这些资源进行精确分析，给自己的资源定性。这样，我们才知道该如何运用资源：一方面让自己的资源升值，实现资源价值的最大化；另一方面，询问自己需要哪些资源，并为如何获得这些资源制定策略。通俗来讲，就是在分析完已有资源后，明确自己还缺哪些资源，缺少的资源在谁手里。

资源短缺是每个企业都会面临的问题。在资源整合中，你缺什么并不重要，重要的是你知道缺少的资源在谁手里？对于中小企业来说，要解决当前各种资源短缺的困境，就要及时出击，找到自己需要的资源，再对症下药：或强强联手，或引进外来的设备、人才，或向银行贷款，或借助政策支持，等等。

在了解自己手中资源的具体情况后，就可以进行资源的开发、配置与应用。其实创业者的创业任务，也是围绕如何进行资源开发、应用来进行的（图3-1）。

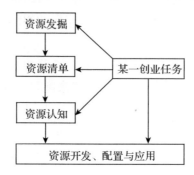

图 3-1 资源的开发、配置与应用

3.3.2 创业内部资源整合的目标和原则

内部创业资源基本上可以概括为人、财、物和技术四个主要方面，人以外的企业资源的作用都相对明确，只要配置合理就能发挥很好的作用。而且即使人的作用也比企业外部人作用更加明确一些。内部资源清单如表3-1所列。

表 3-1 内部资源清单

资源名称	对资源的认知
创业者	素质与能力、社会关系网络、需求特征
创业企业员工	素质与能力、社会关系网络、需求特征
创业企业的固定资产	寿命周期、使用成本、有效配置
创业企业的流动资产	使用成本、有效配置
创业企业的资金	使用成本、有效配置
创业企业的技术资产	后继研发、拓展应用

与外部创业资源相比，内部创业资源作用很明确，因此，内部资源整合的最根本目标就是如何更有效地配置和使用这些资源。可以把内部创业资源整合形象地比喻为"内部挖潜"，需要像外部资源整合那样不断地发掘各种新的资源主体。

（1）公平原则

创业资源的整合要体现双赢原则。因此，对于具有相对独立的利益主体特征的资源，在整合的过程中要体现不同资源主体之间的公平原则。尤其是对于内部的人力资源，由于创业者或者创业企业员工之间平时相互都有沟通，所以不公平的现象很容易显现,以至于给整合带来负面的影响。

(2)当前利益与长远利益相结合的原则

创业资源整合的根本目的就是为了实现创业企业利益的最大化,但这个利益有当前和长远之分。因此,在内部创业资源整合的时候就要充分协调好当前利益与长远利益之间的冲突。任何基于当前利益而对创业资源的过度开发、急功近利,都会给企业的长远发展埋下隐患。

(3)缓冲原则

遭遇困难和挫折是创业企业常有的事情,而应对这些困难和挫折可能更多的是依靠创业企业的自有资源,任何一个利益主体基于风险规避的考虑都不会愿意冒太大的风险去帮助一个新创建的企业。因此,在对内部资源整合的过程中尽量留有余地,以满足不时之需。既有风险意识,也有风险识别能力,更具风险防范能力。

3.3.3 创业外部资源整合的目标和原则

与内部资源相比,外部资源就要复杂多了。首先,外部资源都是相对独立的利益主体;其次,外部资源与创业者或者创业企业的关系也更加复杂,创业者或者创业企业对这些资源的开发、配置和使用的难度更大;再次,很多外部资源不是直接摆在创业者和创业企业面前的,而是需要去寻找、发掘或选择,因此具有相当的不确定性。外部资源清单如表3-2所列。

表3-2 外部资源清单

资源类别	具体资源	对资源的认知
相关政府机构	园区管理委员会、市场监督管理部门、税务管理部门……	相对规范的外部资源
商业化的服务组织	银行、技术市场、管理咨询公司、会计师事务所、律师事务所、投资机构、广告公司	实际上是把创业企业作为"买方"的各种营利机构
非营利性的服务组织	慈善基金会、公益组织	
产业链相关组织	原材料供应商、机器设备供应商、潜在顾客、批发商、零售商、代理商	
可能的合作伙伴	高校、科研院所等研究机构	
竞争者(竞合)	竞争者	
创业团队的个人社会网络	与创业者存在人际关联的单个人	

由于创业者或者创业企业对外部资源缺乏控制权和支配权,所以外部创业资源整合无论在难度上还是在进展的缓慢程度上都高于对内部资源的整合。或者可以说,对内部资源进行整合的目的就是提高效率,不存在不可使用这些资源的问题。而在外部资源整合方面,基本的目标则是保证可以利用这些外部资源,然后才顾及到效率问题。

(1) 比选原则

由于外部资源的多样性，所以有助于某一创业者的外部资源可能会有多个，使用每个外部资源都具有不同的收益、成本和不确定性。因此，创业者要根据创业项目运营的需要、自身的实力以及这些资源的特点，选择最适合于自身的外部资源。

(2) 信用原则

与外部创业资源打交道，实际上就是在与人打交道。因此，在外部资源的整合过程中，信用和信誉将是决定能否长期利用某些资源的关键因素。

(3) 提前原则

由于外部资源整合的难度较大、进展相对也较慢，并且外部资源的发现也需要一定的过程，所以不能等到需要的时候再去考虑外部资源的整合，而是应当具有一定的前瞻性，适当提前开始某些外部资源的整合。

3.4 创业资源管理

本节提要：使学生了解创业资源管理的含义；从信息资源、人力资源、资金资源、物资资源、技术资源五个方面理解资源管理的内容。

3.4.1 信息资源管理

3.4.1.1 信息资源管理的含义

信息资源指人类社会信息活动中积累起来的以信息为核心的各类信息活动要素（信息技术、设备、设施、信息生产者等）的集合。这里的信息活动包括围绕信息的搜集、整理、提供和利用而开展的一系列社会经济活动。

信息资源管理（information resource management，简称IRM）指管理者（如中央或地方政府部门、企业或事业单位）为达到预定的目的，运用现代化的管理手段和管理方法来研究信息资源在经济活动和其他活动中利用的规律，并依据这些规律对信息资源进行组织、规划、协调、配置和控制的活动。

3.4.1.2 信息资源的类型

(1) 记录型信息资源

记录型信息资源包括由传统介质（纸张、竹、帛等）和各种现代介质（如磁盘、光盘、缩微胶片等）记录和存贮的知识信息，如各种书籍、期刊、数据库、网络等。记录型信息资源是信息资源存在的基本形式，也是信息资源的主体。

(2) 实物型信息资源

实物型信息资源是用实物本身来贮存和表现的知识信息，如某种样品、样机。实物型信息资源本身就代表一种技术信息。这类信息资源不能直接进入信息系统，要对其进行管理，必须先将它转换成记录型信息。

(3) 智力型信息资源

智力型信息资源主要表现为人脑存贮的知识信息，包括人们掌握的诀窍、技能和经验，又称为隐性知识(tacit knowledge)。它由人的活劳动携带，根据社会需求提供各类咨询服务。

(4) 零次信息资源

零次信息资源指各种渠道中由人的口头传播的信息。零次信息的存在形式、传播渠道具有较大的随机性，难于存贮和系统积累，给这类信息资源的管理带来了很大困难，需要采用特殊的方法搜集、记录、整理和存贮。

3.4.1.3 信息资源的功能

(1) 经济功能

信息作为重要的经济资源，具有经济功能。信息资源的经济功能表现在多个方面，在经济活动中发挥不同的作用，其中最重要的是它对社会生产力系统的作用功能。

① 信息要素的注入有助于提高生产力系统中劳动者的素质，缩短劳动主体对客体的认识及熟练过程，使各生产要素以较快较佳的状态进入生产运行体系，从生产过程的时效性上表现与发挥其生产力功能。信息要素通过与生产力系统中的不同决策管理层的相互作用，可以实现生产要素的最佳组合，增强管理层与管理对象之间的可知度和透明度，提高生产力系统运行的有序度，从而提高生产力。信息要素的投入还有助于引发对生产过程、生产工具、操作方法和工艺技术等的革新与创造，提高生产力系统的质量与效率。

② 信息资源的生产力功能是在信息要素和信息技术要素(两者同是信息资源的重要因素)有机结合的条件下实现的。

③ 信息资源还具有直接创造财富，实现经济效益放大的功能。信息不但本身就是财富的象征和源泉，而且可以通过流通和利用直接创造财富。

(2) 管理与协调功能

信息流反映物质和能量的运动，社会借助信息流来控制和管理物质能量流的运动，左右其运动方向，进行合理配置，发挥最大效益。

(3) 选择与决策功能

信息的选择与决策功能广泛作用人类选择与决策活动的各个环节，并优化其选择与决策行为，实现预期目标。信息的这种功能体现在两个方面：没有信息就无任何选择和决策可言；没有信息的反馈，选择和决策就无优化可言。信息在人类的选择与决策活动中还发挥预见性功能。

(4) 研究与开发功能

研究与开发功能指在人类科学研究和技术创新活动中，信息具有活化知识、生产新知识的功能。

3.4.1.4 信息资源管理的任务

①制定信息资源的开发战略、规划、方针,使信息资源的开发活动在国家统一的指导和管理下有条不紊地进行,信息资源的开发成果不仅成本低、价格廉,而且能很好地做到三个"贴近"(贴近实际、贴近需求、贴近用户),满足创业活动的总体需要。

②制定信息资源管理的规章,建立科学的信息资源管理流程,使信息资源管理有章可循,使开发出来的信息资源能得到充分、及时、有效的利用。

③了解各部门、各地区和各企业之间的关系,了解各级信息资源开发利用机构的责、权、利界限,最大限度地共享外部信息资源。

④充分享受国家信息基础设施和信息资源管理网络的建设成就,使信息资源的开发利用活动建立在较高的起点和良好的社会基础上。

3.4.2 人力资源管理

3.4.2.1 人力资源管理的含义

人力资源管理是一项系统的战略工程,它以企业发展战略为指导,以全面核查现有人力资源、分析企业内外部条件为基础,以预测组织对人员的未来供需为切入点,内容包括晋升规划、补充规划、培训开发规划、人员调配规划、工资规划等,基本涵盖了人力资源的各项管理工作,人力资源规划还通过人事政策的制定对人力资源管理活动产生持续和重要的影响。

狭义的人力资源管理指企业从战略规划和发展目标出发,根据其内外部环境的变化,预测企业未来发展对人力资源的需求,以及为满足这种需要所提供人力资源的活动过程。

广义的人力资源管理指企业所有各类人力资源规划的总称。规划按期限分为长期(五年以上)、短期(一年及以内)、中期计划(时间跨度介于两者之间)。

人力资源管理按内容分可为战略发展规划、组织人事规划、制度建设规划、员工开发规划。

人力资源规划是将企业经营战略和目标转化成人力需求,以企业整体的超前和量化的角度分析和制订人力资源管理的一些具体目标。

人力资源管理的概念包括以下四层含义:

①人力资源规划的制订必须依据组织的发展战略、目标。

②要适应组织内外部环境的变化。

③制订必要的人力资源政策和措施是人力资源规划的主要工作。

④人力资源规划的目的是使组织人力资源供需平衡,保证组织长期持续发展和员工个人利益的实现。

3.4.2.2 人力资源管理的作用

①有利于组织制订战略目标和发展规划：人力资源规划是组织发展战略的重要组成部分，同时也是实现组织战略目标的重要保证。

②确保组织生存发展过程中对人力资源的需求：人力资源部门必须分析组织人力资源的需求和供给之间的差距，制订各种规划来满足对人力资源的需求。

③有利于人力资源管理活动的有序化：人力资源规划是企业人力资源管理的基础，它由总体规划和各种业务计划构成，为管理活动（如确定人员的需求量、供给量、调整职务和任务、培训等）提供可靠的信息和依据，进而保证管理活动的有序化。

④有利于调动员工的积极性和创造性：人力资源管理要求在实现组织目标的同时，也要满足员工的个人需要（包括物质需要和精神需要），这样才能激发员工持久的积极性，只有在人力资源规划的条件下，员工对自己可满足的东西和满足的水平才是可知的。

⑤有利于控制人力资源成本：人力资源规划有助于检查和测算出人力资源规划方案的实施成本及其带来的效益。要通过人力资源规划预测组织人员的变化，调整组织的人员结构，把人工成本控制在合理的水平上，这是组织持续发展不可缺少的环节。

3.4.2.3 人力资源管理的内容

（1）战略规划

战略规划是根据企业总体发展战略的目标，对企业人力资源开发和利用的方针、政策和策略的规定，是各种人力资源具体计划的核心，是事关全局的关键性计划。

（2）组织规划

组织规划是对企业整体框架的设计，主要包括组织信息的采集、处理和应用，组织结构图的绘制，组织调查、诊断和评价，组织设计与调整，以及组织机构的设置等。

（3）制度规划

制度规划是人力资源总规划目标实现的重要保证，包括人力资源管理制度体系建设的程序、制度化管理等内容。

（4）人员规划

人员规划是对企业人员总量、构成、流动的整体规划，包括人力资源现状分析、企业定员、人员需求和供给预测、人员供需平衡等。

（5）费用规划

费用规划是对企业人工成本、人力资源管理费用的整体规划，包括人力资源费用的预算、核算、结算，以及人力资源费用的控制。

人力资源管理是预测未来的组织任务和环境对组织的要求，以及为了完成这些任务和满足这些要求而设计的提供人力资源的过程。通过收集和利用现有的信息对人力资源管理中的资源使用情况进行评估预测。人力资源规划的实质是根据公司经营方针，通过确定未来公司人力资源管理目标来为实现公司的既定目标提供支撑。

3.4.2.4 人力资源管理的战略计划

战略规划是根据企业总体发展战略的目标，对企业人力资源开发和利用的方针、政策和策略的规定，是各种人力资源具体计划的核心，是事关全局的关键性计划，应注意战略规划的稳定性和灵活性的统一。在制订战略规划的过程中，须注意以下几个方面：

（1）国家及地方人力资源政策环境的变化

它包括国家对于人力资源的法律、法规的制定，对于人才的各种措施。国家各种经济法规的实施，国内外经济环境的变化，国家以及地方对于人力资源和人才的各种政策规定等。这些外部环境的变化必定影响公司内部的整体经营环境，从而公司内部的人力资源政策也应该随之有所变动。

（2）公司内部经营环境的变化

公司的人力资源政策的制定必须遵从公司的管理状况、组织状况、经营状况变化和经营目标的变化。由此，公司的人力资源管理必须根据以下原则，根据公司内部的经营环境的变化而变化。

①安定原则：指在公司不断提高工作效率的前提下，公司的人力资源管理应该以公司的稳定发展为其管理的前提和基础。

②成长原则：指公司在资本积累增加、销售额增加、公司规模和市场扩大的情况下，人员必定增加。公司人力资源的基本内容和目标是为了公司的壮大和发展。

③持续原则：人力资源管理应该以公司的生命力和可持续增长，并保持公司的永远发展潜力为目的，必须致力于劳资协调、人才培养与后继者培植工作。

3.4.3 资金资源管理

资金资源是创业过程中必不可少的重要资源之一，资金的获取及其有效利用与创业企业的发展息息相关，资金是企业经营活动的血液，面对多变的市场需求和激烈的竞争环境，企业需要努力提高自身实力，充分利用各种资源。创业企业的资金资源主要包括资金、资产和股票等。由于创业者在创业之初没有固定资产或资金作为贷款的抵押和担保，故而创业资本很难从传统的筹资渠道获得。从现行政策来讲，中小企业无法满足股票市场、债券市场融资的规定和要求，无法从股票市场、债券市场等筹资渠道融资。因此，创业者更多依赖的是自有资源或风险投资。风险投资是一种资金与管理相结合的投资，风险投资公司与企业之间不仅存在一般意义上的委托代理关系，而且还存在"帮助与被帮助"的合作关系，具有"治理＋管理"的双重意义。

（1）自筹资金

在创业者刚刚开始创业时，一般人是很难通过传统渠道的银行、基金融到钱的，尤其是大学生创业，尽管目前已经有了各种大赛、路演、众创空间等，给创业者很多展示的机会，进而使他们能得到投资人的青睐，但是，大多数的创业者在创业初期的第一笔资金，通常来自于创业者自己、股东、合伙人的自筹资金。

有很多成功的创业者是靠自己最初给别人打工来赚取第一桶金和宝贵的职业经验的。将自己打工积累的钱用作创业资金，既有一种白手起家的荣耀感，同时也是一个创业的实习过程，世界上白手起家的企业家比比皆是。

(2) 风险投资

风险投资也叫 VC(venture capital)，这是一个舶来的概念，一般是由自由职业投资家投入新兴的、迅速发展的、具有巨大经济发展潜力的企业中的权益资本。所谓"权益资本"，就是股权资本，一般不以贷款等债权形式体现。通常风险投资的投资过程是由专业的风险投资家负责，包括做投资决定、管理投资等。风险投资比较青睐那些处于发展期的，或者处于快速成长期的，在未来有可能成长为独角兽或大企业的公司，它不一定是高科技公司，也可以是新兴公司，比如新浪、百度、阿里巴巴等，最初都是在风险投资支持下发展起来的。

风险投资基金又叫创业基金，是当今世界上广泛流行的一种新型投资机构。它以一定的方式吸收机构和个人的资金，投向那些不具备上市资格的中小企业和新兴企业，尤其是高新技术企业。

风险投资基金无须风险企业的资产抵押担保，手续相对简单。它的经营方针是在高风险中追求高收益。风险投资基金多以股份的形式参与投资，其目的就是为了帮助所投资的企业尽快成熟，取得上市资格，从而使资本增值。一旦公司股票上市后，风险投资基金就可以通过证券市场转让股权而收回资金，继续投向其他风险企业。

(3) 天使投资

天使投资(angle investment)，是权益资本投资的一种形式，是指富有的个人出资协助具有专门技术或独特概念的原创项目或小型初创企业，进行一次性的前期投资。它是风险投资的一种形式，根据天使投资人的投资数量以及对被投资企业可能提供的综合资源进行投资。

天使投资的资金一般来自于民间资本，而非专业的风险投资商。一般来说，天使投资的门槛较低，资金较少，比较适合于创意阶段的大学生创业项目。

3.4.4 物资资源管理

广义的物资资源是指行政组织所能运用的各种有形的物质要素的总和，包括维持机关内部运行及对外开展职能活动的各物质要素。这里所指的物资资源主要指维持创业企业内部日常运转、为实现创业目标的各项物质要素。企业物资资源管理是对现代企业生产经营所需的各种物资、设备进行计划、采购、使用和节约等的组织和控制，关系到现代企业生产经营的正常连续进行和流动资金的节约。物资资源是企业从事生产经营活动的物质基础和前提条件，物资资源的管理在某种意义上决定了企业的生产力水平和生产发展能力。加强企业物资资源的管理，有助于提高产品质量，更好地满足市场需求。市场对产品的需求，不仅表现在量的方面，也表现在质的方面。在影响产品质量的诸因素中，物资资源是决定性因素之一。加强企业物资资源管理有利于有效利用现有物力资源，提高产出率。产出率是指消耗一定数量的物力资源而产出一定数量的产品。通过加强物资资源管理，可做到在资源消耗量一定的条件下获得更多的合格产品，或者为获得一定数量的产品，使资源的消耗量最低。因此，提高产出率的经济效果是非常明显的，它是降低生产成本，提高企业经济效益的根本途径之一。加强企业物资资源管理有利于推动科技进步，促进社会生产力发展。知识经济的兴起使得科技进步的领域加宽、速度加快，加强物资资源管理，企业能够适时有效地采用新设备、新材料，促进企业技术进步，在激烈的市场竞争中立于不败之地。同时，在推广、采用新技术成果的过程中，企业之间以及社会生产各环节之间有效互动，还能有力地促进社会生产力发展。

3.4.5 技术资源管理

技术是企业产品或服务的重要基础。产品与服务当中的技术含量以及所占比例，是企业长期满足社会和市场需求的动力源泉，更是企业核心竞争力的重要体现。"技术"一词除了指操作技能外，还包括相应的生产工具和其他物资设备，以及生产的工艺过程或作业程序、方法等，往往表现为专利、图纸、设计、公式、数据、程序、技术创新诀窍等。创业技术也是创业企业成功的关键因素之一，技术水平决定着创业产品的市场竞争力和获利能力，也决定着企业所需创业资本的大小，往往对创业企业整体的资源配置方式起根本性规定作用。由于创业企业很难有实力具有技术优势或保持技术优势，因此就必须整合企业之外的技术资源，更多地汲取和依赖所处经济环境的技术资源，尽可能地与大专院校科研院所合作，因为大专院校科研院所具有技术上的前沿人才，而且这些前沿人才也很愿意把自己的技术资源转化为产品，实现技术成果的转化。

案例学习1：创业资源整合之人脉资源整合

在个人创业过程中人脉资源是第一资源，有各种良好的人脉关系，你可方便地找到投资、技术与产品、渠道等各种创业机会。整合人脉资源是创业成功的基本条件。

北京六合万通微电子技术有限公司是由留学归国人员团队于2001年创立的一家专业从事无线通信大规模集成电路设计及系统开发的高新技术企业。六合万通是中国宽带无线IP标准工作组和信息设备资源共享协调服务标准工作组（IGRS、闪联）的成员之一，独立承担国家科技部"863"计划项目。六合万通凭借无线通信领域的技术实力和先进的集成电路设计技术，先后与索尼、安捷伦、中国网通、冲电气、富士通、朗弗宽频微电子等国际知名企业建立了长期技术战略合作关系，为宽带无线通信及3G通信系统提供核心芯片和系统解决方案。

而这一切都源于六合万通董事长寿国梁，他用18年时间在自己喜欢和擅长的专业领域聚集了大量的人脉资源，最终通过六合万通实现其价值。在寿国梁看来，聚集了大量人脉资源就意味着找到了资本、找到了技术与产品、找到了渠道等各种创业资源。

拥有如此多的可以利用的人脉资源以及其派生的各种资源，寿国梁有条件、有素质把自己理解的创业设计得精致而全面。也正因为如此，当绝大多数创业者都能讲出一大把血泪辛酸史时，寿国梁只有淡淡的5个字："我们很顺利。"让我们惊讶的是，六合万通从一开始创业，就整合到了让人羡慕的人脉资源，聚集组合成了一个梦幻般的团队，想想就知道，这样一个团队推进的创业，会产生怎样的效果和影响。寿国梁说："我们创业团队都是留日归来的学子，都有着共同的创业情结和目标"；还有一个重要的原因就是，公司几位创始人都是当初寿国梁主管日本鹰山公司时招聘来的，在运作公司和技术上，大家各有所长，通过多年的学习和工作，已经走过磨合期。六合万通这样的创始人和团队走到一起就是一个积聚人脉资源的过程。

整合资源要"有的放矢"，毕竟人的时间和精力有限。有效地整合人脉等资源就可以为创业精心"设计"了，精致而全面的"设计"就会产生北京六合万通"我们很顺利"的效果。

关于人脉资源特性，首先需要特别注意其长期投资性：平时要注意人脉资源的积累，不要事到临头才去找人帮忙。在公司做业务也一样，现在不是你的客户，明天就可能成为你的客户，因而你必须从现在开始建立联系。人脉资源的形成需要很多时间和精力，这也是一种投资。其次是可维护性和可拓展性：人脉资源是可以通过合作、交流、关心、帮助、友情、亲情等进行维护，并会不断巩固，如果不去维护就会变得疏远，所以人脉资源需要经常性地维护，同时在维护中可以不断地发展新的人脉关系。再次是有限性和随机性：每个人一生中能认识多少人？包括老师、同学、亲戚、同事、朋友、客户等，一般不超过500人，而能够真正帮助自己的一般不会超过50人，所以每个人的人脉资源都是有限的，你的发展同样也会受到你的人脉资源的限制。同时，你所认识的可能没有能力帮助你，有能力帮助你的你可能不认识，所以在客观上就需要你不断认识更多的人，但是每个人的能力又是有限的，又不可能认识所有那些潜在的帮助者。你的朋友帮不了你，但是你朋友的朋友可以帮你。

案例学习2：创业资源整合之人才资源整合

企业或事业唯一真正的资源是人，如何努力创造吸引人才的条件，为企业吸引和留住人才，利用"外脑"，整合人才资源以获得长期持续发展的内在动力，已成为中小企业当前的一项十分迫切的任务。目前，令一些中小企业的掌门人最头痛的事情，不再是技术上的问题，也不再是企业赚多赚少的问题，而是中小企业人才资源短缺的问题。

上海神开科技工程有限公司成立于1993年,是以研究、开发、制造石油勘探仪器为主的高新技术企业,民营股份制性质,同时以60%控股上海神开石油化工设备有限公司。目前,公司已经开发研制生产SK系列产品九大类近百个品种,每年都有10多种新产品推向市场。其中,综合录井仪销售量占国内市场份额的50%以上,其先进性和可靠性在国内享有盛誉。同时积极向国外拓展,目前产品已进入中东、中亚、南美、蒙古、苏丹、印尼等地区和国家。

上海神开总经理李芳英认为神开在建立技术创新体系中,人才是第一位的。企业要想保持持久的创新能力,必须有优秀的人才资源作为后盾,有效地整合石油人才资源。她亲自抓公司的人力资源建设,注重人才的培养与吸收,建立了举贤纳才、尽最大努力整合人才资源的用人机制。身为总经理的她亲自到人才市场去招聘、面试,上油田招聘专业技术人才。目前,神开员工中具有大专以上学历的占71.4%,其中具有中、高级技术职称的占38%,技术开发人员占职工总数的32%,神开的技术研究力量在国内录井仪生产企业里的实力是最为雄厚的。为充分调动科技人员的积极性、创造性,神开公司采取了一系列有效的措施,制订了《科技人员奖励办法》,使项目与效益挂钩、工资奖金向科技人员倾斜,极大地激发了科研人员的积极性和创造性,营造了良好的创新创业氛围,每年都有新产品推向市场,使神开始终走在同行业的前面。

上海神开总经理李芳英和我们的创业者都明白这样的道理:人才是创新之源,人才是企业最核心的竞争力,现代企业的竞争,归根结底是人才的竞争。当前许多企业正处在发展变革的重要关头,要想在激烈的市场竞争中取胜,就必须提升人力资源的价值。但要吸引、留住人才,也并非易事,必须在尊重人才的价值上下功夫。一是用好人才,按照人才的才能和特长,安排适当的领导岗位、聘任技术职务,使人才有价值"认可感"、受"信任感";二是给任务、压担子,让人才攻关键、解难题,使人才有"成就感";三是表彰奖励有重大贡献的人才,使人才有"光荣感";四是待遇从优,使人才有"幸福感""满足感"。

对中小企业而言,人才是可遇而不可求的。社会上的人才是很多,但适合公司发展的并不多。因此选择任用人才的关键在于用那些有潜力并且有强烈事业心、对公司事业有认同感的人才。中小企业整合人才资源最后落实在了培养人才方面,同时要千方百计留住公司的骨干人才。人才资源整合的另一条途径是充分利用"外脑",如科研院所、大专院校等。

案例学习3:创业资源整合之信息资源整合

当今社会的飞速发展给创业者提出一个新的信息时代的视角,信息资源对很多创业者来说就是成功的机遇,而机遇瞬间即逝,要善于整合把握。

西安恩科网络技术有限公司1998年成立于西安高新技术产业开发区，是陕西省首批通过"双软"认定的优秀留学生高新技术企业之一。公司有员工95名，注册资金1100万元。公司专业从事互联网应用软件及应用支撑软件开发、技术服务和系统集成。公司自成立以来一直致力于基于互联网的政务信息化、企业信息化、门户网站与信息流管理系统等应用软件及为以上应用提供的底层支撑软件的开发。

1997年，互联网刚刚兴起，身在国外的恩科公司创始人陈健博士就敏感地认识到互联网将会给中国带来巨大的机遇。1998年到1999年是互联网在国内疯狂扩张的时期，一夜之间上百家门户网站如雨后春笋纷纷冒出。恩科公司刚刚成立就面临着是做网站还是做技术、是淘金还是卖水的问题。基于对所收集信息资源的分析和对互联网的软件及其应用的认识，恩科公司高瞻远瞩，明确了以企业、机构应用为方向，坚持产品路线和技术跟踪，以客户为中心。恩科人以对市场和环境等信息的分析和对国内外技术的跟踪，厚积薄发，坚定自己的理念和目标，终于迎来了企业欣欣向荣的春天。

1997年，陈健还在南澳大利亚大学计算机和信息科学学院任教，有一次在完成与日本同行之间的学术交流合作后，返澳途中在深圳邂逅了他的一位小学同学，两人谈到了在中国建立一个信息行业的公司，可以在商业运作和技术上各取所长。

当时陈健正好开始致力于互联网软件技术的研究，在两个星期中，他对国内的信息产业做了一些了解，尤其是互联网发展方面的信息。陈健再从国外对国内互联网做进一步的调查和分析，最后下了决定，自己单独作为技术负责人和投资者，在西安成立了西安恩科。

选择西安作为创业基地，陈健清晰地知道："不仅是因为西安有着丰富的科教资源和大量的软件人才，更因为西安优良的创业环境。"陕西省是人才大省，全省现有107万专业技术人员，其中关中地区占到62.5%，为软件企业提供了强有力的智力支持。陕西省对专业技术人员还提供了很多政策上的支持，如出资用于技术人员的出国考察和培训，对人才在科研经费的使用、职称的评聘以及生活待遇也做了很多力所能及的工作，这些对科技企业来说无疑都是巨大的支持。陈健在过去几年根据自己所收集到的信息资源就意识到软件企业在中国孕育着极大的发展机会，在看准西部大开发浪潮蕴藏的市场潜力后，他毅然创办了恩科网络技术有限公司。

我们从工业化时代走向信息时代，随着信息技术的发展，信息与日常生活、工作越来越密不可分，最直接的体现就是信息量陡然增大，信息流转加快；但也同时带来了一个问题，就是信息爆炸，各种信息充斥在我们周围，创业如何在最有效的时间内获得最有效的内、外部信息抓住成功创业的机遇却往往成了一个难题。

所谓天时地利，很多时候不是它们不出现，而是当它们出现时，你能否发现并把握；对于创业者来说，这点更显得至为重要，正如西安恩科网络技术有限公司创始人陈健所说："创业要抓住机遇。"这就是"人和"的力量。企业在做决策时，关心的问题是来自包括竞争对手、政府、行业、合作伙伴、客户等在内的周边环境的变化。在对变化的预测、分析的基础上做出尽可能合理的决策，这个层次上的企业信息化通常针对创业以及高层管理所遇到的问题。

对创业者而言，信息是不对称的，了解分析包括竞争对手、政府、行业、合作伙伴、客户等在内的周边环境的变化信息，我们才能做到"知己知彼，百战不殆"，才能做到"有的放矢"，集中精力财力人力抓住转瞬即逝的成功机遇。

案例学习 4：创业资源整合之技术资源整合

在创业初期，创业技术是最关键的资源，它是决定所需创业资本的大小、创业产品的市场竞争力和获利能力的根本因素。

浙江新和成股份有限公司是一家由 1988 年负 10 万元发展到现在盈利 10 亿元的高科技、高成长、高效益的国家重点民营高新技术企业。公司已成为国内最大的饲料、添加剂生产企业之一，世界第三大维生素 E、维生素 A 生产基地，拥有自主知识产权的新产品乙氧甲叉产量已多年雄踞世界第一。2004 年 6 月，浙江新和成在深交所中小企业板块中拔得头筹，成为令人瞩目的中小企业第一股而载入史册。

1988 年，在十分艰苦的条件下，借款 10 万元创办起来的民营企业创办当年就盈利 10 万元。初尝成果后，浙江新和成主要创始人胡柏藩并没有停滞不前，他意识到废酒精回收技术含量低，企业难以做大，而化工企业发展的关键点在于整合技术资源以达到技术的不断创新。

经过多次的市场调研，他发现我国生产抗生素原料药诺氟沙星的中间体乙氧甲叉完全依赖进口，他决心整合人才资源和技术资源攻下这一目标，于是就冒着风险、顶着压力筹资 30 万元投入试制，功夫不负有心人，经过上百次化学实验，终于在 1991 年开发成功，成为新和成第一项国家级新产品，填补了国内空白，还打入了国际市场。

胡柏藩利用技术资源在高科技产品开发中脱颖而出，为了在科技创新中继续攻坚啃硬，他不惜巨资为科研开发创造优越的条件。1999 年，他斥重金 3000 万元，建成了现代化的科研开发中心。2000 年又成立了博士后工作站，吸引了一大批长期从事医药研究和科研开发的行业专家、资深人士。目前，公司的技术中心已成为国家发改委等部委审定的国家级技术中心，也是浙江省为数不多的国家级技术中心之一。

为了不断积聚技术资源，新和成快速发展后，胡柏藩坚持 15 年不建办公大楼，而在科研开发上却平均每年按销售额的 2%～6% 投入，为企业的可持续发展注入了强劲地动力。富有远见的眼光造就了东方的"巴斯夫"。

胡柏藩还通过广泛的技术信息交流来提高企业的技术水平，与全国各大院校科研单位建立了长期的合作关系，把科研基地"搬"到上海、杭州等大中城市，有的则与大专院校和科研机构合作创办实验室，大大提高了企业的科技创新能力。

技术资源的主要来源是人才资源，重视技术资源的整合同时也就是注重人才资源的整合。技术资源的整合，不仅要整合、积聚企业内部的技术资源，还要整合外部的可资利用的技术资源。整合技术资源只是起点，技术资源整合是为了技术的不断创新，自主研发并拥有自主知识产权，保持技术的领先，占领市场，壮大企业。

案例学习5：创业资源整合之资产资源整合

创业离不开资本的支持，在整合资产资源的同时要考虑资本为企业带来什么其他的资源，如政府背景、行业背景、市场影响力、营销支撑等。

1995年苏州有线电厂与国外一家企业合资，很多人加入了新的合资公司，而选择留下来的一部分主要科研人员成立了民营股份制高科技企业苏州科达通信技术发展有限公司。

2000年，科达果断地进行改制，引进了大量的民营资本，同时进行机构改革，以全新的面貌在市场风浪中搏击。科达综合复用系统这张大"网"现已占据了国内最大的市场份额。

科达成立初至改制前的几年时间里，国有资本依然是大股东，但其投入的额度和速度已经与科达的发展不相适应。为了保持公司的高速发展，2000年公司进行了产权制度改革，引进了大量的民营资产资源，国有资本比例下降到14%。这种变化激发了公司巨大的发展潜力，或许科达人当时还没有意识到，今天，科达所取得的长足发展，就是源于这种变化。大量民营资本进入后，科达组建了新的管理团队，不仅包括原有团队的核心人才，还吸纳了具有不同资深专业背景的人才加入。正是这种海纳百川的气量，每个科达员工都把促进整个科达的发展作为个人自身价值得以实现的最大体现。让一切创造社会财富的源泉充分涌流，这或许就是科达给我们带来的启示。

从科达中我们看到民营资本的强大活力。资本市场保证了企业股权的流动性，为企业资源整合提供了便利的通道。在资本市场中，资源的优化配置是通过股权的交换来实现的。由于资本市场的每一个参与者都希望自己所拥有的资源价值最大化，因此通过反复的交易，可以使其资源得到充分的利用，其价值得到充分的体现，进而达到资源的价值最大化。但如何整合资产资源引进外来资本呢？首先要对准备引入的资产资源有个整体性了解。在初步确定投资意向之后，创业企业就可以根据实际情况，在众多的意向投资者中选择钟情目标。在接触之前，一定要认真了解这些投资者的基本情况，如资质情况、业绩情况、提供的增值服务情况等。在与投资者的接触面谈前，企业自身应准备好必要的文件资料。在多次谈判过程中，将会一直围绕企业的发展前景、新项目的想象空间、经营计划和如何控制风险等重点问题进行。在签订的合同书中，创业企业和投资人双方必须明确下面两个基本问题：一是双方的出资数额与股份分配，其中包括对投资企业的技术开发设想和最初研究成果的股份评定；二是创建企业的人员构成和双方各自担任的职务。

案例学习6：创业资源整合之行业资源整合

充分了解某行业，掌握该行业关系网，如业内竞争对手、供货商、经销商、客户、行业管理部门以及科研机构、行业协会、行业杂志、行业展会等，这些对于创业很重要。

上海交大昂立股份有限公司是集现代生物和医药制品研制生产、营销于一体的高科技股份制企业，2001年7月公司成为国内保健品行中第一家上市公司。上市使公司打通了资本渠道，迅速扩大企业的规模，实现产业的多元化经营，组建以若干个产业组成的产业群。

从1990年的几十名员工、36万元资本起家的校办企业，到注册资本1.5亿元、连续3年居全国保健品市场销量榜首的行业巨人，昂立的业绩令人瞩目。

昂立发展的一个转折点在于跟业内的三株合作。当时，昂立的习惯是给他们多少，三株就销售多少。但三株提出的一个观点完全倒了过来：你负责科研、生产，我负责销售，我们定的销售价双方各赚一半。这样一来，昂立受不了，因为以前采用的定价法不是市场定价，而是成本加利润；而三株却是市场定价。这是一次转折，一步一步地，昂立在跟他们合作中开始转变了，由不懂变到懂。

此后的1992年，昂立成立了天王公司，根据从三株学来的营销思路，重点抓销售，以己为主来实施昂立的产品营销。行业资源整合的效果达到了最大地显现。1992年销售额才400多万元，而1993年就达到了7000多万元。市场是牛鼻子，市场是企业的生命线。所以1992至1993年由产品到市场的转变是一个非常重要的步骤。这正是充分有效整合行业资源的典型个案。

企业要想发展、壮大，就应该尽可能整合各种资源、采取各种合法手段积极务实地做好自己的这份事业。上海交大昂立这个案例告之我们整合行业内竞争对手资源的重要，"把竞争对手转变为合作伙伴"。市场竞争没有永远的对手，也没有永远的伙伴，更没有敌人。凡是以为有敌人的竞争者，大多是竞争中的失败者。因此，同行之间或者产业上、下游之间的创业企业通过策略联盟或股权置换等种种方式整合资源，使人力资源、研发能力、市场渠道、客户资源等方面实现优势互补，对内相互支持，对外协同竞争。

案例学习7：创业资源整合之政府资源整合

掌握并充分整合创业的政府资源，享受政府扶持政策，可使你的创业少走许多弯路，达到事半功倍之效。

北京启明星辰信息技术有限公司成立于1996年，是一家由中国留学生创立的，拥有自主知识产权的网络安全高科技企业。启明星辰公司几年来始终坚持技术创新，确保技术水平与国际同步，是国内实力最为雄厚的网络安全科研队伍之一。

副总裁潘重予用一句这样的话概括了启明星辰对海淀创业园中关村政府政策支持方面的感激之情："启明星辰整合政府资源，是政府科技政策实实在在的受益者。"

启明星辰创始人严望佳认为整合政府资源、获得政府支持也应该是一个企业战略的重要组成部分，在中国更是如此；但如果把政府支持当作企业策略的全部，这样的企业是不能成功的。这里，严望佳道出了一个问题的两个面：一方面，把政府支持纳入企业战略，从宏观层面、更大方向范围上真正领悟了政府支持的核心价值；另一方面，又提醒和强调不能把政府支持当作企业策略的全部，可谓头脑冷静理智决断。在研究科技型中小企业发展案例中，针对政府支持，一部分企业上升不到理念的高度，甚至回答不了政府为什么要支持；另一部分则把政府的支持当作不要白不要的施舍，更有人把政府立于战略高度的支持当成既得利益，千方百计，不择手段，用尽心机，忘记了做企业的根本。在严望佳看来，具体到资金的支持成为了启明星辰健康成长的保障，但政府支持另一方面的体现，更给启明星辰带来了进步发展的无穷动力。

政府资源对创业者而言是不可多得的成功创业的助推器。政府资源亦即是各项优惠扶持政策，包括：财政扶持政策、融资政策、税收政策、科技政策、产业政策、中介服务政策、创业扶持政策、政府采购政策等。

了解政府扶持政策、整合政府资源的方式途径：一是上政府公网查询；二是委托政策服务公司提供政策咨询；三是注意与有关部门保持密切的沟通；四是条件允许的话，可指定专人负责有关政策信息的收集。

案例学习8：从营销挑战赛看创业资源整合利用

2013年，宁夏大学KAB创业俱乐部开展了一次声势浩大的营销挑战大赛，近1000人次参与，参与学生主要为大三、大四学生。

营销挑战赛不同于普通的创业计划大赛，其特殊性在于这种活动极富探索性和挑战性，并要求学生参与实战。

营销挑战赛每十人组成一个活动小组，各活动小组在没有任何后备补给和经费的条件下，在市内进行为期一天8个小时的营销挑战。销售产品为550mL规格农夫山泉矿泉水，每瓶底价为10元，挑战每瓶矿泉水的最高售价。比赛要求每人以不低于10元钱的价格卖出至少一瓶矿泉水，同时小组团队成员通过集体努力，在允许的形式内去获得足够团队一天生存的较好的物质条件并创造出尽可能多的经济效益。

挑战赛中不允许携带食物、现金、银行卡等有实用价值的物品；不得以募捐、献爱心、乞讨等形式进行销售。实训时间为一天，当天下午17:00前抵达学校进行集合。小组其中任何一名队员迟到，视为整个团队迟到。在活动过程不得中途退出，如果小组中有任何一名队员中途无故退出，视为整个团队弃权。活动过程中队员每人只有一瓶矿泉水，不能随身携带任何现金。并且不得向任何人借、要钱（主要是朋友或者熟人）。最终奖项评定根据单瓶矿泉水最高销售额，评定营销挑战先锋奖。根据团队最终盈利多少评定先进团队。

对于每瓶款泉水的销售挑战结果，主要有以下五类情况。

第一类：没有销售出去。这类学生认为，每瓶矿泉水市场价2元，价值根本达不到10元，按照原价能够卖出去，就已经很困难。同时，质疑比赛的合理性和可行性。部分学生经过几次销售尝试，被拒绝后，就退出比赛。也有部分学生经过多次尝试，直到最后都没有销售出去。

第二类：销售价格为10元。有部分学生按照要求价格10元卖出了矿泉水。主要方法有：①给矿泉水增加一个漂亮的包装；②在矿泉水瓶上绘画，增加艺术内涵；③在矿泉水瓶上签自己的名字、电话，绑定了友谊销售；④告诉别人原因，之所以卖10元钱，是因为在参加一个比赛；⑤把瓶子做成一个艺术品进行销售；⑥到城外湖边卖给钓鱼的人。

第三类：销售价格为30元至80元。个别学生把一瓶水买到了80元，主要方法有：①老板30元购买矿泉水一瓶，他本人帮老板发一天宣传单；②在老板的店铺里面打工一天；③帮路人干一件事情，如跑腿、擦车等。

第四类：销售到价格为100元至300元。这些学生根据以下方法进行销售，单瓶销售金额最高达到了300元/瓶。主要方法有：①通过自己的微博，帮助店老板进行店铺宣传；②可以在网上论坛中为老板做一个月的好评宣传；③在促销店铺的门口跳"江南STYLE"，一小时300元；④为企业提供一个设计，赚得300元；⑤学美术的同学，买水，送自己的绘画一幅，卖得300元。

第五类：销售价格达到500元以上。主要方法有：①给老板介绍此次营销挑战赛的情况，承诺可以在本次成果汇报中宣传老板的店铺及产品；②销售学校校园活动，为老板在校园内联系赞助活动；③告诉老板，如果自己成为最高挑战先锋，老板的产品及店铺就会成为媒体报道的热点，不失为一次简单易行的宣传广告。

整个营销挑战，主要考查学生整合利用资源的能力，让学生思考实践，如何在条件匮乏的情况下，整合利用资源，达到自己的营销目的。通过实践，让学生意识到，挑战赛中真正销售的是资源，如他们自身拥有的体力资源、知识资源、技能资源、人际关系资源、平台资源等，同时还有他们整合利用外部的信息资源、品牌关系资源等。矿泉水只是一个载体，人们购买的是承载在矿泉水上面的资源。

营销挑战比赛中，学生真正销售和挑战的都是他自己，产品只是一种载体。由于学生的思维不同、知识不同、技能不同，他们最终卖出的产品的价值也不同。而这种不同，其实正是学生整合各种资源能力的不同。

创业者能否成功地开发出机会，进而推动创业活动向前发展，通常取决于他们掌握和能整合到的资源，以及对资源的利用能力。许多创业者早期所能获取与利用的资源都相当匮乏，而优秀的创业者在创业过程中所体现出的卓越创业技能之一，就是创造性地整合和运用资源，尤其是那种能够创造竞争优势，并带来持续竞争优势的战略资源。

复习思考题

1. 结合当下国家创业激励政策，试分析所学专业的创业环境。
2. 假如你作为一个创业者，你将通过哪些方式获取创业资源？又将如何利用你所获取的创业资源？
3. 本章所学创业资源整合案例中，你最欣赏哪个案例？为什么？
4. 企业进行信息管理和人力资源管理的意义何在？

第4章 创业者与创业团队

本章要点：使学生了解创业者、创业团队的含义；识别创业者的类型，了解创业者的素质，清楚创业的动机；了解创业团队的组成要素，掌握组建创业团队的原则和程序；学会识别创业团队风险，掌握规避团队风险的方法；学习团队精神，了解高情商团队，引导学生领会高情商在创业活动中的意义。

关键术语：创业者；创业团队

4.1 创业者

本节提要：使学生了解创业者的含义和类型，学习创业者应具备的素质，明白创业动机及动机的类型。

4.1.1 创业者的含义

创业者指某个人发现某种信息、资源、机会或掌握某种技术，利用或借用相应的平台或载体，将其发现的信息、资源、机会或掌握的技术，以一定的方式，转化、创造出更多的财富、价值，并实现某种追求或目标的过程的人。

创业者一词由法国经济学家坎蒂隆（Cantillon）于1755年首次引入经济学领域。1800年，法国经济学家萨伊（Say）首次给出创业者的定义，萨伊将创业者释义为将经济资源从生产率较低的区域转移到生产率较高区域的人，并认为创业者是经济活动过程中的代理人；著名经济学家熊彼特则认为创业者应为创新者。这样，在创业者释义中又增加了"具有发现和引入新的更好的能赚钱的产品、服务和过程的能力"。

当前，国内外学者将创业者的定义分为广义和狭义两种，广义的创业者是指那些自己去开办新的小型企业的人和所有独立开创属于自己事业的人，他们都可以说是在创业，都在力图改变自己的命运。狭义的创业者指标新立异，打破现有秩序，按新的要求重组的人，也指参与创业活动的核心人员。该定义避免采用领导者或者组织者的概念，因为在创业活动中技术专家的作用越来越重要，离开掌握核心技术的专家，很多创业都将止于心动继而无法行动。

4.1.2　创业者的类型

(1) 生存型创业者

马斯洛需求层次理论将人类需求像阶梯一样从低到高按层次分为生理需求、安全需求、社交需求、尊重需求和自我实现需求。生存是生活存在简称，可以解释为活下去是最基本的目标。生存型创业者多是创业者为了生存，没有其他选择而无奈进行的行为，显示出创业者创业行为的被动性。生存型创业者大部分文化水平不高，物质资源贫乏，多从事低成本、低门槛、低风险的餐饮副食、百货等微利行业，创业目的大多仅仅是为了养家糊口，补贴家用，创业起点较低。

(2) 主动型创业者

主动指不靠外力促进而自动或者能够由自己把握。主动型创业者，指创业者在进行创业活动的过程中，创业的驱动力来源于创业者自身。对于主动型创业者来说，重点在于采取行动，创业是在没有人要求的情况下自觉自愿的行为选择，主动型创业者大多积极自信、充满热情、偏好风险、喜欢刺激，基本属于愿意折腾也有资本折腾的人群。主动型创业者又可以分为盲动型创业者与冷静型创业者。前者大多极为自信，做事冲动，创业容易失败。后者则谋定而后动，创业成功概率通常很高。

(3) 赚钱型创业者

世界经理人网站在调查中，还发现一种奇怪类型的创业者。除了赚钱，他们没有什么明确的目标。这类创业者往往已经有一定的经济基础和社会地位，对更多财富的追求和地位的提升，促使他们乐此不疲。奇怪的是，这一类创业者中赚钱的并不少，而且，这一类创业者大多过得很快乐。

(4) 变现型创业者

这类创业者在曾经的职业生涯中，积累了大量的资源，具有一定的经济基础和社会地位。在机会合适的时候，投身商海，开公司办企业，主要依托多年的人脉，从而将过去的无形资源变现为有形财富。目前，也有国企搭建创业平台，支持员工创业，并提供各种支持，这类创业者具有其他类型创业者不具备的先天优势。

4.1.3　创业者的素质

(1) 心理素质

从成就动机理论出发对成功创业者特征进行分析发现，那些拥有创业心理特征的人员比不具备创业心理特征的人员具有更高的实施创业行为的倾向。作为成功的创业者，一般具备成就需要、控制欲、自信、开放的心态、风险承担倾向、创业精神等心理特征。他们有明确的创业目标，能够全身心投入到创业活动中。

(2) 知识素质

投资创业就是创业者想在某一个行业中脱颖而出，但如果没有厚实的知识基础等于建造空中楼阁。作为创业者，应该具备坚实的基础知识、广博的专业知识和不断更新知识的意识与能力。创业者应通晓经济学、管理学的基础知识,还应具备创业所在行业的专业技术知识。创业者可以通过组建创业团队、学习来弥补知识的不足或更新知识的需求。

(3)能力素质

创业者要成功创业需要多种能力,主要有经营能力、管理能力及人际关系能力等。其中,经营能力是创业成功的关键,管理能力是创业成功的保障,人际关系能力是创业成功的支撑。经营管理能力体现为合理利用与支配时间、资金、设备、设施、人力等各类资源的能力,处理人际关系的能力体现为组织能力、协调能力。

4.1.4 创业动机及其类型

(1)创业动机

创业动机是推动创业者从事创业活动,并使创业活动朝向创业目标前进的内部动力,是为实现一定创业目的而行动的原因。

(2)创业动机的类型

以大学生为例。大学生进行创业的具体动机千差万别,也很复杂。有些是为了维持生存,有些是为了发家致富,有些则为了追求一种轻松自由的工作状态,有些是希望实现个体的人生价值等。

①兴趣驱动型:霍兰德认为兴趣是人们活动的巨大动力,凡是具有职业兴趣的职业,都可以提高人们的积极性,促使人们积极地、愉快地从事该职业。当兴趣出现时,创业者无形中就拥有了必备的重要创业素质,可以说兴趣是创业起步的动力源泉。周成建因为对服装设计有浓厚的兴趣而成就了美特斯邦威集团,成为中国休闲服饰业的领军人物;比尔·盖茨因为对计算机操作系统产生浓厚的兴趣而成就了微软公司,成为个人电脑(PC)市场操作系统市场的霸主。所以说兴趣是个体事业发展至关重要的因素,也是创业的原动力之一。

②职业需求型:美国学者克雷顿·奥尔德弗在马斯洛提出的需要层次理论的基础上,进行了更接近实际经验的研究,提出了一种新的人本主义需要理论。奥尔德弗认为,个体存在生存的需要、相互关系的需要和成长发展的需要。相互关系的需要指人们对于保持重要的人际关系的要求,成长发展的需要指个体谋求发展的内在愿望。大学生创业者随着年龄的增长,对于相互关系和成长的需要会日渐强烈。大学生创业者为了增加自己的实践经验,丰富自己的社会阅历,提升职场竞职能力,为了自己以后的发展或实现自己的某个目标做好经济上、经验上的准备,在条件成熟的情况下也会积极利用课余时间走上创业的道路。这种类型的创业者往往以历练为目的,承受失败的能力较强。

③就业驱动型:据教育部统计,2010—2017年全国高校毕业生人数以2%~5%的同比增长率逐年增长,7年间累计毕业生人数达到5706万人。2018年全国高校毕业生

首次突破800万人，2019届全国高校毕业生达834万人，就业创业工作面临复杂严峻的形势。高校毕业生成为新的就业困难群体。在这种情况下，有一部分大学毕业生开始了创业之路，开始逐步实现对经济收入的预期，经济因素成为大学毕业生选择创业的一个重要原因。与此同时，随着就业压力的增大，大学毕业生创业已成为社会关注的热点问题，各级政府做出制度性安排，各种鼓励大学毕业生创业的政策相继出台，透露出各级政府迫切希望自主创业能成为缓解大学生就业压力的一条有效途径。

④价值实现型：大学生一般在18岁左右入学，22岁左右毕业。大学生的年龄、知识、阅历等处于人生的始发站阶段，他们思维活跃、创新意识强烈，同时所受的约束和束缚较少，是创新、创造最为活跃的群体。大学是知识的殿堂，人才的摇篮。他们在大学期间往往更容易接触新思维、新思想、新发明、新创造、新成果。他们中的一部分人有可能依托本身具有的自主知识产权的科研成果开始创业。或者，他们中的一部分人属于自我意识较强的群体，"希望有一番自己的事业，而不是一辈子给别人打工"。选择自主创业，以创业开启自己的职业生涯，是为了证明自己的能力，挑战自我，实现人生价值，得到社会认可。

4.2 创业团队组建

本节提要：使学生了解创业团队的含义，明白创业团队的组成要素，掌握组建创业团队的原则和程序。

4.2.1 创业团队的含义

创业团队是指在创业初期，由一群才能互补、责任共担、愿为共同的创业目标而奋斗的人所组成的特殊群体，这是狭义层面的创业团队。广义的创业团队不仅包含狭义创业团队，还包括与创业过程有关的各种利益相关者，如风险投资商、供应商、专家咨询群体等。

4.2.2 创业团队的组成要素

创业团队需要具备以下5个重要的团队组成要素：

（1）人（people）

在创业团队中，人力资源是所有创业资源中最活跃、最重要的资源。人是构成团队最核心的力量，2人（含2人）以上就可以构成团队。应尽可能调动创业者的各种资源和能力，将人力资源进一步转化为人力资本。根据创业团队的目标、定位、职权和计划的要求选择和确定创业团队人员，认真细致地从技能、学识、经验和才干等多方面考察候选者。

(2)定位(place)

定位是相对而言的,通常包含团队在社会组织系统中的定位与成员在团队中的定位两个层次。核心主导创业团队一般是有一个核心主导人物想到了一个商业创意或有了一个商业机会,然后自己充当领军角色,去物色和招募创业伙伴,组成所需的创业团队。群体性创业团队由几个志趣相投的人共同组成一个团队创业,创业团队的建立主要缘于经验、友谊和共同兴趣,一起发现商机,共同进行创业。

(3)目标(purpose)

创业团队应该有一个共同的想要达到的境界或目的,这是创业团队凝心聚力的要素。美国管理大师彼得·德鲁克(Peter Drucker)认为,并不是有了工作才有目标,而是相反,有了目标才能确定每个人的工作。所以"企业的使命和任务,必须转化为目标",如果一个领域没目标,这个领域的工作必然被忽视。创业团队要做到有的放矢。

(4)计划(plan)

创业计划描述关于创业的设想。是根据对创业环境与创业条件的分析,制定在未来一定时期内要达到的创业目标以及实现创业目标的途径。按照计划的时间跨度可分为长期、中期和短期计划。长期通常指5年以上,短期一般指1年以内,中期则介于两者之间。长期计划属于战略层面的计划,设定较长时期的发展方向、方针、目标、要求,短期计划属于战术层面的计划,是中长期计划的具体化。

(5)权限(power)

权限与职位关联,职位与职责关联。职位指团队中执行一定任务的位置,由创业团队中特定的时间内,一个特定的团队成员所担负的一个或数个任务所组成。职责指对应职位上必须承担的工作范围、工作任务和工作责任。权限是为了保证职责的有效履行,任职者必须具备的,对某事项进行决策的范围和程度。一般来说,在创业初期领导权相对比较集中,创业团队越成熟领导者所拥有的权力相应越小。

4.2.3 组建创业团队的原则

创业团队的组建,没有统一的程式化规程。实际上,有多少支创业团队就有多少种团队建立方式,没有一支创业团队的建设是可以复制的。创业者走到一起来,多是机缘巧合兴趣相同、技术相同、同事朋友甚至是有相同想法的人都可以合伙创业。作为创业者,为组建一支适合自己的创业团队,在创建企业过程中,创业者应遵循以下原则:

(1)具有共同的理想,利益兼顾

大学生创业时,一般首先会想到邀请与自己志同道合的同学、室友、工作中的同事加入,形成创业之初的合伙人团队,这是最初创业团队的形成方式之一。这种情况在其他创业过程中也很常见,例如"万通六君子"都是冯仑最早创业时的伙伴,当冯仑二次创业,创办万通集团时,这些人又先后加入。这样的团队中,成员有共同的理想、技能、兴趣爱好，合伙人之间相互了解，共同奋斗，往往是团队第一，个人第二。在创建团队时，即使是最好的朋友也应该建立一个合理的利益分配制度并得到合伙人的支持；在公司创建的时候就应该考虑建立一个制度健全的公司组织形式与绩效制度，这样公司就不会因为某个人的离去而无法正常运作，从而为公司今后的发展奠定良好的基础。

（2）打造互补性团队

建立一支互补性的团队有利于公司的发展。高科技创业的企业在建立之初，由于技术支持的重要性远高于其他方面，因此，大学生特别是理工科大学生在创立高科技技术公司时，更愿意找到一个技术方面的合伙人，以帮助自己提升产品与服务的优势，这种只关心产品与服务的做法实际上是一定瑕疵的。在组建创业团队时，应该强调补缺性。这种补缺性是指在性格、能力、观念甚至是技术上的互补，因为创业者在公司的管理上不可能面面俱到。技术性的创业者需要一个管理人才帮助自己建立公司的组织结构并进行日常的绩效监督，财务的管理也需要专业的人员，这种平衡和补充的作用可以保证新创的企业健康发展。

（3）打造稳定的初创团队

一开始就拥有一支成功的、稳定的创业团队是每一个创业者的梦想，但现实是，创业合伙人分手的概率是很大的，即使企业成功地存活下来并得到发展，创业团队仍然有分手的可能。团队成员的离去有可能带走股份或者需要收购股权，造成公司的资金紧张。公司发展初期团队成员的离开有时会造成"灾难性后果"，这一点创业者应当在招募时就想到，并与团队成员做出约定。

（4）学会及时沟通

创业者在寻找创业团队时，首先应制订一份计划，至少应该在心里有一个明确的想法。招聘只是招募团队成员的一种方式，创业者可以多参加一些所要招聘人员的活动，以便接触到这些人员，找到合适的人选。沟通需要技巧，创业者应当成为一个沟通高手，通过沟通，可以使双方都了解彼此的需要，这样招聘时可以针对性地找到合适的人选。一方面，通过沟通可以使团队成员相互了解，增加信任；另一方面，创业者也可以通过沟通理解团队成员的技能优势、思想状态，提前决策。沟通的话题可以不拘于工作、家庭、业余生活，这对于创业团队的彼此了解是非常有用的。每一位创业者都有自己的创建团队的途径，这里介绍两种大学生创业过程中最常利用的途径。

①寻找相同或相似背景的伙伴：创业团队的获得，虽然有很多种途径供创业者选择，但大学生创业者在招募创业团队时，更喜欢从自己的校友、室友、同学中寻找，这是最常见的大学生创业团队的招募方式。以这种方式组建的团队，成员之间因为有共同的理想、相同的教育背景以及多年的了解而有很多的默契，而且在个人与集体利益发生冲突时，成员之间也会很好地沟通，有利于问题的解决。但是以这种方式创建

的团队，人员的搭配上会有些单调。例如，技术类的创业者往往首先找到的是相同的技术类人才，这是由自己的生活圈子决定的，因此一个有创业想法的人，应当有一个完整的团队建设方案，并注重人员的配合，有意识地跳出自己生活的圈子，寻找一些与自己完全不同的人才，这样创业团队的人员才会配备得更完整。

②招聘是一条快捷、方便的寻找团队成员的途径：每个企业都会有招聘任务需要完成，但是创业团队与成熟企业不同，因此招聘团队成员与企业的日常招聘也不相同。新企业无法与成熟的企业在待遇上相比，但是新企业会有很多机会与挑战，对于有着相同的创业理想的人员和希望实现自己价值的人来说，这些远比薪资待遇更加有吸引力，但是完全不提薪资显然也是不现实的，很难仅靠理想、愿景来使团队成员凝心聚力。

4.2.4 组建创业团队的程序

（1）识别创业机会

创业机会的识别是整合创业团队的起点。为了组建创业团队，创业者需要首先关注创业机会在人力资源方面的支持要素。并在此基础上，形成团队构建的目标。

（2）撰写商业计划书

在创业机会识别的基础上，创业者有必要写一份商业计划书。撰写商业计划书的目的有两个：一是使自己的思路清晰，同时对自身的优劣势、已有的资源和下一步急需的资源或急需开拓的方面都有清晰的认识；二是能够让合作伙伴感到创业者的热情及其对自己的尊重。

（3）寻找创业伙伴

通过创业机会的识别以及正式的商业计划书的撰写，创业者可以根据自己的情况，寻找那些能够与自己形成优势互补的创业伙伴。创业者可以通过媒体广告、亲戚朋友介绍、各种招商洽谈会、互联网等形式寻找创业伙伴。在选择创业伙伴时，需要关注个人品德包括成员是否诚信、成员的行为和动机是否带有很强的私心、成员是否对集体忠诚、能否彼此坦诚相待等。在实际中，很多的创业团队是基于亲戚朋友的关系，这能够保证团队成员之间有较大的信任，在创业初期资源匮乏，企业事务繁多的情形下，有较强的可行性。但是随着企业进一步扩大，依靠亲朋友构建起来的团队有可能会遇到一些权限不明、责任不清的问题，甚至由于发展目标和价值观念不同，给企业带来致命的裂痕。因此，在联合亲戚朋友构建创业团队时一定要谨慎处理，特别是在责、权、利等方面。

（4）落实合作方式

找到有创业意愿的合作伙伴后，双方还需要就创业计划、股权分配等具体合作事宜进行深层次、多方位的沟通，落实创业团队成员的正式合作方式。在合作方式方面，首先要制定创业团队的管理规则，处理好团队成员之间的权力分配。团队创业管理规则的制定,要有前瞻性和可操作性,不仅要考虑到创业初期的管理细则,对于企业初步成长之后的情况都应当有所考虑。这样有利于维持团队的稳定,实现团队成员间的凝心聚力。同时,创业者还要妥善处理创业团队内部的利益关系,尤其是创业伙伴通过创业活动所能获得的成长机会以及与企业长期绩效相关的薪酬。从长远看,创业团队能否共同努力,实现创业目标,本质上是基于物质方面的激励,依靠热情只能解决一时的问题,难以长久。

4.3 创业团队风险管理

本节提要：使学生学会识别创业团队风险,掌握规避团队风险的方法。

有研究表明,90%的新创建企业在3年内会失败,而高新技术企业3年内的存活率只有1%~2%。能够幸存的企业,大多非常重视创业中的团队建设。因为创业涉及技术研发、资源获取和有效利用等多项商业活动,仅凭个人的能力难以完成,所以必须借助团队的力量。风险投资者也开始逐渐重视创业团队的作用,在选择投资项目时对创业团队的考评权重占到50%左右。在创业初期,几乎所有创业团队成员都可以不计个人得失,全心全力投入新产品的开发和推广,一旦度过生存期后,组织开始产生盈余,运营日渐步入正轨,创业团队中隐蔽的诸多矛盾就会逐渐暴露,矛盾激化导致关键成员流失,进而影响企业发展乃至生存,从而突显出创业团队风险管理的重要性。

4.3.1 组建创业团队风险识别

(1) 盲目照搬成功模式导致团队解散

创业团队的组建基本可以分为关系驱动、要素驱动和价值驱动三种模式。关系驱动指以创业领导者为核心的人际关系圈内部成员构成团队。他们因为经验、友谊和共同兴趣结成合作伙伴,彼此发现商业机会后共同创业。要素驱动指创业团队成员分别贡献创业所需的创意、资源和操作技能等要素。由于这些要素完全互补,团队成员之间处于相对平等的地位。价值驱动指创业团队成员将创业视为一种实现自我价值的手段,他们的使命感很强,成功的冲动也很强。

不同的创业团队组建模式适用的条件不尽相同。如果盲目照搬某种组建模式,会带来巨大的风险。现在应用最为广泛的是关系驱动模式。这种模式比较符合中国文化的特点,其团队的稳定性相对较高。但是关系的亲疏远近经常会成为制约团队发展的瓶颈。要素驱动模式比较符合西方文化的特点,现在的互联网创业团队大多属于这种模式,如果成员之间磨合顺利,可以缩短企业成功所需的时间,但是如果磨合不顺利,就很容易发生创业团队解散风险。价值驱动模式中的团队成员虽然是为了追求自我实现而组合在一起,但是一旦产生分歧,则几乎无妥协的余地。

（2）团队成员选择不当导致团队解散

创业团队是要将创业团队成员个体的力量整合为集聚的战斗力，并保持这种战斗力的持久性。团队成员间优势互补是组建创业团队的关键。英国学者贝尔宾曾考察了1000多支创业团队，研究理想创业团队的构成，最后提出了"九种角色"论，即成功的团队成员必须包含九种不同角色的人。九种角色分别是：创新者、凝聚者、协调者、完美者、监控者、协作者、推进者、完成者、专家。创新者角色的职责是解决难题、做出决策，为团队带来创新、变革力，贡献好的思路和方法；凝聚者角色的职责是外部公关、获取资源，为团队带来热情、发展机会，获取外部资源；协调者角色的职责是内部协调、促进合作，为团队带来成熟、掌舵支柱，促进成员信任与认同；完美者角色的职责是成就导向、激发人心，为团队带来动力、韧性，使团队有克服困难的动力和勇气；监控者角色的职责是沉稳冷静、战略决断，为团队带来客观评判、明智决策，监督成员遵守规则；协作者角色的职责是防止摩擦、平息争端，为团队带来高效合作、凝聚力，促使团队保持振奋向上的团队精神；推进者角色的职责是推进实施、办事高效，为团队带来稳健、信誉，使团队富有执行力，办事富有效率；完成者角色的职责是勤勤恳恳、尽职尽责，为团队带来严谨、担当，使团队成员务实，准时完成任务；专家角色的职责是目标专一、甘于奉献，为团队带来特殊技能、专业性，以专业知识和技能见长。

但在创业团队组建初期，由于规模和人数的限制，创业团队在成员选择方面难以考虑全面，过于随意和偶然，甚至只是因为碰巧谈到创业问题而一拍即合，所以不可能具备所有角色，之后又没有进行及时的补充，或是在团队中承担某种角色的人才过多，团队成员之间角色和优势重叠，这些都会引发各种矛盾，最终导致整个创业团队散伙。西安海星集团作为一家民营高科技企业，最初的创业团队是由海星集团现任总裁荣海和他的大学室友以及学生共同组建的，两年多的时间里海星集团创造了300万元的营收，但是后来创业团队却分崩离析，每个人都认为自己有能力挣钱。这与其成员能力和优势重叠以及利润分配不合理密不可分。

（3）缺乏明晰的团队目标导致团队解散

心理学家马斯洛指出：杰出团队的显著特征是具有共同的愿景与目标。团队合作的基础是凝聚人心的共同愿景与经营理念。目标则是共同愿景在客观环境中的具体化，能够为团队成员指明方向，是团队运行的核心动力。事实上，在创业初期，创业团队的目标一般并不明确，可能只是一个朦胧的发展方向，有些人甚至不明白自己为什么会走上创业的道路。而且即使创业领导者的目标明确，也不能保证其他创业团队成员都能够真正、准确理解团队创业目标的含义。随着创业进程的推进以及外界环境的变化，团队成员可能会发现原先确定的目标和现实之间存在差距，必须对目标进行适当调整，此时如果创业团队成员之间意见难以调和，或是个人目标与组织目标出现较大的不一致,那么团队就会面临着解散的风险。联想的柳传志非常重视市场导向,而倪光南则十分强调技术导向,他们在经营理念和创业目标上的不一致导致了曾被誉为"中关村最佳拍档"的联想创业组合的分裂,给当时的联想企业带来了巨大的冲击。

(4)激励机制不完善导致团队解散

有效激励是企业长期保持团队士气的关键。如果缺乏有效的激励,创业团队或者组织的生命都难以长久。有效激励的重点是给予团队成员合理的"利益补偿"。根据2004年6月对200多位在职工商管理研修班的学员进行的《创业管理调查》结果得知,影响中国现阶段创业团队散伙的前两个主要原因是团队矛盾(26%)和利益分配(15%)。团队矛盾的背后或多或少存在利益的影响,因此可以看出,利益分配对于创业团队的成长有着重要的意义。

实际上,在团队组建初期,由于企业前途未卜,各成员在创业企业中的作用和贡献无法准确衡量,因此团队无法给出一个明确的利润分配方案,可能只是简单地采取平均主义的做法,由此随着企业的发展和利润的增加,团队成员在利润分配时就会出现争议,从而导致创业团队解散。无锡尚德太阳能电力有限公司当年在创业初始的两年里一直处于亏损状态,后来业务稍有起色,就因为利润分配方案不健全等原因,5人的创业团队走了4人,只剩下施正荣支撑尚德公司,而且离开的4人后来均进入了光伏电池行业,成为了施正荣的竞争对手。

4.3.2 创业团队风险防范

组建创业团队是创业企业成功的重要基础。因此,如何防范组建创业团队风险对于提高企业绩效、保持企业发展的稳定性和持续性具有非常重要的意义。除此以外,创业企业要想获得长期成功,还必须提高防范市场风险、技术风险以及财务风险等方面的能力。

(1)选择合适的团队成员

建立优势互补的创业团队是保持创业团队稳定性的关键,也是规避和降低团队组建风险的有效手段。在团队创建初期,人数不宜过多,能满足基本的需求即可。在成员选择上,要综合考虑成员在能力和技术上的互补性,尽量保证具备理想团队所需的九种角色。而且,成员的能力和技术应该处于同一等级,不宜差异过大。如果团队成员在对项目的理解能力、表达能力、执行能力、社会资源能力、思维创新能力等方面存在较大的差异性,就会产生严重的沟通和执行障碍。

此外,在选择成员时还要考虑创业激情的影响。在企业初创期,所有成员每天都需要超负荷工作。如果缺乏创业激情和对事业的信心,不管其专业水平多高,都可能成为团队中的消极因素,对其他成员产生致命的负面影响。"携程网"的成功,除了抓住互联网快速发展的契机,有一个良好的创业团队是关键。"携程网"的团队成员来自美国甲骨文公司、德意志银行和上海旅行社等,是技术、管理、金融运作和旅游的完美组合。大家共同创业，分享各自的知识和经验，避开了很多创业"雷区"。

(2) 确定清晰的创业目标

创业团队在实践中要不断总结和吸取教训，形成一致的创业思路，瞄准共同的目标，以此作为创业团队努力的目标和方向，鼓励团队成员积极掌握工作内容和职责，竭诚与他人合作交流，贡献个人能量。创业团队的目标要清晰明确，能够集中体现出团队成员的利益，与团队成员的价值趋向一致、并保证所有团队成员都能正确理解，这样才能发挥鼓励和激励团队成员的作用。此外，创业团队的目标还必须切实可行，既不应太高，也不应太低，而且能够随着环境和组织的变化及时更新和调整。

1998年成立于北京的交大铭泰，主要从事研究、开发及销售以翻译软件为主的四大系列软件产品。其在创业初期就确定了三年内成为我国最大应用软件和服务提供商的目标以及具体的发展战略。明确的创业目标保证了团队成员的稳定性，其成员自创业以来基本上没有太大变化，这不仅带来了企业凝聚力的提高，也使交大铭泰在企业创新方面取得了较大突破。交大铭泰很快成为了国内第一个通用软件上市公司，亚洲首支"信息本地化概念股"，2004年香港股市第一家上市企业。

(3) 制定有效的激励机制

正确判断团队成员的"利益需求"是有效激励的前提。从需要层次来看，实际上，不同类型的人员对于利益的需求并不完全一样，有些成员将物质追求放在第一位，而有些成员则是希望能够获得荣誉、发展机会、能力提高等其他利益。因此，创业团队的领导者必须加强与团队成员的交流，针对各成员的情况采取合理的激励措施。

创业团队的利润分配体系必须体现出个人贡献价值的差异，而且要以团队成员在整个创业过程中的表现为依据，而不仅是某一阶段的业绩。其具体分配方式要具有灵活性，既包括诸如股权、工资、奖金等物质利益，也包括个人成长机会和相关技能培训等内容，并且能够根据团队成员的期望进行适时调整。

腾讯公司马化腾的创业团队多年来十分稳定，与其利润分配机制的有效性是分不开的。虽然腾讯公司的股权多次转让，但是它的5位创办人一直共同持有公司的大部分股份。公司的上市更是使得创业团队的5位成员均成为了亿万富翁。

4.4 团队精神与高情商团队

本节提要：使学生了解团队精神的含义，明白打造团队精神的意义；了解高情商团队，结合实际领会高情商在创业活动中的意义。

4.4.1 团队精神

(1) 团队精神的含义

团队精神是大局意识、协作精神和服务精神的集中体现,核心是协同合作,基础是尊重个人的兴趣和成就,最高境界是团队全体成员的向心力、凝聚力,反映的是团队成员个体利益和整体利益的统一,并进而保证组织的高效率运转。团队精神的形成并不要求团队成员牺牲自我,相反,挥洒个性、表现特长保证了团队成员共同完成任务目标,而明确的协作意愿和协作方式则产生了真正的内心动力。团队精神是组织文化的一部分,良好的管理可以通过合适的组织形态将每个人安排至合适的岗位,充分发挥集体的潜能。团队精神体现团队成员的士气,是团队所有成员价值观与理想信念的基石,是凝聚团队力量,促进团队进步的内在力量。

(2) 打造团队精神的意义

①团队精神有利于推动团队运作和发展:在团队精神的作用下,团队成员间产生了互相关心、互相帮助的交互行为,彰显出关心团队的主人翁责任感,并努力地自觉地维护团队的集体荣誉,自觉地以团队的整体声誉为重来约束自己的行为,从而使团队精神成为推进组织全面发展的动力。

②团队精神有利于培养团队成员之间的亲和力:一个具有团队精神的团队,有利于激发团队成员工作的主动性,强化团队成员的集体意识,增强团队的向心力、凝聚力,进而形成士气高涨、团结友爱、互促共进的良好团队氛围,团队成员才会自愿地将自己的聪明才智贡献给团队,同时也使自身得到更全面的发展。

③团队精神有利于提高组织整体效能:组织效能指组织实现预定目标的实际结果,良好的组织应符合目标明确、组织有效、统一指挥、责权对等、分工合理、协作准确、信息畅通、沟通有效等基本标准,团队精神影响组织这些基本标准的实现程度。通过打造团队精神,加强团队建设能进一步节省组织内耗。如果总是把时间花在怎样界定责任,应该找谁处理,让客户、员工团团转,无疑会减弱组织成员的亲和力,损伤组织的凝聚力。

4.4.2 高情商团队

情商(emotional quotient,EQ),即情绪商数,主要指人在情绪、意志、耐受挫折等方面的品质。人与人之间的情商并无明显的先天差别,更多与后天的培养息息相关。情商是近年来心理学家们提出的与智商相对应的概念。提高情商是把不能控制情绪的部分变为可以控制情绪,从而增强理解他人及与他人相处的能力。戈尔曼和其他研究者认为情商由自我意识、控制情绪、自我激励、认知他人、人际交往五种特征构成。个人有情商,团队亦有情商。

(1)高情商团队的含义

1995年,美国哈佛大学心理学教授丹尼尔·戈尔曼提出了"情商"(EQ)的概念。戈尔曼认为"情商"是个体的重要生存能力,是一种发掘情感潜能、运用情感能力影响生活各个层面和人生未来的关键的品质因素。戈尔曼甚至认为,在人的成功要素中,智力因素是重要的,但更为重要的是情感因素。

现代企业中的大多数工作都是由各种团队去完成的。为此,团队的工作气氛以及凝聚力对工作绩效有着深刻的影响。团队能否和谐,不仅取决于其中每个成员的情商,更取决于团队整体的情商。高情商的团队,成员之间往往具有亲和力和凝聚力,团队显示出高涨的士气;低情商的团队,士气低落,人心涣散,缺乏战斗力,进而导致所在单位也难以有好的发展势头。

(2)打造高情商团队的意义

①团队情商可以提高团队绩效:团队情商是指一个团队的综合情绪控制调节能力。团队情商可以提高团队绩效。团队绩效是团队成员之间相互信任和意见沟通的函数。研究表明,影响一个群体效率的因素有三个:成员之间的相互信任、对群体特性和群体效能的意识,如不具备这些条件进行合作,其合作的效率十分低下。团队工作,具有紧密关联性和成员之间的相互合作、相互依赖性。因此,为了有效地完成团队工作,就必须提高团队情商,如果合作得好,就将取得 $1+1>2$ 的效果;合作得不好,则将导致 $1+1<2$ 的结果,造成三个和尚没水吃的局面。

②团队情商可以对成员产生情感驱动:情感是人的意识活动的重要动力之一,而情感又受到人的生理机制和客观环境的制约和影响,尤其是人际关系的影响。一个具有良好人际关系的团队可以激发团队成员热爱团队的情感,使团队成员心情愉快、身心健康、上下一心,形成同甘共苦、凝心聚力、艰苦创业的良好氛围,这样的团队感情诉求的满足往往会超越物质诉求的满足。

③团队情商能使团队成员自尊、自重、自信,达到自我约束和自我调节的目的:马斯洛认为自尊需要的满足导致一种自信的感情,使人获得存在感的满足,觉得自己在这个世界上是有价值、有力量、有位置、有用处和必不可少的。这种自尊心理的形成固然受制于一个人的社会地位、知识结构和心理素质,但就创业团队而言,更受制于团队中的人际关系,尤其是上下级之间的人际关系的影响,充满尊重、信任、民主,自信随之而来,团队成员因此就会自约自律。

④团队情商使人具有安全感,易于释放潜能:潜能常指人类原本具有但尚未开发的能力。英国智力研究人员托尼·巴赞认为每个人所具备的九个方面的潜能,包括创造潜能、个人潜能、社会潜能、精神潜能、身体潜能、感觉潜能、计算潜能、空间潜能、语言潜能。通过训练,这些潜能是可以被开发的。现代心理学认为,人的思想、情感易于受到他人言谈举止、神情姿态的影响和调节。团队成员在愉快的氛围中工作,

身心放松，其精力、体力、智力就会毫无保留地释放出来，其个性、创造性和聪明才智就得以张扬和发挥。

⑤有利于提高每一位团队成员的情商水平：团队是社会互动的群体。一个人的情绪不仅仅受到生理、生活状况的影响，而且受他人的影响，团队成员之间会相互模仿、相互感染、相互暗示。团队民主、平等、和谐的氛围可以改变团队成员的情绪，使成员自然地生发出与环境一致的尊重、民主、礼貌等情绪。成功企业在管理中就十分重视人际关系的和谐，把提高团队情商作为重要的管理策略进行策划和实施。例如索尼的家庭观念、摩托罗拉的以人为本等，都在努力营造企业的"家庭"氛围，改善企业内部、团队内部的人际关系，协调和消除各种人际冲突，提高人际关系的和谐度。

(3) 团队情商水平的决定因素

①团队成员个体的情商水平：团队是由不同的个体成员组成的，团队与其成员之间实际上处于一个互动的信息交换系统之中。团队成员情商水平直接影响着团队情商的高低。如果团队成员情商水平都较低，动辄情绪低落，毫无斗志，则很难想象这样的团队在面临外部挑战时能士气高昂地对外界变化做出迅速的调适。

②处理团队冲突的能力：团队成员带着不同的价值观念、习惯认同、文化习俗等同时存于一个团队，团队内部缺乏顺畅的沟通机制，组织结构上存在功能缺陷，冲突就会以各种各样的形式存在于每一个团队之中。冲突对团队发展的影响具有破坏性和建设性二重性，如果团队缺乏有效管理冲突的能力，不但建设性的冲突可能会向破坏性的冲突转化，而且破坏性的冲突可能会对团队产生致命的打击，直接威胁团队的生存。

③团队学习能力：团队学习能力指团队对新知识、新观念、新事物的理解能力、吸引能力和整合能力。一个团队要具备高情商，对外界变化做出迅速的调整，在很大程度上源于较强的团队学习能力，尤其是在瞬息万变的知识经济社会，成功一般属于那些更灵敏、更快速、更有效地思考、学习、解决问题和采取行动的团队。只有通过学习，尽可能提高自身素质，快速适应外界环境变化，团队才更具竞争优势。

(4) 打造高情商团队的路径

①提高团队成员个体情商：团队情商实际上是团队成员个体情商相互磨合后的一种综合体现，要提高团队整体情商，应从提高团队成员的个体情商开始。对于团队成员个体而言，虽然先天性格或多或少会影响到情商的高低，但这种影响并不是绝对的，通过后天有意识的努力，可以从根本上提高对个体情绪进行调节的能力。许多成功企业的经验表明，组建团队时就应注意团队成员的情商水平和素质结构。招聘员工时，应该将招聘者的合作能力、亲和力等作为考核因素。

美国德尔塔航空公司招聘员工的主要考核内容，就是应聘者是否有合作感和团队精神。搜狐公司在招聘人时更关心的是性格，其心理素质、团队精神和亲和力等是重点考察的内容。同时在组建团队时，不但要考虑成员的知识结构、年龄结构等，还要考虑其素质结构。同时要注意领导者个人的情商水平。领导应胸怀宽广，具备良好的情绪控制能力和水平，不能在下属面前喜怒无常和无度，或者在意外事件面前惊慌失措、烦躁不安，这些不良的情绪对员工有很强的感染性，会影响整个团队情绪。此外，领导还应具备一定的情感管理能力，能凭借意志、情感、经验和知识，艺术化地处理团队上下级的关系。

②提升管理团队冲突的能力：任何一个团队都会因为种种主客观原因而发生冲突，如果不能妥善处理好这些冲突，团队很可能由此分崩离析，导致精心打造的团队毁于一旦。一般来说，团队冲突的原因不外乎人事纷争、目标差异和利益冲突。实际上，应该看到冲突爆发原因中的积极一面，目标差异，代表团队成员对工作有自己设立的目标；利益冲突，说明团队成员还愿意在本团队内寻找个人利益，而不是打算用离开的方式来实现自己利益；而人事纷争，实际上无论哪个团队或者非团队都不可能完全远离。面对团队冲突，沟通协调一定要及时，一旦团队内部出现冲突，必须在第一时间进行协调，以免影响团队成员之间的合作关系，冲突不处理就会越变越难缠，带动团队风气向消极的方面发展。善于询问与倾听，尽可能理解别人，教导团队成员倾听对方说话，学会换位思考，理解对方的处境，有利于化解矛盾。处理团队内部冲突，一定要形成良好的回馈机制，应当对事件进行跟踪，以便于随时掌握协调工作的进度。当发生冲突的双方处在负面情绪中，不要做出任何行动，也不要进行协调沟通，此时，最重要的工作是让冲突双方整理好自己的情绪。控制非正式沟通，注意沟通技巧，良好的沟通可以帮助团队处理冲突，如果使用非正式的沟通，有可能会降低沟通的效率。容忍冲突，强调解决办法比冲突更有实际意义，冲突永远不会产生结果，行之有效的解决方案是改变现状的关键途径。

③打造学习型团队：学习力是一个个体、一个组织学习的动力、毅力和能力的综合体现。学习在任何时代、任何社会、任何组织中都是永恒的话题，要养成主动学习的良好习惯，让学习成为团队保持长青的方式方法，使团队保持旺盛的生机和活力。纵观国内外，一些著名企业的发展，无一能离开学习二字。美国排名前25位的企业中，有80%的企业是按照学习型组织模式进行改造的。国内一些企业也通过创办学习型企业而给企业带来了勃勃生机。《细节决定成败》一书中写道：在创业过程中，第一代老板靠胆子，第二代老板靠路子，第三代老板靠票子，第四代老板靠脑子。一个团队学习的过程，就是团队成员思想不断交流、智慧火花不断碰撞的过程。如果团队中每个成员都能把自己掌握的新知识、新技术、新思想拿出来和其他团队成员分享，集体的智慧势必大增，就会产生 $1+1>2$ 的效果，团队的学习力就会大于团队成员个体的学习力，团队智商就会大大高于每个成员个体的智商，整体大于部分之和。学习不能停留在表面上，而是要真正的在工作当中运作，同时要将学习到的东西融入到工作

实践当中，对学习到的内容加以整合凝练，再付诸实践。学习型团队的学习特别强调有学有习，而且习重于学。建立学习型团队的动力来自于团队发展的内在需求，应当是一项自发、自主的工作。应以提高团队的战斗力为目的，切实加强自主性、针对性、创造性的学习。创建学习型团队是一个漫长的、艰苦的过程，必须结合实际情况，不断探索、不断总结，以期建立起具有自身鲜明特色的学习型团队，真正促进团队成长。

案例学习1：从"北大才子"到"猪肉大王"

陈生说："很多事情不是做好了调查才去做就能做好，而是在条件不充分的时候，就要开始做，这样才能抓住机会。"数年前，北大毕业生陆步轩当屠夫的新闻曾一度传遍大江南北，并引发了人们关于此行为是否浪费人才的大讨论。数年之后，另一位北大才子陈生也悄悄进入养猪行业，并在不到两年的时间在广州开设了近100家猪肉连锁店，营业额达到2个亿，被人称为广州"猪肉大王"。这回人们的关注点不再是北大毕业生该不该卖猪，而是探究陈生在卖猪肉行业掀起的这场"变法革命"。

1980年，陈生收到了北京大学经济学院的录取通知书，他离开了自己的家乡——遂溪县官湖村，去首都北京上大学。1984年，陈生从北京大学毕业，被分配到广州市委办公厅成为了一名公务员，两年后被调回到湛江市委办公室。1990年，随着下海狂潮的迅速升温，陈生终于坐不住了，他决定辞职，下海经商。后来在接受某记者采访时，陈生才说出了下海经商的真正原因："关键还是穷啊！"。

辞职后，陈生当起了个体户，摆起了地摊。做北运菜缘于一次他去乡下走访亲戚。当时，湛江的北运菜行业刚刚起步，由于市场信息不畅，北运过程中风险很高。见亲戚正为萝卜卖不出去而发愁，并称"明年再也不种了"，陈生意识到种植反季节蔬菜大有可为。于是，在1991年夏天，陈生在廉江承包了100多亩菜地，种起了北运菜。他听说廉江有位老农种菜高产高价，专程跑几十公里去廉江请教种菜经，老农道出的窍门很简单："人家种瓜你种菜，人家种菜你种瓜。"简单的一句话，让陈生受用终生。

聪明而善于分析的陈生很快发现，天气对蔬菜的价格影响最大，天气暖和，菜价差，天气冷，菜价好。因此，每当寒潮来临，他就大量进货。做北运菜不到一年，他就赚了60万到70万元。

后来，陈生还卖过白酒，卖过房子，卖过饮料，生意做得都不错，而在商场这么多年，能让陈生一直存活下来靠的就是他永远都领先别人的想法。他认为，很多事情不是具备条件、做好了调查才去做就能做好，而是在条件不充分的时候就要开始做，这样才能抓住机会。至于条件的不足，可以用种种办法调动一切资源来解决。

当陈生的房地产事业做的如火如荼的时候，陈生选择了撤离。创业往往带有偶然性，1997年1月，一领导人来湛江视察，在宴席上用雪碧兑陈醋当饮料，此种喝法迅速风靡了广东。陈生没有和大家一起尝味道，他直接想到了如何将这种饮料生产出来。

经过多次尝试,"天地壹号"苹果醋就此诞生。

1997年6月4号,天地壹号试产成功,7月2号正式投产。天地壹号刚上市便供不应求,并因其产品的独特性以及健康佐餐特点广受好评。2002年9月12日,广东天地壹号饮料有限公司正式成立,现已发展成为全国最大的醋饮料生产基地,占地面积约100亩,员工1000多人,市场销量和品牌美誉度在全国近200个醋饮料品牌中独占鳌头!产品不但旺销整个广东,还开始出口港澳、东南亚乃至美国,并逐渐向周边省份扩展,每年保持着50%的增长,至今已经占全国醋饮料市场的40%,广东的90%。"把天地壹号产品定位在佐餐上,使它进入了一个几乎是空白的市场,啤酒把它当饮料,饮料把它当啤酒。"陈生说,避开竞争是最好的竞争。

如果说天地壹号的成功带有偶然性,壹号土猪的成功则展现了陈生的商业奇才。在当上"猪肉大王"之前,陈生还当了几年的"鸡头"。2005年,壹号土鸡上市,销售额一路飙升。如同当年做北运菜和房地产一样,陈生总是在产业如日中天时选择撤离。

其实,在他准备放弃土鸡的时候,已经有了更好的项目。2006年,他在研究鸡市场时,发现猪肉的市场很大。并且在那时,同样是北大学子的陆步轩卖猪肉的新闻也是沸沸扬扬,以致北大校长面对媒体时说:"北大的学生可以卖猪肉,也可以当国家主席。"陈生在电视新闻里听到这句话时,并不以为然:"北大的学生可以卖猪肉,但是不能老在一个档口里卖猪肉,或者说不能老是自己在卖猪肉。要是给我卖猪肉,我一定会卖出点北大水平来。"

于是,陈生花了三个月的时间去调研,他这次选择了保守的战术,准备了一年多才开始他的养猪事业。在养猪上,陈生吸取了养鸡的教训,不但自建农场,同时也在终端布局,弥补之前没有销售端口的不足。对于农贸市场、商超的扩张问题上,陈生自己培养大学生"刀手",继而让部分"刀手"转做承包商,这样可以更加快速灵活地补充人才,进行市场扩张。"他当业务员给公司打工也就是3000多元一个月,然后变成刀手承包档口就可能有5000~10000元一个月。与其给壹号土猪管理、宣传不如自己做承包商算了,有个别的员工已经承包了好几个档口,这样一年都有四五十万的收入。"陈生表示,由于收入的巨大差距,很多大学生业务员出来转成承包商,自负盈亏来当老板。

在初期经历了只能招聘到被市场淘汰下来的业务员后,随着企业的规模不断壮大,陈生希望提升业务员们的整体素质,开始给予业务员们全面的职业培训,这所培训机构也被业内称为"屠夫学校"。为提高"屠夫学校"的知名度,陈生还聘请同为北大毕业的校友——陆步轩为学校的名誉校长,这个当年由于迫于生计卖猪肉而成为家喻户晓的人物。

2009年8月,陈生邀陆步轩到广州,提出开办"屠夫学校"的事。两个"卖肉佬"一拍即合,由陈生出资办学,陆步轩为屠夫学校编写教材,内容涉及市场营销学、营养学、礼仪学、烹饪学等学科，另外还要求学员必须到饲养场去了解生猪的科学饲养，希望"培养出来的都将是通晓整个产业流程的高素质屠夫"。"一个档口平均一天卖一头猪左右，而老陆（陆步轩）一天可以卖十几头猪，对于档口经营颇有心得"。陈生认为陆步轩的相关"卖肉"经历可以帮助自己的学员提升整体的营销能力。

陆步轩走上屠夫学校的第一节课也是大受好评，受到了100多名学员的欢呼，他20万字的"卖肉"教学U盘也是他多年档口经营的心得。"其实卖猪肉就是一个口碑经营，我是2003年出名，但是我卖得最好时候是2001年，所以说那些炒作噱头并没有起太大作用，还是要老老实实做经营"，一脸老实人形象的陆步轩开玩笑说自己的憨厚形象倒是起到了很好的促销作用。

2007年年初壹号土猪上市后，很快打开市场，企业也顺利步入正轨，每年都能保证200%的增长速度。目前在整个珠三角地区有400多家档口，年销量22万头猪，是行业第二名的7倍，今年营收应该在6亿元左右，跟天地壹号的业绩也就差一年，爆发性很强。

陈生认为这个行业有两种人，一种是技术派，养猪技术不错，但是不会面对市场；另一种是完完全全的外行，既不懂技术也不是市场型。在土猪肉这个全新的领域，这两种人都有些脆弱。壹号土猪的成功，得益于陈生既懂技术，又懂市场。在做猪肉之前，他一直在做快消品，"卖过酒，卖过饮料，已经交了非常多的学费"，陈生自嘲道。在他看来，快消行业没有10年弄不清楚里面的门道。养土猪之前，他已经养过土鸡，对于养殖行业也有研究。决定转型做土猪之后，他把中国从南到北、从东到西的土猪品种考察了一遍，试吃过无数的猪肉。他还开办了一个土猪研究所，专门研究土猪育种问题，是目前国内最大的地方猪种基因库。

"和做企业一样，人和人的差别，其实就在于几个关键时刻的选择"，陈生说。20世纪90年代初，在广东省政府给领导写材料的陈生，决定下海经商，他认为自己不适合从政。1996年，他放弃了迅速给他积累了财富的房地产行业，"从商业的角度看，这个选择是错的"。但是他厌倦了房地产行业的规则，之后他进入完全市场化的快消品领域。卖过白酒，也赚到了钱，但是他觉得在白酒行业不能做到数一数二，后来第一个做苹果醋饮料，现在天地壹号苹果醋是细分饮料领域的冠军。2006年转型做土猪，是他做的最重要的一个选择。新消费时代的到来，让"壹号土猪"腾飞。

经过多年的发展，陈生基本完成了创业期，走上了一条快车道，用他的比喻："企业现在上了高速公路，只需往前开，把方向，加加油。"目前，由他创办的广东天地壹号饮料有限公司（天地壹号品牌）和广东天地食品有限公司（壹号土猪品牌）两个企业在各自细分市场已经做到全国第一，前者是全国最大的醋饮料厂商，占全国市场40%，广东市场90%，预计今年利税总额超亿元。壹号土猪创业五年来，更是以每年翻一番的速度高速成长。2007年销售额突破3000万元，2009年1.2亿，2011年超过4个亿。

在土猪细分市场里，壹号土猪成为当之无愧的行业领导者。

（资料出处：https://www.mindhave.com/lizhiwenzhang/lizhigushi/29866.html）

案例学习2：海底捞的前世今生

简阳是张勇的老家，也是四川省农业人口最多的一个县，经济并不发达。张勇的家庭也不富裕，童年时期物资匮乏，他印象最深的回忆几乎都与之相关。少年时期的张勇，并不爱读书，初中毕业之后在父母的要求下进了简阳一所包分配的技校学电焊。不过在技校，他结识了人生的好朋友，也是他后来的创业伙伴——施永宏。

1988年，张勇毕业后被分到国营四川拖拉机厂当电焊工。彼时，中国的改革开放浪潮正在激烈涌动，不少人辞去铁饭碗"下海"，幸运者们则成了中国的第一批"万元户"。看到别人发财，张勇也开始渴望外面的世界，他不再满足每个月93.5元的工资，寻找做生意的机会，他倒腾过"博彩机"，结果钱被人骗去了，生意折戟沉沙。之后倒卖过汽油，也失败了。两次赚快钱失败的经历，让张勇意识到，"我这样没有上过大学的人，没有背景，还不认命的人，只有一条路可以走，就是别怕辛苦，别怕伺候别人"。于是在工作之余，张勇开始做起了麻辣烫的生意。

两年之后，1994年3月20日，张勇跟女友舒萍，以及施永宏及其女友李海燕，四个人凑齐8000块，打了四张火锅桌，开起了火锅店——海底捞的第一家店。四个人都不是做餐饮出身，海底捞的口味自然也没有什么竞争力。张勇自己也承认，海底捞从创立之初，就不是靠味道取胜的，"那时我连炒料都不会，火锅味道很一般，想要生存下去只能态度好点，客人要什么速度快点，有什么不满意多赔笑脸……这也算歪打正着，因为火锅相对于其他餐饮，品质的差别不大，因此服务就特别容易成为竞争中的差异性手段"。

"想要生存下去，只能态度好点，客人要什么速度快点，有什么不满意多陪笑脸。"为了留住客人，张勇帮人带孩子、拎包、擦鞋。无论客人有什么需要，都一一满足。客人用餐时，他站在一边；客人抱怨喝酒伤了胃，他就熬一锅小米粥；客人夸奖辣椒酱好吃，他豪爽地送人几罐。张勇发现，"你花钱，我给你提供好的产品、好的环境、安全的食品、合理的价格。我做的就是基本的，这样做的回报远远超过了我的想象。"

张勇是如何坐上管理者位置的？在海底捞创办不久后的一天，张勇提出要开个会，而当时舒萍和李海燕正沉迷于打麻将，没理会张勇。本来就不喜欢打麻将的张勇，突然把麻将桌掀了，脚踩着散了一地的麻将开始开会。张勇说："一间正式运作的公司，必须要有经理，我决定我当经理。"施永宏等人都同意了。这种传言的真实性难以考究，不过海底捞确实形成了张勇为主、施永宏为辅的局面。也正是张勇提出的服务至上的理念，让海底捞名声大噪，很快走出简阳，走向全国。

在海底捞蒸蒸日上之时，张勇的"集权"之路也在继续。一开始创办海底捞时由于是共同出资,所以四个人各占海底捞25%的股份。但在2007年,在张勇已经让妻子舒萍和施永宏的妻子李海燕先后离开海底捞的情况下,施永宏也"出局"了。张勇让施永宏离开海底捞的同时,还以原始出资额的价格从施永宏夫妻手中购买了18%的股权,张勇与舒萍夫妻拥有了海底捞68%的股份。对于张勇在股权争夺上的做法,很多人站出来为施永宏鸣不平。但内部人士表示,此次施永宏让权是"协商达成的",因为施永宏知道自己的管理能力已不适应海底捞的发展。而且,据悉海底捞当时有上市的计划,而公司有绝对控股股东才有利于上市,因此施永宏才同意以原始出资额将股份转让给张勇。施永宏2007年离开海底捞时曾表示,"我股份虽然少了,赚钱却多了,同时也清闲了。还有他是大股东,对公司就会更操心,公司会发展得更好。"从海底捞现在的成绩来看,施永宏没有说错。

近年来,海底捞餐厅数量呈现裂变式增长,从2015年的112间增至现在的320间,去年服务客户超过1亿人次。在张勇的带领下,海底捞逐渐坐上了中式餐饮行业的头把交椅,但张勇的野心并不限于此。海底捞计划于2018年开设180至220家新餐厅,此次IPO募集资金也有60%用于扩充。而接下来海底捞的发展重点仍将是战略性拓展餐厅网络。

北大教授黄铁鹰曾在《海底捞你学不会》提到,在张勇的管理理念中,有两个重要的概念:一是"客人是一桌一桌抓的";二是"员工是一个一个吸引的"。在海底捞,"抓"靠的是服务,"吸引"靠的是家文化式的管理。

黄铁鹰在书中有这样的记录:18岁的杨小丽为了还债,当时在海底捞当服务员,一个月160块工资。临近过年,家中债主上门,妈妈让她先借800元应急。张勇知道后,借了800元给杨小丽,并且表示:这债由公司还了。"从此,我就把海底捞当家了,谁要敢损害公司的利益,我就跟他拼命"。杨小丽也成为海底捞日后发展的一员猛将,19岁成为海底捞第一家店的经理,21岁海底捞去西安开店,她被张勇派去独立管理西安店。

除此之外,海底捞在员工培训、住宿方面也非常舍得下工夫。海底捞规定:必须给员工租小区房,不能是地下室;空调热水、电视电话、电脑网络要配齐;宿舍距店面步行不能超过20分钟;夫妻都在海底捞的,要尽量提供单间房;宿舍还要专门配保洁阿姨。此外,张勇也曾提过,每年过春节,会给员工的父母发红包,让员工邮寄回家。

海底捞的上市招股书中提到:2015年海底捞员工福利支出是1.90亿,而到了2017年达到3.72亿,占收入的比重从27.3%到29.3%,占去了大部头。"家文化"成为海底捞"变态"服务的重要支撑。但上市之后,海底捞的温情管理文化能否适应资本市场的更为严苛的监督与审查,也是外界关注的焦点。

(资料出处:http://www.yidianzixun.com/article/0K8daK5Z)

案例学习3：你身边的创业者之刘浩杰

创业者在书本知识中能提高自己的专业知识水平，这是毋庸置疑的，但是如果创业者只知道将书本知识套用在企业当中，那他的创业绝对算不上成功。也就是说，创业者只有一次又一次的亲自参与到实践当中，在失败和困难中提升自己，学会创新与思考，才能将企业做到成功。

刘浩杰，山西昆仑万维信息技术有限公司经理、法人代表，2018年度"中国大学生自强之星"。自入学以来，刘浩杰同学自立自强，不断提高个人的综合素质，磨炼自身的意志力，在提高自身能力的同时实现了经济的独立。他曾获2018年"创青春"浙大双创杯全国大学生创业大赛铜奖、2018年全国第八届高等院校企业竞争模拟大赛三等奖、第四届山西省"互联网+"大学生创新创业总决赛一等奖等12项省部级以上荣誉；主持大学生创新创业训练计划项目国家级课题2项，分别为《大数据视角下太行山革命老区平顺县深度贫困群众的精准帮扶模式研究》和《美农链——基于农业大数据的新农具》；获批《竖直式苹果采摘机械手》《一种增压式户外反渗透净水装置》两项国家实用新型专利；发表《大数据背景下太行山革命老区平顺县精准帮扶模式研究》与《基于因子分析下的平顺县农户扶贫满意度研究》两篇论文。

2018年4月，刘浩杰创立了山西昆仑万维信息技术有限公司，该公司是一家将大数据、区块链和物联网等技术应用于农业数字服务的创新型农业大数据创业公司。2018年11月公司成为农业农村部批准的全国苹果大数据发展应用协作组理事单位，公司已与中国农科院、山西省农科院、山西农业大学、运城果业中心等单位建立了合作关系。2019年7月获工业和信息化部增值电信业务经营许可证，带动370余名大学生参与到创新创业实践中来，其创新创业事迹被光明校园、中国青年报、科学导刊、山西农业大学新闻网等媒体报道。

案例学习4：你身边的创业者之刘清河

身为新时代的大学生，大学期间要养成自习室学习，宿舍休息的良好习惯，多读书，好读书，读好书，内外兼修。在迷茫时与老师、学长学姐多交流，在他人的指点中寻找自己的方向。更要尽早树立远大目标，让自己的大学四年存有"干货"，在校园里用奋斗演绎属于自己的青春故事，要学会感恩社会，用实际行动实现自己的梦想，让青春更加精彩。

刘清河，男，中共党员，祖籍黑龙江省。2012年毕业于山西农业大学园艺学院，同年8月被选聘为长治市大学生村官，清韵戏曲盔饰生产专业合作社法人，现任长治市城区紫金街道办事处主任、滨河西社区党支部书记。在毕业后积极投身工作，荣获诸多奖项。如2012年12月荣获沁县优秀大学生村官；2013年11月荣获第十三届全国村长论坛"重教富民优秀村官"荣誉称号；2014年5月4日被评选为长治市优秀青年标兵，并荣记个人二等功；2014年12月荣获山西省十大"乡村好青年"荣誉称号；中国"乡村好青年"候选人；2015年7月荣获第七届中部六省曲艺大赛节目一等奖；2016年8月荣获第九届中国曲艺牡丹奖提名奖；2016年10月荣获"创青春"全国创业大赛实践组铜奖；2017年7月荣获长治市首届"当代乡贤"荣誉称号等。

在村里，刘清河是党支部书记，同时他又是村里计生宣传员、新闻播报员、农业生产指导员、护林防火检查员、社情民意调研员。在村官的岗位上，他充分利用在大学所学知识服务三农；充分发挥自身兴趣爱好带头创业；用行动找到了理想和现实的契合点，搭建起了传统工艺与市场需求连接的致富桥；用自己的创业激情，构筑了山沟沟里留守妇女的创业梦，带给当地百姓致富的希望。他的一举一动得到了村干部、群众和上级领导的普遍好评。他带领创办的清韵戏曲盔饰生产专业合作社现拥有盔饰制作工作室100平方米，展厅100平方米，带动农户25户，拥有社员31人，人均年收入由原来的不足3000元提升到9600元。

案例学习5：你身边的创业者之肖伟与马红军

山西农大体育学院公共管理专业（休闲体育方向）大二学生肖伟，农学院研究生马红军，这两位同学一个学体育，一个做农业，本没有太大的联系，但当他们二位遇到一起，却碰撞出了创业的火花。

两人相遇缘于一次参观活动。马红军2012年便开始了自己的创业长征路，而肖伟在参观农大大学生创业园时，品尝了一颗马红军种植的草莓，早已想创业的肖伟萌生了要将体育和农业结合的想法。想法提出，两人一拍即合，说干就干。肖伟负责市场对接，马红军负责项目设计。经过一段时间的探索，他们设计的项目覆盖农、林、牧、渔四大领域，包含蘑菇之城、果蔬乐园、森林长廊、海洋世界、大田景观、昆虫王国、动物部落等七大主题。丰富的活动主题，加上专业的讲解，有趣的互动环节吸引到很多家长，也得到了小朋友的喜爱。

据统计，2019年3月20日到5月5日，接待幼儿园和机构30余家，共4700余人次，其中幼儿园小朋友、小学生3000余人次，家长1700余人次，课程收入约75000元；带动基地农产品销售额约50000元，复购率8.6%。

农耕文化是中国优秀传统文化的主干成分，也是构建中华民族核心价值观的重要精神文化资源。孩子们通过到农耕研学基地参与农事劳动，体验农耕的辛劳和乐趣，接受农耕文化的熏陶，在他们的心田种下一颗浓"农"的种子，伴随着他们一天天长大！多年以后，他们或许走向农业领域，正是一代一代的传承，中国农耕文化才能源远流长！

案例学习6：你身边的创业者之金永贵

创业者在创业初期，要对社会的形势有一定的了解，只有紧跟社会热点问题开展一系列创业活动，不断地拓展自己知识面，成功的机率才会更大。另外，负责人在此过程中要充分调动合作者及员工的积极性，让企业走得更好更远。

金永贵(负责人)，2018年全国大学生自强之星，太谷县卓越农人农业有限公司负责人。公司的前身是2015年底成立的卓越农人创业团队，由山西农业大学在校大学生成立，成员还包括卫爱波、张潽恒、李小波等人。这是一家以新鲜果蔬种植与销售为主的农业企业，利用生物农药结合物理防治的科学防治技术，进行果蔬的无公害绿色生产，主要品种有西红柿、黄瓜、茄子、辣椒、绿叶菜等，通过互联网和现代通讯手段(微店和微信)进行销售的企业。公司的logo是手掌捧起幼苗，寓意我们用心呵护作物，用心为大家创造优质生活。

现阶段，公司总结了各家公司蔬菜配送失败的经验，并与客户深入交流，再加上从不断地配送中了解到的情况，针对社区推出了"最后一公里"保姆式蔬菜配送服务，将山西农业大学大学生创业园的优质果蔬送到每一位消费者手中，缩短农田到餐桌的距离，加强消费者和土地的情感。企业现在由过去单一的蔬菜种植转变到果蔬采摘与配送，农业技术示范和推广等多元化经营模式。让每一位顾客都能感受到公司在用心为大家创造更优质的生活。

公司采用"公司+创业学生"的模式，积极带动大学生从事农业创业，解决大学生创业过程中产品销售难的问题。公司员工由两年前的4人增加到现在的"4+X"人。此项目曾获得2014年山西省创业表现突出奖、2018年山西省"互联网+"创业大赛银奖，获得多家媒体报道。

案例学习7：你身边的创业者之"蘑菇王子"黄超

当代大学生在学校期间，要学会理论结合实际，将自己的兴趣转化为工作，尤其是涉农专业的学生，更应该学会思考，有吃苦耐劳精神，积极响应国家政策，投身于国家建设当中，在这个过程中实现自我价值。

黄超，中共党员，湖北天门人，山西农业大学2008届毕业生，现任太谷县绿能食用菌专业合作社执行理事长。黄超的创业事迹得到了国家及省政府相关部门的认可和肯定：2009年5月获得山西省第十届"山西青年五四奖章"称号；2011年8月注册"蘑菇王子"商标；2012年5月获得山西省人民政府"三晋创业就业奖"；2012年7月获得国务院"全国就业创业优秀个人"称号。

大学期间，黄超利用所学知识在学校附近的村子里租了一个废弃的大棚，理论联系实践，学到了一手种植蘑菇的好技术。源于对农业的热爱，他积极组织成立"绿能科技协会"，组织团队参加大学生创业设计竞赛并多次获奖。

毕业后得到母校的支持，黄超在学校的大学生创业园内建起了数个蘑菇大棚，并成立了食用菌研究所，主要从事食用菌技术研究、技术培训和技术推广，先后带动数十位学弟创业成功。在山西农业大学大学生科技创业园新建由团队自主设计的新型食用菌双拱棚18栋，日光温室3个，年生产300吨鲜菇；通过自营门店组织销售各类鲜菇1500吨；推广新品种10个，新技术11项。

如今，黄超作为太谷县食用菌专业合作社理事长，把这些技术推广到山西的和顺、左权、宁武、右玉、离石等34个县市，服务太行山区、吕梁山区等2000多户菇农，有效地帮助了农民致富。中央电视台新闻频道、教育部网站、中国教育报、中国青年报、新华社每日电讯、山西卫视新闻午报、山西青年报、山西日报、山西农民报等多家媒体对黄超的事迹进行了报道。

案例学习8：你身边的创业者之斛如媛

青春，就应该挥洒在那些有意义的事情上。只要踏实、勤奋、勇敢、执著、自信，总有一天，我们会成为自己想要的模样。要始终相信只要每个人都成为一个"能量体"，塑造自己，影响他人，"你是什么样，未来的中国就是什么样"。

斛如媛，女，汉族，中共党员，2018年度"中国大学生自强之星"，山西农业大学风景园林专业2016级本科生。初入大学的她，带着对大学的憧憬，加入了山西农业大学礼仪队，练站姿、练口形、背解说词成为了她日常生活中必不可少的一部分。尽管训练很苦，但她选择了一再坚持，因此她获得了参与包括山西农业大学110周年校庆等多次校园解说、接待校级以上领导、老师的机会。三年的大学生活，解说校园校史的任务不计其数，她变得越来越自信，也很荣幸成为母校的一扇窗口，让更多的人了解农大、走进农大、爱上农大。在她担任校学生会副主席和学院学生分会主席期间，多次组织志愿服务活动，带领同学们进行衣物捐赠、参与交通疏导等各项志愿活动。

大学期间，斛如媛致力于志愿服务，热心公益，积极参加学校与社会组织的各类活动。凭借其解说工作经验，入选为山西农谷志愿者。为更好地做好自己的工作，她不断学习太谷的各项资料，先后接待了山西省各地区农民集训团队，各省、各高校参观学习、专业考察团队，中央党校领导，外国贵宾等重要来宾。此外，她还参加了2017年12月召开的山西特色农产品优势区和现代农业产业园创建工作现场推进会，作为志愿者向全省各级领导推介太谷、推介山西；2018年3月，作为太谷县第十八届科技节志愿者，向参观人员讲解农谷发展；2018年7月，她参与大学生暑期"三下乡"社会实践活动，和老师同学们奔赴贫困县临县，开展社会调研，为当地的村民送去力所能及的帮助；2018年8月，在学校老师的推荐下，她和几名同学有幸担任第五届全国果树资源研究与开发利用学术研讨会志愿者，为参会的老师和领导提供会场引导、会场服务，多次荣获优秀志愿者荣誉称号。

复习思考题

1. 试分析陈生作为创业者的素质和能力。
2. 创业团队的组成要素包括哪些？
3. 如何组建一支优秀的创业团队？
4. 海底捞的团队管理给你哪些启迪？
5. 试结合你身边的创业者们分析创业者特质。

第 5 章 创业计划

本章要点：使学生了解创业计划和创业计划书的含义，明白创业计划书的用途，清楚创业计划书的类型；掌握5W2H分析法，学习创业计划书的内容和结构，尝试编制创业计划书；学会如何用PPT、短视频以及展板来展示创业计划书，使学生可以更好的展示其创业项目；了解与创业相关的众创空间、星创天地、大学生创业园，激发学生的创业激情。

关键术语：创业计划；创业计划书；创业计划书撰写；创业计划书展示

5.1 创业计划书概述

本节提要：使学生了解创业计划和创业计划书的含义，明白二者的关系；了解创业计划书的用途；清楚创业计划书的类型。

创业计划是创业者叩响投资者大门的"敲门砖"。一份有效的创业计划书可以帮助创业者有计划地展开商业活动，会使创业者达到事半功倍的效果，增加其成功的概率，也可以指导企业的创立，是管理企业的基本文件。因此，创业计划书是创业过程中必不可少的书面成果，创业计划书的好坏直接关系到创业项目的成败。创业之路如同在茫茫大海上航行，漫无边际，深不可测，必须在起航之前做好一切准备，规划出合理的航线。所以，在创业的过程中为了避免不必要的失误，创业计划书是很必要的。

创业计划书是创业者计划创立业务的书面文件，是创业者在经历了创业调研、机会寻找和评估、创业项目决策和创业团队的组建等一系列的过程之后，系统地将创业思路进行整理和归纳的成果。它用以描述与拟创办企业相关的内外部环境条件和要素特点，为业务的发展提供指示图和衡量业务进展情况的标准。一份完美的创业计划书不但会增强创业者的信心，也会增强风险投资家、合作伙伴、员工、供应商、分销商对创业者的信心。

5.1.1 创业计划与创业计划书的含义、关系

计划是工作或行动以前预先拟定的具体内容和步骤，是关于整个行动的设想、安

排、部署。计划是管理的首要职能，凡事预则立，不预则废。

在管理学中，计划具有计划工作与计划形式两层含义。计划工作，指根据对组织外部环境与内部条件的分析，提出组织在未来一定时期内要达到的目标以及实现目标的途径。计划形式，指用文字和指标等形式来表述的关于组织在未来一定时期内的行动方向、内容和方式的安排部署。计划工作与计划形式两层含义都是依据社会的需要以及组织自身的能力，通过计划编制、执行、检查，确定在一定时期内组织的奋斗目标，有效地利用组织的人、财、物等资源，协调安排组织的各项活动，以达到组织设定的业绩目标。

(1) 创业计划

创业计划是创业者计划创立业务的具体设想，用以描述与拟创办企业相关的内部外部环境条件和要素的特点，作为拟创办企业业务发展的指示图和衡量业务进展的标尺，是关于创业项目的一份完整、具体、深入的行动指南。

创业计划通常是营销、财务、生产、人力资源等职能计划的综合。做好创业计划需要思考如下几个问题：出色的计划摘要；了解市场；关注产品；敢于竞争；勾画出清晰的商业模式；展示你的管理队伍；表明行动的方针。

(2) 创业计划书

创业计划书(business plan，BP)，又名商业计划书。创业计划书是一份全方位描述企业发展的文件，是企业经营者素质的体现，是企业拥有良好融资能力、实现跨越式发展的重要条件之一。创业计划书是企业或项目单位为了达到招商融资和其他发展目标之目的，在经过对项目调研、分析以及搜集整理有关资料的基础上，根据一定的格式和内容的具体要求，向读者(投资商及其他相关人员)全面展示企业/项目目前状况及未来发展潜力的书面材料。

创业计划书是包括项目筹融资、战略规划等经营活动的蓝图与指南，也是企业的行动纲领和执行方案。创业计划书应当结构合理，投资者能够在计划中找到他们所关注问题的答案，很容易找到他们特别感兴趣的话题。这就要求创业计划必须有一个清楚的结构，使读者能够灵活地选择他们想要阅读的部分。创业计划书在编写时，要尽量客观描述，使投资者有机会仔细地权衡你的论据是否有说服力，力避漫无边际的广告宣传。创业计划书要让大众也能读懂，一些创业者相信，他们可以用丰富的技术细节、精心制作的蓝图，以及详细的分析给投资者留下深刻的印象。其实，只在极少数情况下，会有技术专家详细地评估这些数据。大多数情况下，简单的说明、草图和照片就足够了。如果计划中必须包括产品的技术细节和生产流程，也应当把它们放在附录中去。

创业计划是创业者叩响投资者大门的"敲门砖"，是创业者计划创立业务的具体设想。创业计划书是创业计划的书面表现形式，是一份全方位的商业计划，其主要用途是递交给投资商，以便于他们能对企业或项目做出评判，从而使企业获得融资。创业计划书是作为一种吸引私人投资者和风险投资家进行投资的"商业包装"而出现的，间接展示了创业者的整体素养。

5.1.2 创业计划书的用途

(1) 为创业者理清创业思路

每一位创业者在创业之初都会对创建企业的发展方向及经营思路有一个粗略的构想，但是当把这些构想编制成规范的创业计划书的时候，就会发现自己要从事的事并非当初所设想的那样容易。例如，你原本打算开设一家餐馆，却发现创业资金不足，竞争太激烈，市场增长率不足等。创业计划书可以使创业者严格地、客观地、全方位地从整体角度观察思考自己的创业思路，明确自己的经营理念，以避免因企业破产或失败而可能导致的巨大损失。此外，创业者在研究和编写创业计划书的过程中，经常会发现创业项目并非与自己的期望一样，此时，创业者可以根据实际情况采取不同的策略使得创业活动更加可行。因此，创业者编写创业计划书的过程就是创业者进一步明确自己的创业思路和经营理念的过程，也是创业者从直观感受向理性运作过渡的过程。

(2) 增强创业者创业的信心

编制成功的创业计划书可以增强创业者的创业信心。因为创业计划书不仅提供了企业的全部状况及其发展方向，还提供了良好的效益评价体系及管理监督标准，使得创业者在管理企业的过程中对企业发展的每一步都能做出客观正确的评价，并能及时根据具体的经营状况调整经营目标，不断完善管理方法，使创业者的自信心在企业逐步完善的过程中也随之增强。与此同时，详细的创业计划书还能使创业者预知创业过程可能遇到的各种风险，并预先制定一些预防对策，能大大降低创业者创业中的焦虑与紧张感，对增强创业者信心也起到了重要作用。

(3) 帮助创业者筹集创业资源

对于正在筹集创业资金的创业者而言，创业计划书就是创业者融资的"敲门砖"。创业计划书的优劣往往决定了资金筹集的成败。投资人考察企业时，想知道的往往是创业者的创业逻辑，所谓"创业逻辑"就是创业者的创业方案是否可行，是否具备了实施创业项目的各种必要资源。创业计划书是创业者向投资人展示创业逻辑的媒介，一份完整的书面创业计划书是创业企业的象征与代表，不仅是企业融资的"敲门砖"，也是创业者与企业外部的组织及人员进行有效沟通的媒介，是企业对外宣传的重要工具，创业计划书通过描绘新创企业的发展前景和成长潜力，使管理层和员工对企业及个人的未来充满信心，并明确要从事什么项目和活动，从而使大家了解将要充当什么角色，完成什么工作，以及自己是否胜任这些工作。因此，创业计划书对于创业者吸引所需要的人力资源，凝聚人心，具有重要作用。

(4) 强迫创业者行动起来

通常情况下，人们决定做某一件事情时，很少考虑其中的原因，并且总是找出各种理由来拖延，而计划则强迫你给出理由，迫使你立即行动起来。对于创业者而言，在制订创业计划书时，明确自己经营的目标，并逐步列出自己实现计划的具体步骤，从而能够强迫自己按照计划行动起来，创业计划书对创业者具有自我激励、自我约束、自我鞭策的作用。

(5) 展示创业者的能力与决心

要素齐全、思路清晰的创业计划是一份令人赏心悦目的文件，对内可以通过创业目标凝心聚力，增强创业团队的战斗力；对外可以利用创业目标及达成目标的构思吸引社会资源，引起政府、社会团体、供应商、销售商等各方的关注。

5.1.3 创业计划书的类型

(1) 根据产业特点划分创业计划书的类型

按照行业特点可分为传统产业类和高新科技类的创业计划书。传统产业主要指以劳动密集型为主的生产消费品的行业。最典型的有制造业、建筑业、采掘业、种植业、运输业、冶炼业等。电子行业、制鞋、制衣、光学、机械等可归到传统行业，但若它们加上高新技术之后又将是另一种局面，而且是未来的明星产业。现代产业指依靠现代科学技术装备起来的产业，具有知识密集型特征。最典型的有航天航空、生物技术、微电子、新材料、信息通信等。

(2) 根据编写用途划分创业计划书的类型

按照创业计划书编写的用途可分为争取风险资金投入、争取他人合伙、争取政府支持、创业比赛、创业规划指导、创业实习、创业实操等类型。

(3) 根据内容划分创业计划书的类型

根据内容可以划分为专利性创业计划书、产品性创业计划书、服务性创业计划书、概念性创业计划书。专利性创业计划书，主要适用于自己有某领域的专利技术，但缺少资源、资金等；产品性创业计划书，主要适用于产品制造的创业计划，又可细分为硬件产品型和软件产品型；服务性创业计划书，主要适用于以服务为目的的创业计划；概念性创业计划书，主要适用于有好的概念或商业模式，但缺乏资金或资源的创业计划。

(4) 根据详细程度划分创业计划书的类型

根据创业计划书内容的详细程度可划分为略式创业计划书和详式创业计划书。出色的计划书摘要可视为一份言简意赅的略式创业计划书。

5.2 创业计划书撰写

本节提要：使学生掌握5W2H分析法；学习创业计划书的内容和结构；了解创业计划书的编制原则。

5.2.1 用5W2H构思创业项目

5W2H分析法也称七何分析法、七何工作法，是第二次世界大战中美国陆军兵器修理部首创。简单、方便，易于理解、使用，富有启发意义，广泛用于企业管理和技术活动中，能够为企业管理提供更好的策略，也能够弥补管理漏洞。5W2H分析法要求对选定的工作任务、项目等，从七个方面思考，围绕何因、何事、何地、何时、何人、何法、何量，逐一递进，对任务进行明晰、细化、分解。

发明者用五个以W开头的英语单词和两个以H开头的英语单词进行设问，发现解决问题的线索，寻找发明思路，进行设计构思，从而从方法论角度助力，搞出新的发明项目，称作5W2H法（图5-1）。

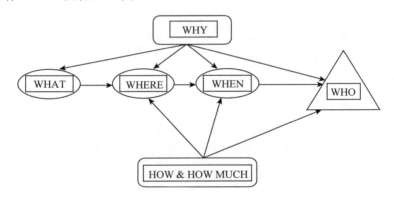

图5-1　5W2H分析法

(1) WHY——为什么

何因。作为创业者思考为什么要创业？为什么要选做这个创业项目？回答选择创业的缘由、选择特定项目的缘由。

(2) WHAT——是什么

何事。选定的创业项目属于哪个行业？项目的名称？创业项目由哪些具体要素构成？各要素的名称？要达到什么样的创业目标？

(3) WHERE——何处

何地。指创业计划实施的场所，在哪里做？从哪里入手？行业的背景如何？要做什么工作？切入点在哪里？

（4）WHEN——何时

何时。创业计划实施的时间范围，什么时间完成？什么时机最适宜？列出创业项目起止时间表。

（5）WHO——谁

何人。创业计划的相关人员，由谁完成？谁负责？董事长、总经理、营销总监、财务总监、技术总监等管理团队人员结构？专长、经验？出资比例？创业团队人力资源的优势？

（6）HOW——怎么做

何法。创业计划如何运作实施？如何提高效率？如何推进？采取哪些方法？生产、营运流程？

（7）HOW MUCH——投入产出是多少

何量。创业计划具体的预算分析，盈亏平衡点能做到什么程度？数量、质量水平如何？房租、设备、原料、工资、成本费用支出如何？预计经济效益如何？资产负债表、利润表、现金流量表数据？

如果一份创业计划书能够清晰陈述上述问题，那么便可认为这是一份很好的创业计划书。如果七个问题中有一个陈述不能令人满意，则表示这方面有改进余地。如果某一方面的陈述有独创的优点，则可以增加创业计划书的亮点。

5.2.2 创业计划书的内容及结构

5.2.2.1 创业计划书的内容

创业计划是创业者对创业过程的一次综合思考，同时也可作为向银行贷款的程序中所要求的商业计划，或是从其他渠道获取资源所进行的商业计划说明和展示。所以，创业计划书应该按照实际创业准备的过程来进行构思。一份完备的创业计划书应该包括以下内容：

（1）产品或服务

风险投资者首先关心的问题是企业会提供什么产品或服务，这些产品或服务的价值如何满足目标群体的需求，因此进行必要的产品或服务说明是创业计划书必不可少的内容。这部分一般包括：产品或服务介绍、产品或服务的竞争力分析、产品或服务的研究和开发过程以及产品或服务的市场前景预测。对于产品的介绍要尽可能通俗易懂，而且要详细解释产品或服务的竞争力，通过与竞争对手进行比较来说明产品或服务的优点和额外价值。

（2）产业分析

产业分析主要描述新创企业所涉及的产业发展趋势及前景，分析产业结构、产业规模等。只有明晰了企业所处产业的发展大环境，才能瞄准产业内的目标市场，以便制定有的放矢的竞争战略。

(3)市场分析

市场分析是创业计划最为重要的部分，因为创业计划的其他部分都要依靠该部分的信息展开，完整的市场分析包括以下几个内容：市场概况、趋势及潜力预测、竞争者分析、市场细分以及目标市场分析等内容。通过市场调查研究而分析出来的销售预测量，将直接影响生产规模、营销计划、财务计划中的权益资本量。在进行市场分析时，要尽可能确保分析过程及内容的客观真实性，可以通过各种渠道如行业协会、政府机构公开的信息等来进行分析，也可以向专家请教，必要时也可以自行组织市场调查以获取所需数据资料。

(4)商业模式

商业模式要说明公司通过什么途径或方法来赚钱，一般贯穿在整个创业计划书中，商业模式决定了创业公司的运作，在创业计划书中要简单清晰地说明关于创业企业的顾客及其价值主张、创业企业如何获利及其为顾客提供价值的可行性分析。

(5)营销计划

营销计划主要描述创业企业计划如何销售产品或服务以实现预期的市场目标。营销计划通过总体营销策略、渠道策略、定价策略以及促销与广告策略等来说明营销计划的具体实施细节。撰写此部分内容应尽可能清楚、完整地介绍产品或服务投放到市场的计划，说明在以顾客为导向的理念下创业企业要做什么、如何做、何时做以及由谁来出售产品或提供服务。

(6)生产及运营计划

生产及运营计划主要介绍新创企业的日常生产与运营问题，此部分计划的撰写，主要目的在于使风险投资者了解企业的成本规模和企业产品在市场中的受欢迎程度。因此，撰写时应该尽量详细、可靠，增大企业在投资前的评估价值。一般应包括如下内容：企业选址、必需的资源、生产流程、劳动力可得性等。对于制造型企业，要重点说明库存采购及控制、生产控制、外包原则等。对于服务型企业，要重点阐述接近客户的选址原则、日常开支最小化和富有竞争力的劳动生产率。

(7)财务分析

财务分析的主要目的是表明企业的资金来源及运用情况，至少要对企业未来 3~5 年的资金需求及使用计划做出全面分析。一份好的财务分析可以提高企业获取资金的可能性，为创业计划提供有力支撑。财务分析涉及的内容包括以下几个方面：融资计划、预期财务报表的编制以及财务预测。需要注意的是，在进行财务分析时要注重客观数据的应用，要尽量客观准确地进行描述，同时要确保基础数据和创业计划的其他描述内容相一致，如销售量、价格、生产成本等，以确保财务分析的精准性。

(8)人员及组织结构

人的创造性和主观能动性决定了在所有的创业资源中人是最宝贵的因素，这也决定了创业者团队的组成是创业计划不可或缺的内容。风险投资中管理团队是最重要的因素，结构合理、成员学历高、工作背景良好的团队是事业成功的保证。在评估创业计划时，风险投资者首先注重的是创业者团队的管理能力，如果创业团队不是一流团队，哪怕是最绝妙的创意，大多数风险投资者也会选择放弃。这部分内容撰写时需要重点介绍以下内容：创业企业组织结构、关键团队人员以及薪酬体系设计。创业企业的关键管理人员应该是互补型的，要具有极强的团队意识。

(9) 关键风险分析

关键风险分析主要说明创业企业在运营过程中可能会遇到的关键风险。对于大量的创业计划，风险投资者在进行筛选时，绝大多数除了关注创业团队能力外，还会特别重视创业团队对关键风险的认识。识别并分析创业企业中存在的风险，有助于向风险投资者表明创业团队对风险已有清楚认识且能应对此类风险，可以增加风险投资者对创业团队的信任感。在进行风险分析时，创业者可以从以下两个方面进行阐述：企业内部风险（包括管理风险、经营风险、资金风险以及生产风险）和企业外部风险（包括市场风险、政策风险、资源风险等）。创业者应该指出对于创业企业而言哪些问题及关键风险对其成功是最主要的，并将这些风险以及相应的解决方案用清晰的文字在创业计划书中描述出来。

(10) 风险投资退出策略

在了解了创业计划一系列完美构想后，风险投资者会对投资资金如何退出非常关心，因为这直接关系到投资者是否会对本次投资属意。风险投资者最终想获得的是现金回报，因此要描述清楚怎样使投资者最终能以现金的方式收回其对本企业的投资。一般而言，常见的退出方式有公开上市、兼并收购和偿付协议。创业计划中应让风险投资者明了哪一种退出方式是最可能的投资退出方式以及相应的投资回报率。

总而言之，要完成一份高质量的创业计划书，从构思、写作、修改、编辑到最终的校对都需要花费大量的时间和精力，创业者应对创业计划的各个部分进行详细的评估，以此来增加成功推介创业计划的可能性。

5.2.2.2 创业计划书的结构

创业计划书详细描述了创业者对于未来新创企业发展的构想，是对新创企业的详细描述和预测，所以一份创业计划书应该有完整的框架结构来表达思想。创业计划书各组成部分及创业计划书的基本结构如图 5-2 所示。

(1) 封面

封面应包括企业名称、地址、电子邮件地址、电话号码（座机和手机）、日期、主要创业者的联系方式以及企业网址（如果企业有自己的网站的话）。通常这些信息应该集中在封面页的上半部分。封面的底部应有一句话提醒读者对计划书的内容保密。如果企业已经有创业徽标或商标，就把它置于封面的中间。如果已有产品或服务的设计

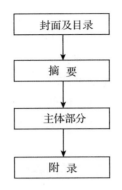

图 5-2 创业计划书的基本结构

简图或照片，且比较美观的话，可将图片印在封面上。有时可以利用图片库中的图片，这样效果非常好。封面上最重要的一项是计划书撰写者的联系方式，应该让计划书的读者能够轻松联系到撰写者。

（2）目录

目录紧接封面后页。列出创业计划书的主要章节、附录和对应页码，目的是便于阅读者查找计划书的相应内容。有些计划书的相关页码上贴上标签，更方便读者直接查找相应章节。在递交创业计划书时，一定要认真核对目录页码是否与正文页码相一致，因为创业计划书在撰写过程中需要进行反复修改，增减内容时会使原来的页码发生改变，这时就需要反复核实。如果使用 Word 文档写作，请及时利用"只更新页码"的功能进行调整。

（3）摘要

摘要是风险投资人阅读创业计划书时首先看到的内容。通常风险投资人会从摘要部分获取的信息来判断是否有继续读下去的必要，如果摘要部分不能激起风险投资人的兴趣，创业计划书后面的内容就很有可能无缘与风险投资人见面。

常见的摘要写作有提纲性摘要和叙述性摘要两种格式。

①提纲性摘要：结构简单，内容一目了然，每一段基本上就是创业计划书每一章的总结部分。其优点是容易撰写，缺点是内容比较枯燥。提纲性摘要基本上包括了创业计划书的所有方面，各个部分所占比例基本相等。

②叙述性摘要：重点集中在描述企业的基本情况，突出项目特点上。叙述性摘要主要是调动风险投资人对企业的情绪，使其对企业和项目感兴趣，所以在撰写时要重点选择一些最能感动风险投资人的企业特点，使其了解为什么企业能够成功以及成功的要素，而较少描述管理细节。叙述性摘要特别适用于在新产品、新市场、新技术等方面有良好历史或背景的企业。

创业计划摘要撰写时一般不要超过两页，这样可以极大地带动风险投资者的阅读兴趣。不同的创业计划书摘要可能强调的内容有所差别，但一般都包括以下主要内容：①公司名称和联系方式；②创业企业业务范围和类型；③管理团队和管理组织；④产品或服务及市场竞争情况；⑤资金需求状况，需要说明筹集多少资金、资金的用途及资金的形式；⑥财务状况和计划，保证数据的真实可靠性，风险投资家一般不是技术专家，但大多是财务专家；⑦投资出路，说明若干年后投资的出路，是实现股票上市，还是由企业赎回，一定要说明，否则可能得不到投资。

（4）主体部分

主体部分是整个创业计划书的核心，其内容后文将做详细说明。

（5）附录

附录一般置于创业计划书的最后，作为主体部分内容的补充而展现，不宜放入创业计划主体部分的所有材料都应该放入附录中。附录常包括的内容有：主要合同资料、信誉证明、图片资料、市场调查结果、主要创业团队人员的履历、技术信息、生产制造信息、宣传资料及其他方面的信息。

5.2.3 创业计划书的编制原则

在撰写创业计划书时，首先面临的一个问题是"需要写多长"。关于最优页面数的确定，不同的专家有不同的看法，但大多数还是建议保持在 25~35 页。可以根据创业计划书编写用途确定，如参加创业比赛活动，则创业计划书应遵从指南的具体要求。一般地，要求在写作创业计划书时遵循以下几个原则。

（1）简明扼要

撰写创业计划书的主要目的是获取风险投资或者向合作者展示创业企业的发展思路，因此写作时要简明扼要。因为阅读创业计划书的读者往往都惜时如金，风险投资者既没有时间也没有兴趣看对他来讲没有任何意义的内容。这就需要撰写者以通俗易懂的语言展示自己的思路，尽量少用或不用过多技术术语及英文缩写来证明自己的专业性；要对摘要进行深思熟虑的写作，言简意赅地表述，使投资者了解新创企业的吸引力所在。

（2）条理清晰

思路不清的创业计划书可能会导致创业企业良好的创意不能被有效地传达给阅读者，所以撰写者在进行写作时要注意行文的逻辑结构，确保其整体的完整性和一致性。在进行观点论证时，要采用翔实、清晰的数据资料进行佐证，完善相应的论证过程。

（3）客观公正

撰写创业计划书时要实事求是，用数据说话，客观陈述，言辞妥帖地明确创业企业的市场机会、财务状况、竞争威胁、潜在风险等，这样可以使阅读者相信创业计划书中的所有行动方案都是经过创业者慎重考虑的结果。好的创业计划书要以客观性打动阅读者，要切合实际，尽量不要过分乐观地陈述或预测。

(4)要素齐全、重点突出

创业计划书的内容和格式虽然不是千篇一律，但是任何类目的创业计划书，都要涉及以下内容：摘要、产品或服务介绍、团队介绍、市场分析、营销策略、财务分析、关键风险分析等，所以一定要从整体性上保证创业计划书内容全面。对于不同的阅读者，由于其自身的经验、背景不同，所以对创业计划书的各个组成部分的关注点会有差异，这就要求撰写者在写作时重点突出，对潜在阅读者所关注的部分进行重点描述。

(5)版面设计规范、精致，装订美观

创业计划书中的封面、目录、摘要、附录、图表等是否合理编排、美观整洁，会直接影响阅读者对创业计划书的评价。在排版时要注意不可有排版混乱、语法错误、印刷错误及错别字等情况，否则会给阅读者留下不认真、不重视之嫌。

5.3 创业计划书展示

本节提要：使学生学会如何用PPT、短视频以及展板来展示创业计划书，使学生可以更好的展示其创业项目。

5.3.1 创业计划书的PPT展示

对于大多数的创业者来说，通过口头推介寻找资金是一个非常艰苦的过程，除了需要创业者具有坚韧不拔的毅力和高度饱满的热情外，一般还需要其提前准备好完善的幻灯片(Power Point，PPT)，而且PPT内容要以参会规定的陈述时间为限。制作PPT时应结合创业计划书的内容和听者的关注点，对要展示的内容进行合理布局。PPT的制作根据专家建议应遵循6-6-6法则，即每行不要超过6个词，每页不超过6行，连续6张纯文字PPT之后需要一个视觉停顿(采用带有图、表、插图的PPT)。具体来讲，PPT的制作模板及要点如图5-3所示。

一般在进行口头推介时，只需使用10~15张PPT来完成创业计划书的核心内容的展示。若PPT张数过少，则不能全面地反映创业计划书想要表达的思想，不能满足风险投资者的要求。若PPT张数过多，如果想在规定时间内阐述完这些内容，就会产生"走马观花"的效果。

在口头演讲时应注意不要读幻灯片。潜在的投资人通过你的展示来了解你，看你如何推销自己的梦想。所以要想办法通过语言把他们带入你的构想，并做到熟悉讲稿，自然表达。如果只是读幻灯片，会让人觉得生硬、呆板、无趣。

| 公司名称及Logo
创始人姓名及联系方式
日期 | 制作要点：醒目、整齐 |

PPT 制作要点一

| 概 述：
产品/服务的简要介绍
推荐内容要点介绍
创业成功后可能带来的潜在积极效果 | 制作要点：可描述创业计划书中引人入胜的亮点，插入统计数据，故事及轶事等 |

PPT 制作要点二

| 问题：
问题表述：问题在哪里、为什么顾客对现有结果不满意
证实问题：潜在顾客的看法、专家的观点 | 制作要点：利用调查及统计数据展示可行性分析 |

PPT 制作要点三

| 解决办法：
展示问题的解决方案
展示解决方案能在多大程度上给顾客带来更多效用 | 制作要点：展示问题解决方案的差异化特点 |

PPT 制作要点四

| 目标市场：
说明目标市场的清晰定位 | 制作要点：利用制作美观 准确的图标分析环境的变化趋势 |

PPT 制作要点五

图 5-3　PPT 制作模板及要点

技术：
介绍技术
展示产品的图片
说明可能涉及的知识产权问题

制作要点：醒目、整齐

PPT 制作要点六

竞争：
详细描述现有的、潜在的直接或间接竞争者

制作要点：借助竞争者分析工具直观地说明具有的竞争优势及竞争优势持久性存在的原因

PPT 制作要点七

营销策略：
描述总体市场营销的策略
详细说明定价策略，注明定价方法

制作要点：明确产品价格与竞争对手相比的差异性，说明唤起消费者注意的方法以及产品如何到达最终消费者的措施，最好附上消费者购买动机调查及消费者对该产品的认知调查

PPT 制作要点八

管理团队：
介绍现有的管理团队及公司的所有权结构

制作要点：通过对团队成员技能方面的介绍，说明其对创业活动的开展发挥了什么样的关键作用，用图例的方式说明公司的所有权结构

PPT 制作要点九

财务规划：
介绍未来 3~5 年内的收入规划及现金流规划
介绍前期投入的资金是如何使用的

制作要点：用尽可能客观、详实的数据进行说明，重点讲述资金使用的效率性

PPT 制作要点十

图 5-3　PPT 制作模板及要点（续）

融资诉求：
介绍想要融资的数目及资金的使用方法

制作要点：尽可能介绍资金筹得后能够取得的重大进展

PPT 制作要点十一

总结：
概括企业最大的优势
概括创业团队最大的优势
明确企业的退出战略

制作要点：介绍优势时最多罗列3点

PPT 制作要点十二

图 5-3　PPT 制作模板及要点（续）

5.3.2　创业计划书的短视频展示

短视频是目前宣传的最好手段之一。它能非常有效地把企业形象提升到一个新的层次，更好地把企业的产品和服务展示给大众，能非常详细说明产品的功能、用途及其优点（与其他产品不同之处），诠释企业的文化理念，所以短视频已经成为企业必不可少的企业形象宣传工具之一。

企业宣传短视频，对于一个企业来说，就相当于一个人的脸，无论是在展会、招商、终端店面、招标会议，相信任何一个企业都会顾及脸面，所以拍摄企业短视频，于当今社会来说已经是一种必须，任何一个企业都不想在客户、同行面前失去自身企业的尊严。所以，企业宣传片是时下所有企业的必需品，不但能够提升公司的业绩，而且可以提升企业的形象。

一部短视频的制作，策划与创意是第一步要做的事情。精心的策划与优秀的创意是专题片的灵魂。要想作品引人入胜，具有很强的观赏性与视觉冲击力，独特的创意是关键。如触目惊心的印度洋海啸，给人以强烈的视觉冲击，独具匠心的表现形式让人们对一个陌生的产品从一无所知到信赖不已，这就是创意的魅力所在。

企业宣传短视频是企业一种阶段性总结动态化、艺术化的展播方式，回望过去，放眼未来，这是传统企业宣传短视频内在的核心线索。创业短视频，要让企业宣传短视频的展现元素都依托在创业企业核心的创意上，或通过故事的形式，或通过立体交叉的形式，对创业企业核心创意进行战略层面的宣传和传播，同时借助新媒体的传播平台，为企业的后续传播提供战略层面的服务，以达到尽可能大的宣传力度。

在内容方面，短视频可以将创业计划书中抽象的事物展现出来，如未来的创业成果、核心的创业产品等,通过短视频给予集中而深入的展示,达到扩大宣传、展示成果的目的。

短视频在制作方面,需要注意以下几点:

(1)要注意解说词写作

解说词应叙事干净利落,语言通畅明白,词句短小简洁,语言力求口语化、形象化。

(2)要注意表现细节

短视频所记录的人和事,只有通过栩栩如生的人物形象、色彩鲜明的画面、生动感人的生活场景才能达到表现情、蕴含理的效果,细节是表现人物、事件、社会环境和自然景物的最小单位,典型的细节能以少胜多,以小见大,起到画龙点睛的作用,从而给观众留下深刻的印象。

(3)要注意表现背景

背景,又称为环境,是短视频的基本构成因素,也是专题片所反映的人物的性格、命运和事件赖以发生、发展和变化的根据。

(4)要注意构思

短视频的构思一要完整,二要新颖,三要科学,这是最基本的要求。只有构思精巧、制作精良,才能制作出内容、形式俱佳的企业宣传短视频。

5.3.3 创业计划书的展板展示

展板,指用于发布、展示信息时使用的板状介质,有纸质、新材料、金属材质等。展板的画面为背胶材质,可根据使用现场的亮度和个人喜好选择亚光膜或亮膜。在商场、企业、厂区、医院、学校、小区等地随处可见引人注目的各种各样的宣传展板。创业计划书撰写完毕,就可以向不同对象进行宣传了。展板在人群集聚处可以发挥良好的宣传作用,展板上耐人寻味的广告文字,逼真的图片,色彩鲜艳的图像,创意十足的构成和编排,可以吸引观众,推介创业计划书。应特别注意,在展板设计上,要根据不同产品、适用人群、使用时间、使用场合来确定设计风格,才能获得展板展示的预期效应。

创业计划书的展板内容如图5-4所示。项目展示以展板加实物的方式进行,展板包含信息如下:①项目成员信息;②项目简介(200字左右);③项目创新点描述(100字左右);④项目图表。

展板 a

项目名称、项目成员、项目指导教师

```
┌─────────────────────────────────────────┐
│              展板 b                      │
├─────────────────────────────────────────┤
│ 项目简介、创新点描述、项目图片           │
│                                         │
│                                         │
│                                         │
│                                         │
└─────────────────────────────────────────┘
```

图 5-4　创业计划书展板

5.4　众创空间、星创天地与大学生创业园

本节提要：使学生了解与创业相关的众创空间、星创天地、大学生创业园，激发学生的创业激情。

5.4.1　众创空间

在"大众创业、万众创新"的大背景下，政府大力支持创新创业，中国各地，特别是北上广深杭的创新创业团队快速崛起，发展势头非常迅猛。而同时这群创新创业者们急需一个空间聚集在一起，实现线上与线下无障碍交流、合作、资源互换、获得孵化与投资等，在大大降低经济成本的同时，快速开发自己的创业产品并将其推向市场。2015年，国家制定支持发展"众创空间"的政策措施，为创新创业搭建新平台。构建面向社会大众的众创空间等创业服务平台，以利于激发亿万群众的创造活力，培育包括大学生在内的各类青年创新人才和创新团队，带动扩大就业，打造经济发展的新"引擎"。

从创客和创客空间的发展史来看，国外并没有出现过"众创空间"这个词。但实际上很多创客空间是在众创空间的功能定位上运作的。众创空间是科技部在调研北京、深圳等地的创客空间、孵化器基地等创业服务机构的基础上，总结各地为创业者服务的经验之后提炼出来的一个新词。

从表述上来看，众创空间是一个中国特色的词汇，也可以说是创客空间本土化的产物。其与传统创客空间不同的地方，主要表现在对创业孵化功能的强化上，所以可以理解为：众创空间＝创客空间＋创业孵化。从内涵上看，从创客空间到众创空间，并非简单字面上的改变，而是有其功能上的差异，除了具有传统创客空间注重创新创业分享与物化的基本功能外，众创空间更多的是一种创新创意转化空间，是一种创业孵化平台。需要说明的是，很多国内外的社会化创客空间本身具有创业孵化功能，只不过沿用创客空间这一称呼而已，而众创空间则是通过创新创意的制造与分享，最终

直接指向创业孵化。这是一般所指的创客空间与众创空间最大的区别。因此，虽然说创客等于创业，但严格意义上的众创空间却是很好的创业集散地。尽管从出发点上看，创客们更多是出于兴趣与爱好，努力把头脑中的想法转变为现实，至于是否实现商业价值，不一定是他们的目的。但是，众创空间作为技术创新活动开展和交流的场所，是技术积累的场所，也是创意实现以及孵化甚至交易的场所。

从外延上看，众创空间是在中国"大众创业""草根创业"的特殊背景下形成的，符合"万众创新""人人创新"的新态势，是传统创客空间发展到一定阶段后的产物，可以理解为众创后的创客空间或创客空间的"升华版"。一方面，与传统的孵化器相比，众创空间提供门槛更低、更便利的创客成长和创业服务平台；另一方面，除了提供创新创业分享与创造空间，众创空间还构建了一种融创业培训、投融资对接、工商注册、法律财务、媒体资讯等于一体的，全方位创业服务的创业生态体系。

众创空间，即创新型孵化器。"众"是主体，"创"是内容，"空间"是载体。众创空间是顺应创新2.0时代用户创新、开放创新、协同创新、大众创新趋势，把握全球创客浪潮兴起的机遇，根据互联网及其应用深入发展、知识社会创新2.0环境下的创新创业特点和需求，通过市场化机制、专业化服务和资本化途径构建的低成本、便利化、全要素、开放式的新型创业公共服务平台的统称。

发展众创空间要充分发挥社会力量作用，有效利用国家自主创新示范区、国家高新区、应用创新园区、科技企业孵化器、高校和科研院所的有利条件，着力发挥政策集成效应，实现创新与创业相结合、线上与线下相结合、孵化与投资相结合，为创业者提供良好的工作空间、网络空间、社交空间和资源共享空间。

2017年9月15日，全国大众创业万众创新活动周开幕期间，科技部火炬中心、优客工场等联合办公类型众创空间在上海主会场正式发布《众创空间服务规范（试行）》和《众创空间（联合办公）服务标准》。科技部2015年公布了首批众创空间名单，2016年公布了第二批众创空间名单，2017年公布了第三批众创空间名单。

5.4.2　星创天地

"星创天地"是贯彻国家《关于深入推行科技特派员制度的若干意见》政策下的新事物，是发展现代农业的众创空间，是农村"大众创业、万众创新"的有效载体，是新型农业创新创业一站式开放性综合服务平台，是"星火计划"在新时期的传承、创新和发扬。

星创天地是众创空间在农村基层的一种表现形式，是对星火计划的一种传承和发扬。星创天地简言之是"星火燎原、创新创业、科技顶天、服务立地"，既是农业科技创新创业服务平台，又是新型职业农民的"学校"和创新型农业企业家的"摇篮"，是农村科技创新创业服务体系的重要组成部分，是推行科技特派员制度的重要举措。

星创天地是科技部科技计划体制改革农业领域的重要内容之一，是针对未来农业科技发展打造的新型农业创新创业"一站式"开放性综合服务平台。以农业科技园区、科技特派员创业基地、科技型企业、农民专业合作社等为载体，通过吸纳返乡农民工、大学生、农业致富带头人创新创业，利用线下孵化载体和线上网络平台，聚集创新资源和创业要素，促进农业科技成果转化与产业化。

为深入实施创新驱动发展战略，进一步落实国家"大众创业、万众创新"战略部署，2015年上半年，科技部提出了打造农业农村领域的众创空间——星创天地。安徽省高度重视星创天地建设工作，在省政府办公厅印发的《关于深入推行科技特派员制度的实施意见》中，明确提出打造100个农业农村领域的众创空间——星创天地。按照科技部《发展"星创天地"工作指引》等文件精神，安徽省科技厅把星创天地创建培育作为农村科技工作的重点着力推进，动员和鼓励农业科技园区、科技特派员、农业科技型企业等因地制宜开展星创天地建设工作，积极打造企业型、园区型和高校院所型三种发展模式，搭建各具特色的农村创新创业与服务平台，面向农业科技特派员、返乡农民工、大学生、科研人员、家庭农场主及中小微农业企业、专业合作社等创新创业主体，提供成果转化、产业创意、产品创新、人才培训等综合服务。在科技部公布的全国首批农业创新创业平台星创天地名单中，安徽"现代青年农场主""铜陵凤凰山绿地星创天地"等40家入选，总数位居全国第四。

5.4.3　大学生创业园

随着我国第四次创业浪潮的来临，大学生就业形势日益严峻。目前，我国各高校都大力开展大学生创业教育，这在很大程度上提高了大学生的创业能力，带动了大学生的自主创业。大学生创业园作为创业教育的实践平台和重要载体，在大学生创业教育中发挥着重要的作用。因此，建设好大学生创业园，对于提高大学生创业能力和实现高校创业教育目标有着重要的现实意义。

大学生创业园是一个集大学生创业资讯、创业项目、大学生创业比赛、大学生网上兼职、网上赚钱、快速网上赚钱技巧交流的平台，为在就读大学期间拟创业学生提供最有利的信息，助想创业的大学生一臂之力。同时为大学生创业者提供创业政策的引导，提高大学生创业的成功几率。

大学生创业园区的产生可以追溯到20世纪中叶的经济大萧条时期，经济增长对科技和知识的需求量大幅增长，高校与企业需要更紧密的合作。美国著名的"硅谷"最初也是由斯坦福大学引进的一些企业逐渐发展起来的。企业进驻学校以后，使学生更近距离地接触企业和市场，同时更有利于高校将知识和技术进行最高效的生产力转移。发展至今，创业园区在高校与市场之间架起了一座桥梁：当创业者有好的创业项目时，创业园区会帮助创业者完善创业计划书以便通过入园评估，并提供创业相关指导与服务；当创业者有新技术需要转化为生产力，创业园区将帮助创业者找到合适的企业，帮助完成技术转移。

大学生创业园的建设，将促进教育与实践的有机融合。高校大力开展大学生创业园建设的初衷是为了培养和提高大学生的创业能力，充分发挥大学生及所学专业的特长。高校大力开展的大学生创业实践活动，让大学生在实践活动中充分运用所学知识，促进创业的成功和经验的积累，通过创业实践不断完善大学生的知识体系，促进教育与实践的有机融合。

大学生创业园的建设，将促进产学研一体化的进程。第一，高校具有深厚的专业理论底蕴以及良好的科研传统和资源，是我国科研的主力军和生力军，因此，大学生创业园具有其他产业园无法比拟的优势。大学生创业园为高校科研成果的转化提供了一个很好的平台，促进了高校科研成果的转化。第二，大学生创业园为大学生创业提供了必要的资金支持和信息资源，促进了大学生的成长与成才。第三，大学生创业园为高校科学研究提供了一个实践平台，促进了高校科学研究的有效发展。大学生创业园实现了产出、学习、研究的相互促进与融合，在促进高校产学研一体化方面发挥了巨大作用，加快了高校产学研一体化进程。

大学生创业园的建设，将促进大学生的自给自足。在未建立大学生创业园之前，高校提供的创业机会主要来自勤工助学，且主要针对家庭贫困的大学生。自国家鼓励大学生自主创业以来，大学生创业园不仅给大学生提供了实践的机会，还给大学生带来了自给自足的机会。大学生在创业园中可以充分发挥自身所长，获取相应报酬，这在一定程度上减轻了家庭的经济负担，并使大学生获得了被社会认同的满足感。为了获取更大的成功，大学生会通过不断学习来提高自身能力，最终走上自我发展的良性轨道。

从国外大学生创业园建设的成功经验来看，创业孵化器起源于美国，美国的大学生创业园存在时间长、推广力度大、模式经验足、孵化效果好、体系建设全、保障措施全，积累了许多成功的经验和值得借鉴的做法：①"严进宽出"保证成功率。美国对大学生的创业园或者孵化园入园的资格审核十分严格，不仅对项目本身严格审核，还要严格审查项目团队的自身素质和团队能力。但一旦创业项目或者创业者进驻园区，会给项目和团队配备十分齐全的配套服务和孵化支持。②完善创业教育指导体系。美国很多高校内都非常普遍地开设了创业相关课程，从事创业研究和创业孵化、创业支撑的教授很多，将高校的创业资源和社会、园区、企业进行了有机的对接和融合，形成了良好的创业支撑生态系统。③减税政策鼓励创业投资。美国大部分州都出台了政策，对创业的大学生和其项目给予很多税收减免、税收补贴、以奖代补等各种形式的孵化支撑，很多地方都对支持创业大学生的企业给予政策鼓励。④大学生创业可领取补贴。美国很多创业园区内对大学生的前期创业都有"补贴"式的优惠支持，从一定程度上推进全社会的创业之潮。⑤健全的社会支撑体系。大学生在其创业园孵化期间，成立了创业支援项目对大学生创业进行全方位的扶持，美国部分地区已经形成了较为完善的创业中心、风险管理企业、大学研究院等组织，支撑大学生创业。

从国内大学生创业园建设的成功经验来看，杭州地区的大学生创业园建设比较有代表性，已逐步形成了六大类型：①硬件驱动型。主要以提供基本硬件服务为主要业务，即办公位以及配套办公服务等。该类创业服务机构属于早期孵化器，运营模式简单，以场地提供为本，并频繁举办交流沙龙活动。这一类型的孵化器或者创业园，其主要优点是能较为快速地谋划和建设起来，而且布点也较为容易，操作上比较简单。②资本驱动型。主要以天使投资、种子投资等为本，依托民间资本发展科技金融、天使投资、风险投资、私募金融、互联网金融，结合证券、银行、保险等传统金融工具，提供支撑创业发展全阶段多层次的金融服务。③产学研驱动型。这类机构往往紧密依托高校资源，利用高校人才资源及科技资源，通过与其他创业服务资源的结合，大力推动科技成果转化，孵化科技企业。该类型对在一定区域内高校的质量和数量要求较高，对项目的科技含量要求较高。④媒体驱动型。主要以媒体属性为根本，通过自营及相关媒体平台，整合优质创业类媒体资源，并以此连接和发展其他创业服务业务，如IT生意场及传媒梦工场等。这一类型的孵化器相对传统的模式而言，其优势在于资源的对接性很强，市场的关注度很高，可接纳程度也较高，有着天然融合优势。⑤产业驱动型。主要依托地方政府对各重点产业发展的支持政策，以某一产业作为扶植重点，具有完善的产业链创业资源，并可形成产业集团效应，如早期的淘宝（杭州）网商园。其最大的优势在于定位清晰、服务很具有针对性，能形成很好的"链条"，以整体打造某区域的竞争品牌。⑥生态驱动型。主要以创业研究与能力开发为依托，整合产学研、投融资等多方位资源，为创业者提供立体式的创业服务，如国际创业学院（中国）。该类型最为重要的特点是立体化建设和推进，整体性、生态性、系统性很强，所以其综合竞争力也相对较高。

案例学习1：成都YC美鲜公司创业计划书

1. 创业背景

之所以创立YC美鲜公司，主要基于以下几个方面的原因：

（1）笔者是一位美食爱好者，物以类聚，身边朋友大多对饮食也有着较高追求。在多次聚会聊天中，多次谈起平时工作忙，没时间在家吃晚餐，同时抱怨经常在外就餐不健康、不卫生，于是诞生出食谱化成套半成品生鲜电商的初级创业想法。

（2）O2O生鲜电商处于创业窗口期，主要表现在政策扶持力度大，宏观上具备暴发基础；用户消费习惯正在变迁，生鲜网购需求旺盛；目前市场渗透率不足1%，未来空间巨大；产业资本纷纷加大投资，融资机会增多。

（3）有一个志同道合的团队，大家产生了同样的创业项目设想，并且能力互补。大家都坚信自己的选择，通过不懈的努力，终将建立我们的商业王国。

（4）食谱化成套半成品生鲜的提供，能解决都市人在家吃上安心美味晚餐的问题，能为用户创造更美好的生活。

2. 公司、产品、服务

YC美鲜的目标用户为忙碌的都市白领和三口之家。

主营业务是：提供食谱化成套半成品食材，包括主食和配料、初步加工、所需佐料的调制及精细化配比和烹饪指导。用户通过线上下单，在居住地附近自提，在家傻瓜式操作就能在短短几分钟内轻松做出美味大餐！帮助用户创造便捷和美好的生活。

公司愿景：为用户创造美味的幸福生活。

公司使命：建立一个食谱化半成品成套食材O2O的闭环生态系统，发现并生产美味，为用户创造便捷和美好的生活。锐意进取，立足成都，成为深受用户喜爱和信赖的健康便捷美食服务提供商。

3. 市场与营销

商业社会，生活节奏加快，家庭主妇减少，对于都市白领及三口之间来说，如何吃上一顿美味、放心的晚餐是一道难题。菜市场关门早，超市菜不新鲜、结账还要排队，劳累了一天提着菜回家，还要洗切等繁琐的预处理工序，如此费神还不一定能做出美味可口的饭菜！

家里小孩口味挑剔，辛苦忙碌半天，做出的饭菜却不够吸引小孩，让父母头疼不已。在外就餐方便和美味，但在这背后却藏着一些健康隐患，比如油、盐摄入往往超标，久而久之导致肥胖、高血压，还会诱发糖尿病、脑卒中，甚至是肿瘤。同时在家共进晚餐是中国的传统习俗，利于营造家庭氛围，增进家人亲情。家庭晚餐是一个关系民生的社会问题。

公司致力于为用户提供健康便捷美食服务，解决用户在家晚餐问题。市场定位方面，立足成都本地，采取差异化竞争战略，深挖本地用户饮食习惯和口味偏好，提供食谱化半成品成套食材，形成特色和用户口碑。

"YC美鲜"为典型的O2O模式，获取优质菜谱，并对这些菜谱开展精细化定量配比测试和标准化工作，从而得到可均质化和批量化生产的产品，最终的销售收入与菜谱提供者分成。"YC美鲜"通过线上和线下相结合的方式进行推广，其收入初期主要来自成套食材、调料包，以及周边产品的销售。

营销方面，采用服务营销7P理论作指导。不打价格战，重视用户让渡价值；产品及服务流程标准化，加强员工培训。渠道方面，线上线下相结合，线上接受订单，线下自提。并根据项目自身特色，采取精准定位和下沉的促销方式，近距离接触我们的用户进行产品的宣传和促销。

4. 组织与人力资源

公司处于初创期，为提高运营效率，建立扁平化组织架构。公司设立董事会、

CEO、产品中心、物流与采购中心、IT 中心、管理中心、运营中心等机构,各司其职,承担公司运营所需的各项职责。

初期,公司创始团队成员亲自参与管理,根据能力及专长,分别承担各职能部门领导职责,后期根据公司业务发展需要,招聘合适的人才。公司致力于培养和公司理念一致的员工,建立合伙人制度,给予优秀员工股权激励。

5. 财务

公司以轻资产模式运营,初期资金全部自筹,后期为了尽快扩大市场规模,实施差异化与成本领先融合战略,构建壁垒,考虑出让部分股权进行融资。项目从正式启动的第一年开始,公司前四年财务预测收益如下表。

公司前四年收益分析

项目	第 1 年	第 2 年	第 3 年	第 4 年
收入(万元)	90	350	350	700
毛利率(%)	14.44	41.71	47.00	50.75
净利率(%)	-14.44	24.00	35.64	41.54

同时,通过预测前四年的利润表、资产负债表及现金流量表,计算得出项目净现值为正,投资回收期为 2.92 年。

本项目目标用户清晰,对用户的价值具有刚性和可持续性。市场规模巨大,目前我国生鲜电商渗透率不足 1%,极具增长空间。团队成员分工合理,优势互补,对公司战略清晰且运营理念一致。产业链条成熟,商业模式清晰,具有可复制性,具备大规模复制的先决条件,具有投资价值。

案例学习 2:小蜜蜂大产业——"如蜜令"开启专创融合新模式

大学生是知识与智力相对密集的群体,具有较强的专业能力,且年轻有活力,勇于创新。近年来,随着国家大众创业、万众创新的政策号召,越来越多的大学生投身到创业潮流中,已然成为我国创业大军中的一支有生力量。大学生创业不仅以创业带动了就业,而且在新成果、新技术和新营销模式等方面均有突破,在创新创业中形成的发展模式也独具特色。

当前,我国大学生创业者通过对创业方式、组织形式、创业行业等要素的统一整合和合理搭配,形成了特色鲜明的大学生创业模式。如通过专业团队试验、示范、培训、指导及咨询等服务,承包规模性种植或养殖合作社的生产管理,将最新的科研成果和实用技术,由专业人员实施于生产全过程的技术服务型创业模式。此外,还有概念创新型、积累演进型、依附式创业型和知识转化型等。而山西农业大学的王美杨同学则独树一帜,开启了专创融合的创业新模式。

王美杨,中国共产党党员,山西农业大学动物科技学院动科 1603 班学生,担任动科1603班团支部书记，山西农业大学学生会副主席。在学院曾先后担任动物科技学院学生分会办公室主任、院学生分会副主席；在山西农业大学学生会曾先后担任校创业部副部长、校创业部部长，分管科技创新部和创业部。

王美杨出生在一个并不富裕的家庭，她的家乡在山西省吕梁市石楼县的一个农村，偏远的农村大部分家庭都是贫困户，王美杨家也属于其中之一。父母均没有受过太多的教育，仅靠种地维持生计，还有一个70多岁的奶奶与他们一起生活着，全家仅靠父亲微薄收入生活。如此的环境里，王美杨深知，只有保持乐观的心态，刻苦的学习，才能改变自己的命运，只有通过自己的努力，才能让家人过上更好的生活。

王美杨大一时进入了学生会创业部，此后便与创业结下了不解之缘。认真听每一次创业讲座，学习创业前辈的成功与失败经验，为创业打下了坚实的理论基础。王美杨家世代养蜂，她的爷爷和父亲一辈子都在从事养蜂工作，石楼独特的地理环境使得本村很多农户都养蜂，王美杨的父亲联合本村其他养蜂户，成立了石楼凯宇养蜂专业合作社。这成了王美杨走上创业之路的重要动力之一。

在2018年9月，王美杨借着"养蜂学"专业优势组建创业团队"如蜜令"，并成功进驻学校"互联网+"农业创新创业园区。这个团队是在她与姜玉锁教授合作，在她父亲的养蜂合作社基础上成立的，主要运用互联网平台进行蜂蜜的线上销售。

不仅如此，王美杨还与多家养蜂合作社进行合作，推广养蜂新模式、新技术，并对合作社进行技术指导。专业与创业的融合统一，大学生与高校老师的联合创业让她的创业项目顺利进行。姜老师有丰富的经验以及多方面的销售渠道，而王美杨有很好的能动性。创业过程中，在姜老师的指导下，美杨少走了不少弯路；同时，王美杨也参与到生产的各个环节中，了解和收集蜂农的实际困难。

在学校，她带着热情投入到理论学习中，带着问题向书本、向老师寻求解答；在创业园，她带领团队，设计包装，编撰文案，注册了"如蜜令"产品商标，并设计了一款新型产品包装。该包装可以最大限度保留蜂蜜活性和口感，王美杨也在考虑申请国家专利。

2019年5月，王美杨凭借"如蜜令"项目参加山西农业大学"兴农杯"大学生创新创业大赛并斩获一等奖，顺利进军省赛。项目经过层层筛选，最终进入"建行杯"第五届山西省"互联网+"大学生创新创业大赛总决赛；经过激烈的路演答辩环节，项目获得了进入金奖复活赛的资格；复活便意味着希望，王美杨和她的团队经过与其他高校的优秀项目团队激烈角逐，成功复活为金奖。

获得创业大赛金奖的王美杨没有就此"收手"，2019年8月继续报名参加了2019山西省星火项目创业大赛，与经营了十几年或者已在社会上深有名气的企业鑫炳记、晋中大学生创业园等项目成为竞争对手，从榆次初赛区的忐忑不安，到晋城半决赛的如履薄冰，再到太原总决赛的心态平和，不仅锻炼了心态，也让"如蜜令"项目经过了比赛的打磨。在结合了众多评委宝贵的点评意见后，该项目已具雏形，未来三年，该项目有望做得更大、更强。

在两年的创业实践中，王美杨成绩不凡，2019年，由她带头成立的养蜂合作社，产出并销售蜂蜜13.5吨，合作社营业额达到了80余万元，消费者复购率达到了50%以上。不仅如此，在参加专业技能大赛、专业文化展等活动中，她还获得了以下奖项：

2017年10月，山西农业大学首届"兴农杯"创新创业大赛优秀奖；

2017年10月，山西农业大学暑期三下乡社会实践活动"优秀志愿者"；

2018年5月，山西农业大学"优秀团员干部"；

2018年9月，"建行杯"第四届山西省"互联网+"大学生创新创业大赛二等奖、三等奖；2018年"创青春"山西省兴晋挑战杯大学生创业大赛三等奖；

2018年10月，山西农业大学"科技创新奖""社会活动积极分子"；

2019年8月，"建行杯"第五届山西省"互联网+"大学生创新创业大赛"青年红色筑梦之旅"赛道金奖；

2019年9月，山西省2019星火项目创业大赛"创业之星"。

在高校谈创业，总有一种声音，那就是如何平衡学习和创业的关系。有无数奖项光环的美杨同学没有落下学习，成绩一直保持班级前三。在最后一年的大学时间里，她准备参加研究生考试，希望继续攀登养蜂领域的科学高峰。她相信，在更高的平台上，运用更专业的知识，自己的创业道路将越来越灿烂。

在创业过程中，创业者们总会遇到重重困难。特别是大学生创业者，他们由于社会人脉资源、资金问题等，承受着更大的阻碍。而正是因为经历了层层突围，王美杨对创新创业的认识更加深刻，也更加明白了创业的艰辛：创业要的就是不怕吃苦，要有不畏惧艰难险阻的决心和信心，才能战胜一切困难。

复习思考题

1. 简述创业计划与创业计划书的含义以及之间的关系。
2. 简述创业计划书的内容有哪些。
3. 试结合案例"如蜜令"为王美杨同学的创业项目撰写一份创业计划书并进行推介。

第6章 新公司、新企业创办

本章要点：一个创业者确定创业目标后，需要先创办自己的创业公司，创办新公司需要一个筹备过程，筹备过程中不仅要落实创办公司需要的人、财、物等资源，而且需要到所属地市场监督管理部门登记注册公司。登记注册公司需要准备国家要求的有关资料和注册资金，并经过核准名称、核验注册资本、登记注册、印章刻制、税务报到以及银行开户等环节才能最终完成新公司创办。

关键术语：名称核准；注册资金；注册流程；行政审批

6.1 新公司名称核准

本节提要：使学生了解国家市场监督管理局对公司名称的格式要求；熟悉公司起名的技巧和遵循的原则；掌握核准企业名称的级别管理和核准程序。

公司名称是公司的称呼，作为独立法人的公司，必须要有自己的名称，并必须在公司章程中予以记载，是公司登记的最重要事项之一。公司名称必须用文字表示，以便称呼。

名称预先核准是我们国家为了防止在一定辖区或领域内造成公司重名而出现混乱而做出的一项规定。现实生活中，有些人搭便车，恶意注册与知名企业相同的名称，扰乱正常市场经营秩序。

6.1.1 企业名称的格式

每个企业在给公司起名时要符合国家市场监督管理总局关于企业名称的要求，遵循企业起名的基本原则。公司名称一般由四部分依次组成：

行政区划 + 字号 + 行业特点 + 组织形式
字号 + 行政区划 + 行业特点 + 组织形式
字号 + 行业特点 + 行政区划 + 组织形式

6.1.1.1 行政区划

住所所在地行政区划选择，指本企业所在地县级以上的行政区域。

6.1.1.2 字号

公司注册名称中的字号应当由两个以上汉字组成,行政区划不得用作字号,但县以上行政区划地名具有其他含义的除外。企业名称可以使用自然人投资人的姓名作字号。

6.1.1.3 行业

①企业名称中的行业表述应当是反映企业经济活动性质所属国民经济行业或者企业经营特点的用语。企业名称中行业用语表述的内容应当与企业经营范围一致。企业经济活动性质分别属于国民经济行业不同大类的,应当选择主要经济活动性质所属国民经济行业类别用语表述企业名称中的行业。

②企业名称中不使用国民经济行业类别用语表述企业所从事行业的,应当符合以下条件:企业经济活动性质分别属于国民经济行业5个以上大类;企业注册资本(或注册资金)1亿元人民币以上或者是企业集团的母公司。

③与同一工商行政管理机关核准或者登记注册的企业名称中字号不相同。

④企业为反映其经营特点,可以在名称中的字号之后使用国家(地区)名称或者县级以上行政区划的地名。上述地名不视为企业名称中的行政区划。

⑤企业名称不应当或者暗示有超越其经营范围的业务。

6.1.1.4 组织形式

依据《中华人民共和国公司法》《中华人民共和国中外合资经营企业法》《中华人民共和国中外合作经营企业法》《中华人民共和国外资企业法》(自2020年1月1日起施行《中华人民共和国外商投资法》,《中华人民共和国中外合资经营企业法》《中华人民共和国外资企业法》《中华人民共和国中外合作经营企业法》同时废止)申请登记的企业名称,其组织形式为有限公司(有限责任公司)或者股份有限公司;依据其他法律、法规申请登记的企业名称,组织形式不得申请为"有限公司(有限责任公司)"或"股份有限公司",非公司制企业可以申请用"厂""店""部""中心"等作为企业名称的组织形式。

6.1.2 公司企业起名

根据我国《企业名称登记管理规定》,企业公司起名要遵循一定的原则,要规范用字,有些字或内容不得用在公司名称中。

6.1.2.1 公司企业起名的技巧

(1)公司企业起名要注重视觉冲击强烈

如果一个公司企业名称能够给人的视觉一种强有力的刺激,那么它必定能吸引更多人的目光,引起更多人的注意,那么它也就较易被大家所熟识,如IBM公司、老干妈等。

(2) 公司企业起名要注重字形漂亮和谐

公司企业起名要强调名字在外形上漂亮和谐，给人一种美感，让人感觉舒适。无形中，你的公司企业就给人留下了好印象，如美洁公司、可口可乐公司等。

(3) 公司企业起名要注重寓意美好贴切的原则

一个好的公司企业名字，必有一定的寓意，或寓意美好生活，或寓意深厚感情，或寓意企业文化，如宝洁公司、健力宝公司等。

(4) 公司企业起名还要注重立意雅致特别

有一个立意别致特别的名字的公司企业名称，往往能给人一种耳目一新的感觉，从而引起他人注意。要做到名字立意别致，关键就是取名的角度一定要选好，要独辟蹊径，尽量避开目前公司企业的常用字，或将一些常用字巧妙组合，或选择那些尚未引起人们注意的词，使名字富有个性。

6.1.2.2 公司企业起名必须遵循的基本规则

① 企业名称不得含有下列内容的文字：有损于国家、社会公共利益的；可能对公众造成欺骗或者误解的；外国国家（地区）名称、国际组织名称；政党名称、党政军机关名称、群众组织名称、社会团体名称及部队番号；外国文字、汉语拼音字母、阿拉伯数字；其他法律、行政法规规定禁止的。

② 企业名称应当使用符合国家规范的汉字。

③ 企业法人名称中不得含有其他法人的名称，国家工商行政管理总局另有规定的除外。

④ 企业名称中不得含有另一个企业名称。企业分支机构名称应当冠以其所从属企业的名称。

6.1.3 企业名称核准

6.1.3.1 企业名称核准的规则

① 工商核准名称会在相似行业范围内进行，也就是说相同行业不能重名。

② 字号的核准规则：ABC 字号，会拆分为 AB、AC、BC 三个字号的分别核查，如果其中有一个已经被占用，那么 ABC 字号就不能够使用。

③ "ABCD" 查名，先查 "AB"，再查 "AC"，再查 "AD"，再查 "BC"，再查 "BD"，再查 "CD"，如果其中任何一个不能用，那么 "ABCD" 这个字号就不能用。

6.1.3.2 企业名称核准的管理级别

工商行政管理机关对企业名称实行分级登记管理。

(1) 国家市场监督管理总局登记管辖范围

① 冠以 "中国" "中华" "全国" "国家" "国际" 字样的。

② 在名称中间使用 "中国" "中华" "全国" "国家" 等字样的。

③不含行政区划的。

(2)市工商注册登记管辖范围

①市人民政府批准设立或者行业归口管理部门审查同意由政府各部门设立的企业。

②企业集团。

③专业从事进出口业务、劳务输出业务、对外承包工程的企业或者资产评估机构、验资机构、审计机构、典当机构、中小企业信用担保机构、工商注册代理机构、专业经纪组织、因私出入境中介机构、境外就业中介机构、人才中介机构、征信机构。

④股份有限公司。

⑤国有独资公司。

⑥外商投资企业。

(3)各区县工商注册登记管辖范围

受理上述企业以外的其他企业、内资企业分支机构及个体工商户的名称登记,分局根据市局复核意见进行核准。

6.1.3.3 企业名称有下列情形之一的,不予核准

①与同一市场行政管理机关核准或者登记注册的同行业企业名称字号相同,有投资关系的除外。

②与其他企业变更名称未满一年的原名称相同。

③与注销登记或者被吊销营业执照未满三年的企业名称相同。

④其他违反法律、行政法规的。

6.1.3.4 名称核准的程序

(1)办理名称预先核准登记的步骤(图6-1)

第一步:咨询后领取并填写《名称预先核准申请书》《指定(委托)书》,同时准备相关材料;

第二步:递交名称登记材料,领取《名称登记受理通知书》等待名称核准结果;

第三步:按《名称登记受理通知书》确定的日期领取《企业名称预先核准通知书》。

(2)名称预先核准登记应提交的文件、证件

①《名称预先核准申请书》。

②组建单位的资格证明或股东、发起人的法人资格证明及自然人身份证明。

③《指定(委托)书》。

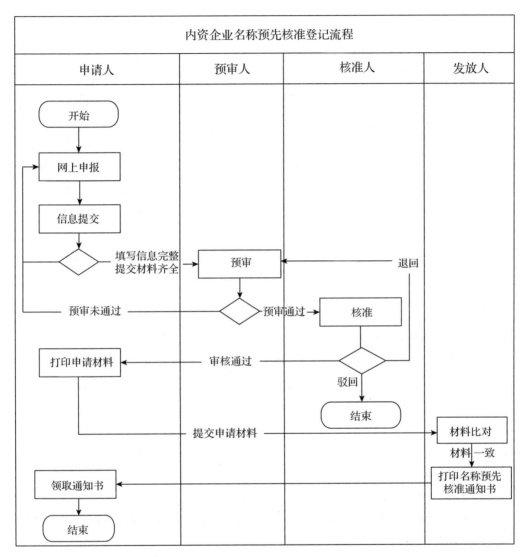

图 6-1　企业名称预先核准网上申请示意图

6.2　创办新公司具备的条件

本节提要：使学生了解创办新公司需要具备的前提条件，包括经营场所、注册资金和各种人员岗位，并熟悉各类岗位的概念和任职资格。

新公司的创办需要投资人或者发起人投入一定的资源，这些所需资源可以自有，也可以从市场上通过租赁、借用、聘用等形式获得，包括经营场所、注册资金、所需人员。

6.2.1 经营场所

6.2.1.1 公司住所

公司住所即为公司注册地址,公司住所可与其经营场所一致,也可以不一致。

依我国《公司法》第十条之规定,公司以其主要办事机构所在地为住所。公司的住所是公司章程载明的地点,是公司章程的必要记载事项,具有公示效力。住所是公司法律关系的中心地域,凡涉及公司债务之清偿、诉讼之管辖、诉状之送达均以此为标准。根据《企业法人登记管理条例》和《公司登记管理条例》的规定,无论是依据《企业登记管理条例》登记注册的企业法人,还是依据《公司登记管理条例》登记注册的公司,住所均只能有一个。

6.2.1.2 公司经营场所

公司经营场所是公司实现其设立目的所实施经营的地方。《公司登记管理条例》未规定"经营场所"为登记事项,公司在住所之外设立的经营场所应按分公司进行登记。依据《企业登记管理条例》登记注册的企业法人设立或变更经营场所均应到登记机关办理登记,经营场所没有数量限制。

6.2.1.3 对公司注册地址的要求

公司的注册地址即住所应当具体、真实,是自有产权房或是租赁合同在一年以上的租赁房产。

(1)公司注册地址是公司自有产权房的需要提供证明

①《不动产权证》复印件。

②国有土地《土地使用权证》复印件。

③房管部门颁发的《房屋租赁许可证》复印件。

④土管部门颁发的《土地使用权租赁许可证》复印件。

⑤属国有土地上新建房屋,尚未领取《不动产权证》或《土地使用权证》的,则提供建设部门颁发的《建筑施工许可证》复印件。

⑥属新购买的房屋,尚未领取《不动产权证》或《土地使用权证》的,则提供购房合同、发票、商品房预售证复印件。

⑦属于公管房,未取得《不动产权证》和《土地使用权证》的,则提供由房管部门出具的有关产权证明。

⑧属集体土地上建造的房屋,暂时无法提供产权证的,如产权属乡、镇政府所有,可由乡、镇政府出具同意使用场地的证明;如产权属农民或村委会所有,应由房屋所在区国土资源部门或房管部门出具同意使用场地的证明。

⑨有"住宿"经营范围的宾馆、饭店、招待所等以及有"房屋出租"经营范围的企业的营业执照。

⑩房屋性质属于军产的,则提供军区后勤部颁发的《军队房产租赁许可证》复印件。

(2)公司注册地址是租借的,应提交下列之一的使用证明

①属租赁的,提供房屋租赁协议(出租方应是房屋所有者,承租方应是正在申请开办的企业);若属转租的,应提交转租协议(出租方为原承租方)和房屋所有权人出具的同意转租的证明或在转租协议上盖章确认。

②属于母企业无偿提供给子企业使用的,提供母企业出具的无偿使用证明。

③房屋产权属股东所有,由股东无偿提供给所投资的企业使用的,提供股东出具的无偿使用证明。

6.2.2 注册资金

2014年3月1日实施的新《公司法》已经取消了一般公司的注册资本要求,中国正式踏入"一元注册公司"的时代。一般公司在设立时已经无需事先实缴资本,只需认缴资本即可。但是,也并非所有公司的设立都没有最低注册资本要求和资本实缴要求,出于某些行业的市场监管需要,新《公司法》规定:法律、行政法规和国务院决定对某些公司的注册资本实缴和注册资本最低限额有规定的,从其规定。

根据现行法律法规和有关部门规章制度,以下类型的公司有注册资本最低限额和注册资本实缴要求。

(1)证券类公司

①经营下列业务的证券公司的注册资本最低限额为5000万元,且为实收资本:证券经纪;证券投资咨询;与证券交易、证券投资活动有关的财务顾问。

②经营下列任一业务的证券公司的注册资本最低限额为1亿元且为实收资本,经营两项以上的证券公司的注册资本最低限额为5亿元,且为实收资本:证券承销与保荐;证券自营;证券资产管理;其他证券业务。

③证券登记结算机构的注册资本的最低限额为1亿元。

④证券交易服务机构的最低注册资本的最低限额为100万元。

(2)基金类公司

①基金管理公司的最低注册限额为1亿元,且为实收资本。

②社保基金投资管理人实收资本不少于5000万元人民币,且为实收资本。

③社保基金托管人应收资本不少于80亿元人民币。

(3)信托公司

①信托投资公司的最低注册资本为3亿元人民币或等值的可自由兑换货币,注册资本为实收货币资本。

②期货经纪公司注册资本的最低限额为人民币3000万元。

(4)商业银行

①商业银行的注册资本最低限额为10亿元,且为实缴资本。

②城市合作商业银行的注册资本最低限额为1亿元,且为实缴资本。

③农村合作商业银行的注册资本最低限额为5000万元,且为实缴资本。

④外商独资银行、中外合资银行的注册资本最低限额为10亿元人民币或者等值的自由兑换货币,注册资本应当是实收资本。

(5)金融租赁、管理公司

①金融租赁公司的最低注册资本为1亿元人民币或等值的自由兑换货币,注册资本为实收货币资本。

②外商投资租赁公司最低注册资本为1000万美元。

③金融资产管理公司的注册资本的最低限额为100亿元,由财政部拨发。

(6)保险类公司

①保险公司注册资本的最低限额为人民币2亿元,且为实收货币资本。

②公司形式的保险公估机构注册资本不得低于人民币200万元,且为实收货币资本。

③保险经纪公司注册资本不得低于人民币5000万元,且为实收货币资本。

④保险专业代理公司注册资本不得低于人民币5000万元,且为实收货币资本。

⑤人寿再保险公司和非人寿再保险公司的实收货币资本金不低于2亿元人民币或等值的可自由兑换货币。

⑥综合再保险公司的实收货币资本应不低于3亿元人民币或等值的可自由兑换货币。

(7)外商投资类公司

①外商投资性公司的注册资本最低不少于3000万美元。

②公司形式的外商创投企业,股东认缴的资本不低于500万美元。

(8)文化产业类公司

①外商投资电影院应当符合注册资本不少于600万元人民币。

②出版企业注册资本最低限额为30万元。

③从事出版物、包装装潢印刷品印刷经营活动的外商投资印刷企业注册资本不得低于1000万元人民币。

④从事其他印刷品印刷经营活动的外商投资印刷企业注册资本不得低于500万元人民币。

(9)建设工程类公司

①甲级工程造价咨询公司注册资金不少于100万元。

②乙级工程造价咨询公司注册资金不少于50万元。

③一级资质房地产开发注册资本不低于5000万元。

④二级资质房地产开发注册资本不低于2000万元。

⑤三级资质房地产开发注册资本不低于800万元。

⑥四级资质房地产开发注册资本不低于100万元。

6.2.3 股东、法定代表人、监事、董事以及高级管理人员

新公司在注册登记时要明确股东、法定代表人、监事、总经理、财务负责人等岗位的人选，要有姓名、身份证号码，若股东是法人，则要求法人的名称和机构统一信用代码。

6.2.3.1 股东

（1）股东的概念

股东是指对股份公司债务负有限或无限责任，并凭持有股票，享受股息和红利的个人或单位。向股份公司出资认购股票的股东，既拥有一定权利，也承担一定义务。股东的主要权利是：参加股东会议对公司重大事项具有表决权；公司董事、监事的选举权；分配公司盈利和享受股息权；发给股票请求权；股票过户请求权；无记名股票改为记名股票请求权；公司经营失败宣告歇业和破产时的剩余财产处理权。股东权利的大小，取决于股东所掌握的股票的种类和数量。

（2）股东的任职资格

①股东必须是完全民事行为能力人。虽然没有相关法律对于股东年龄进行明确限制，但在实际办理时市场监督管理部门对于股东年龄也有严格审核，必须是完全民事行为能力人。

②国家公职人员不能担任任何公司的股东；政府部门的干部或职工，在职时不能担任公司股东，离职后也不能进行投资成为股东；现役军人也不能投资或担任公司股东。

③曾担任破产公司、被吊销营业执照公司的负责人，自被执行之日起 3 年内不能担任其他公司股东。

④受到过行政处罚或被剥夺政治权利的，执行期未满 5 年的，不能担任其他公司股东。

⑤相关行业的工作人员不能投资注册公司成为股东，如银行工作人员不能投资有相关金融业务的公司成为股东。

6.2.3.2 法定代表人

（1）法人与法定代表人

法人这个概念本来是指一个公司或机构在作为"法律上的人"的地位，与自然人（即真实的人）概念对应，可以直观理解为：一家公司就是一个法人。但在日常生活中，人们约定俗成将公司的法定代表人称为法人，法定代表人才是一个实实在在的人。

法定代表人与公司法人在内部关系上也往往是劳动合同关系，故法定代表人属于雇员范畴。但对外关系上，法定代表人对外以法人名义进行民事活动时，其与法人之间并非代理关系，而是代表关系，且其代表职权来自法律的明确授权，故不另需法人的授权委托书，法定代表人对外的职务行为即为法人行为，其后果由法人承担。

公司法定代表人一般由公司自然人股东之一担任,也可由法人股东指定某一自然人担任,也可由非股东的自然人担任。

(2)法定代表任职资格

①具有完全民事行为能力。

②有企业所在地正式户口或临时户口。

③具有管理企业的能力和有关的专业知识。

④从事企业的生产经营管理活动。

⑤产生的程序符合国家法律和企业章程的规定。

⑥符合其他有关规定的文件。

凡有下列情形之一的人员(除国家另有规定外),不得担任企业法人的法定代表人:

①因违法经营被吊销营业执照的企业原法定代表人,自决定吊销营业执照之日起未满三年的。

②因经营管理不善被依法撤销或宣告破产的企业的负有主要责任的法定代表人,自核准注销登记之日起未满三年的。

③刑满释放、假释或缓刑考验期满和解除劳教人员,自刑满释放、考验期满或解除劳教之日起未满三年的。

④因从事违法活动被司法机关立案调查,尚未结案的。

⑤各级机关(包括党的机关、国家权力机关、行政机关、审判机关、检察机关)在职干部和军队在职现役军人。

6.2.3.3 监事

(1)监事的概念

监事(Supervisor)是公司中常设的监察机关的成员,又称"监察人",负责监察公司的财务情况,公司高级管理人员的职务执行情况,以及其他由公司章程规定的监察职责。在中国,由监事组成的监督机构称为监事会,是公司必备的法定的监督机关。

(2)监事的任职资格

①监事由股东代表和公司职工代表担任,公司职工代表担任的监事不得少于监事人数的三分之一。

②监事应具有法律、会计等方面的专业知识或工作经验。监事会的人员和结构应当确保监事会能够独立有效地行使对董事、经理和其他高级管理人员及公司财务的监督和检查。

③国家公务员不得兼任公司监事。

④公司的董事、经理及其他高级管理人员不得兼任公司监事。

根据《公司法》第六章第一百四十六条规定,有下列情形之一的,不得担任公司的监事:

①无民事行为能力或者限制民事行为能力。

②因贪污、贿赂、侵占财产、挪用财产或者破坏社会主义市场经济秩序，被判处刑罚，执行期满未逾五年，或者因犯罪被剥夺政治权利，执行期满未逾五年。

③担任破产清算的公司、企业的董事或者厂长、经理，对该公司、企业的破产负有个人责任的，自该公司、企业破产清算完结之日起未逾三年。

④担任因违法被吊销营业执照、责令关闭的公司、企业的法定代表人，并负有个人责任的，自该公司、企业被吊销营业执照之日起未逾三年。

⑤个人所负数额较大的债务到期未清偿。

6.2.3.4 董事

（1）董事的概念

董事（Member of the Board，Director），是指由公司股东（大）会或职工民主选举产生的具有实际权力和权威的管理公司事务的人员，是公司内部治理的主要力量，对内管理公司事务，对外代表公司进行经济活动。

上市公司还会设立独立董事（Independent Director），独立董事指不在公司担任除董事外的其他职务，并与其所受聘的上市公司及其主要股东不存在可能妨碍其进行独立客观判断的关系的董事。

（2）董事的任职资格

①公司董事为自然人。

②董事由股东（大）会或职工民主选举产生，可以由股东或非股东担任。

③董事的任期，一般有定期和不定期两种。定期把董事的任期限制在一定的时间内，但每届任期不得超过3年。不定期是指从任期那天算起，满3年改选。董事任期届满，可以连选连任。

依据《公司法》第六章一百四十六条的规定，有以下情形之一的，不得担任公司的董事：

①无民事行为能力或者限制民事行为能力者。

②因贪污、贿赂、侵占财产、挪用财产罪和破坏社会主义市场经济秩序，被判处刑罚，执行期满未逾5年，或者因犯罪被剥夺政治权利，执行期满未逾5年。

③担任破产清算的公司、企业的董事或厂长、经理，并对该公司、企业的破产负有个人责任的，自该公司、企业破产清算完结之日起未逾3年。

④担任因违法被吊销营业执照、责令关闭的公司、企业的法定代表人，并负有个人责任的，自该公司、企业被吊销营业执照之日起未逾3年。

⑤个人所负数额较大的债务到期未清偿。

上市公司的董事，除不得存在上述情形外，如果被中国证监会处以证券市场禁入处罚且期限未满，或是存在法律、行政法规或部门规章规定的其他禁止性情形的，也不得担任董事。

6.2.3.5 公司高级管理人员

（1）公司高级管理人员的概念

公司高级管理人员是指公司的经理、副经理、财务负责人，上市公司董事会秘书和公司章程规定的其他人员，负责公司例行公务的种种责任，主要是行政管理或重大公司政策的执行等。同时也拥有来自董事会或主要股东所授予之特定的执行权力。

（2）公司高级管理人员的任职资格

根据《公司法》第六章一百四十六条规定，有下列情形之一的，不得担任公司的高级管理人员：

①无民事行为能力或者限制民事行为能力。

②因贪污、贿赂、侵占财产、挪用财产或者破坏社会主义市场经济秩序，被判处刑罚，执行期满未逾五年，或者因犯罪被剥夺政治权利，执行期满未逾五年。

③担任破产清算的公司、企业的董事或者厂长、经理，对该公司、企业的破产负有个人责任的，自该公司、企业破产清算完结之日起未逾三年。

④担任因违法被吊销营业执照、责令关闭的公司、企业的法定代表人，并负有个人责任的，自该公司、企业被吊销营业执照之日起未逾三年。

⑤个人所负数额较大的债务到期未清偿。

6.3 新公司的注册流程

本节提要：通过介绍新公司注册的流程，以及在注册公司过程中参与审核和管理的各部门，使学生了解各管理部门的作用和要求。

新公司登记注册，要经过市场监督管理部门、公安管理部门、税务部门、银行以及行业行政管理部门审核、审批等过程才能完成（图6-2）。

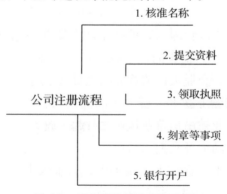

图6-2 新公司注册流程示意图

6.3.1 市场监督管理部门

第一步：确定了公司股东、法人、董事、监事、高级管理人员以及公司经营范围，并且公司股东对股份予以确认，并确认了可用的公司名称，进行企业公司名称预核准。

第二步：企业公司名称预核准通过以后，可以在各级市场监督管理局网站全程电子化系统进行注册并填写基本信息。

第三步：市场监督管理部门对申请人在全程电子化系统提交的资料进行预审。

第四步：市场监督管理部门资料预审通过后，申请人下载纸质材料进行签字，然后到市场监督管理局业务受理大厅窗口提交纸质资料。

需要下载并打印出来进行签名提交的资料有：①公司设立登记申请书；②指定代表或者共同委托代理人授权委托书；③公司章程；④承诺书；⑤股东会决议；⑥财务负责人信息；⑦全体股东信息；⑧董事、监事、经理信息；⑨租房合同、房屋产权证；⑩法定代表人信息。

第五步：在市场监督管理局现场受理了纸质资料后，经审核通过，就会通过手机短信息的方式通知申请人领取营业执照，或者现场受理单告知领取营业执照的时间。

第六步：领取营业执照。

6.3.2 公安管理部门

每个公司都有各自公司的印章，而且部分印章是要经过公安机关备案的，所以公司印章的刻制一般由公安管理部门直接受理，或者授权指定有资格的印章公司来刻制。需要公安备案的印章是公司公章和财务专用章。发票专用章、合同专用章、业务专用章以及公司因开展业务所需的其他印章不需要在公安机关备案，可以后续刻制。

领取营业执照后，持营业执照原件和法人身份证原件（如果是经办人去的情况下，也要带上经办人身份证）直接去公安机关印章刻制窗口办理（现在在各级政府便民服务大厅或者政务大厅都有公安机关的窗口）。

印章的种类及规格：

（1）公章

领取营业执照后，办理税务报到时需要公章。有限公司公章为圆形，直径大小为40mm；股份有限公司公章为圆形，直径大小为42mm；内资个体户公章为圆形，直径大小为38mm；外资企业公章为椭圆型，不带五星且为中英文排列，尺寸为横径45mm、竖径30mm。

（2）财务专用章和法定代表人章

财务专用章是各单位办理单位会计核算和银行结算业务时使用的专用章，财务专用章尺寸主要分为三种：正方形：22mm×22mm 或者 25mm×25mm；圆形：直径大小为38mm，椭圆尺寸为：横径45mm、竖径30mm。

法定代表人章是以法定代表人的名字篆刻的印章，一般为方形和长方形，没有尺寸规定。

银行开公司基本账户，需要用到公章、财务专用章以及法人章，这些章也称为印鉴章，主要采用不易变形等硬质材料制成。

（3）发票专用章

发票专用章又分地税发票专用章以及国税发票专用章，料理税务登记证和要卖发票就要先刻制发票专用章。销售类行业需国税发票专用章，形状为椭圆形，尺寸为横径40mm、竖径28mm；服务性行业刻地税发票专用章，形状为椭圆形，尺寸为横径45mm、竖径30mm。

（4）合同专用章

专门用于对外签订合同时使用，如果公司没有合同专用章，则用公章。合同章是专用的，即只能加盖在合同上，加盖在合同之外的文件上无效。合同专用章一律为圆形，直径为58mm。

（5）其他印章

有些单位因业务方面的需要还有其他印章，如业务专用章以及公司部门或项目部章等，后续可按公司需求进行刻印。

6.3.3　税务管理部门

新成立的公司必须在取得营业执照后的30日内去税务局办理税务登记。30日内未登记报到，情节严重的会面临2000元以上1万元以下的罚款。

领取公司印章后，公司财务人员持公司营业执照原件和复印件、法人身份证原件和复印件、财务人员身份证原件和复印件、公司章程、房产证明或租赁协议复印件到公司归属的税务局办理税务登记（公司成立后第二个月开始，每个月都需要建立账本以及申报税务，不管是否有收入都需要做账并报税）。

三证合一以后，因为没有税务登记证了，开户时不需要提供税务登记证，所以新公司可以先去银行开户，也可以先去税务局报到。对于没有开设银行账户而先进行税务报到的公司，不能通过银行账户扣缴税款，但是可以在开户前进行零申报。在有的城市税务局要求先开户，并开通三方扣税协议。

6.3.4　银行

6.3.4.1　基本账户的设立

领取营业执照和刻制完公章、财务专用章和法定代表人名章后，就可以去银行申请开通银行基本账户，用于公司业务资金收付以及扣缴税款。

银行开户需要营业执照的正副本、法人身份证原件、经办人身份证、公章、财务章、法人章即可。

银行账户开设后，税务机关、银行和公司要签订扣税协议。

6.3.4.2　验资账户的设立

2014年3月1日起实施的新《公司法》实行注册资本认缴登记制,就是在公司设立时,由公司股东(发起人)对其认缴出资额、出资方式、出资期限等进行自主约定,并记载于公司章程。

根据国务院公布的《注册资本登记制度改革方案》,认缴制并不是适用于登记注册所有类型的企业,国家对包括银行业金融机构、证券公司、期货公司、基金管理公司、保险公司、保险专业代理机构和保险经纪人、直销企业、对外劳务合作企业、融资性担保公司、募集设立的股份有限公司,以及劳务派遣企业、典当行、保险资产管理公司、小额贷款公司等27个行业仍然实行注册资本实缴登记制。

新登记注册属于以上27个行业之一的企业,还有以上27个行业以外的登记注册时自愿全部或者部分实缴的企业,在取得《名称核准通知书》时就需要在银行开设临时账户,即验资账户。

开设验资账户所需提交的资料:

①公司名称预先核准通知书。

②如果出资人为自然人,需要所有股东的身份证明(身份证);股东私人名章。

③如果出资人为公司法人,需要企业法人营业执照(副本);企业法人身份证(盖公章);委托书(法人签字,盖公章);如果不是公司法人亲自去办理,则需要法人写一份委托书委托他人办理,委托书上需法人签字并加盖公司公章;经办人身份证(经办人不是股东时要提供);受托人的身份证;公章、法定代表人名章。

6.3.4.3　公司验资

第一步:开设验资账户。

第二步:投资人将投资款从投资主体本人的银行账户转入验资账户。

第三步:银行确认投资款进验资账户后,在会计师事务所的询证函上盖章。

第四步:会计师事务所收到询证函,出具验资报告。

6.3.5　社保、公积金管理部门

公司成立运营后,还需要到公司所属地社会保险管理中心设立公司社保账户,去所属地住房公积金管理中心设立公司公积金账户。

6.3.6　行政审批管理部门

6.3.6.1　行业许可前置或后置审批

2014年以来,国务院分三批审议决定将一些工商登记前置审批事项调整或明确为后置审批,由先证后照改为先照后证,并印发《国务院关于取消和调整一批行政审批项目等事项的决定》(国发〔2014〕27号、国发〔2014〕50号、国发〔2015〕11号)予以公布。原国家工商总局发布了《工商登记前置审批事项目录》,并实行动态管理。

2017年5月7日,国务院印发了《关于进一步削减工商登记前置审批事项的决定》

(国发〔2017〕32号),决定进一步削减工商登记前置审批事项,将5项工商登记前置审批事项改为后置审批。建议将1项依据有关法律设立的工商登记前置审批事项改为后置审批,国务院将依照法定程序提请全国人民代表大会常务委员会修订相关法律规定。据此,国家工商总局对《工商总局关于严格落实先照后证改革严格执行工商登记前置审批事项的通知》(工商企注字〔2015〕65号)附件《工商登记前置审批事项目录》再次进行了调整。

6.3.6.2 国务院决定保留的工商登记前置审批事项目录(2017年5月)

此目录见表6-1。

表6-1 工商登记前置审批事项目录

(2017年5月)

	序号	项目名称	实施机关	设定依据
法律明确的事项工商登记前置审批	1	证券公司设立审批	证监会	《中华人民共和国证券法》
	2	烟草专卖生产企业许可证核发	国家烟草专卖局	《中华人民共和国烟草专卖法》《中华人民共和国烟草专卖法实施条例》(国务院令第223号)
	3	烟草专卖批发企业许可证核发	国家烟草专卖局或省级烟草专卖行政主管部门	《中华人民共和国烟草专卖法》《烟草专卖法实施条例》(国务院令第223号)
	4	通用航空企业经营许可	民航地区管理局	《中华人民共和国民用航空法》《国务院关于第六批决定取消和调整行政审批项目的决定》(国发〔2012〕52号)
国务院决定保留的工商登记前置审批事项目录	1	民用爆炸物品生产许可	工业和信息化部	《民用爆炸物品安全管理条例》(国务院令第466号)
	2	爆破作业单位许可证核发	省级、设区的市级人民政府公安机关	《民用爆炸物品安全管理条例》(国务院令第466号)
	3	民用枪支(弹药)制造、配售许可	公安部、省级人民政府公安机关	《中华人民共和国枪支管理法》
	4	制造、销售弩或营业性射击场开设弩射项目审批	省级人民政府公安机关	《国务院对确需保留的行政审批项目设定行政许可的决定》(国务院令第412号)《公安部国家工商行政管理局关于加强弩管理的通知》(公治〔1999〕1646号)
	5	保安服务许可证核发	省级人民政府公安机关	《保安服务管理条例》(国务院令第564号)
	6	涉及国家规定实施准入特别管理措施的外商投资企业的设立及变更审批	商务部、国务院授权的部门或地方人民政府	《中华人民共和国中外合资经营企业法》《中华人民共和国中外合作经营企业法》《中华人民共和国台湾同胞投资保护法》《中华人民共和国外资企业法》
	7	设立经营个人征信业务的征信机构审批	中国人民银行	《征信业管理条例》(国务院令第631号)

（续）

	序号	项目名称	实施机关	设定依据
国务院决定保留的工商登记前置审批事项目录	8	卫星电视广播地面接收设施安装许可审批	新闻出版广电总局	《卫星电视广播地面接收设施管理规定》（国务院令第129号）《关于进一步加强卫星电视广播地面接收设施管理的意见》（广发外字〔2002〕254号）
	9	设立出版物进口经营单位审批	新闻出版广电总局	《出版管理条例》（国务院令第594号）
	10	设立出版单位审批	新闻出版广电总局	《出版管理条例》（国务院令第594号）
	11	境外出版机构在境内设立办事机构审批	新闻出版广电总局 国务院新闻办	《国务院对确需保留的行政审批项目设定行政许可的决定》（国务院令第412号）《外国企业常驻代表机构登记管理条例》（国务院令第584号）
	12	境外广播电影电视机构在华设立办事机构审批	新闻出版广电总局 国务院新闻办	《国务院对确需保留的行政审批项目设定行政许可的决定》（国务院令第412号）《外国企业常驻代表机构登记管理条例》（国务院令第584号）
	13	危险化学品经营许可	县级、设区的市级人民政府安全生产监督管理部门	《危险化学品安全管理条例》（国务院令第591号）
	14	新建、改建、扩建生产、储存危险化学品（包括使用长输管道输送危险化学品）建设项目安全条件审查；新建、改建、扩建储存、装卸危险化学品的港口建设项目安全条件审查	设区的市级以上人民政府安全生产监督管理部门；港口行政管理部门	《危险化学品安全管理条例》（国务院令第591号）
	15	烟花爆竹生产企业安全生产许可	省级人民政府安全生产监督管理部门	《烟花爆竹安全管理条例》（国务院令第455号）
	16	外资银行营业性机构及其分支机构设立审批	银监会	《中华人民共和国银行业监督管理法》《外资银行管理条例》（国务院令第478号）
	17	外国银行代表处设立审批	银监会	《中华人民共和国银行业监督管理法》《外资银行管理条例》（国务院令第478号）
	18	中资银行业金融机构及其分支机构设立审批	银监会	《中华人民共和国银行业监督管理法》《中华人民共和国商业银行法》
	19	非银行金融机构（分支机构）设立审批	银监会	《中华人民共和国银行业监督管理法》《金融资产管理公司条例》（国务院令第297号）
	20	融资性担保机构设立审批	省级人民政府确定的部门	《国务院对确需保留的行政审批项目设定行政许可的决定》（国务院令第412号）《国务院关于修改〈国务院对确需保留的行政审批项目设定行政许可的决定〉的决定》（国务院令第548号）《融资性担保公司管理暂行办法》（银监会令2010年第3号）
	21	外国证券类机构设立驻华代表机构核准	证监会	《国务院对确需保留的行政审批项目设定行政许可的决定》（国务院令第412号）《国务院关于管理外国企业常驻代表机构的暂行规定》（国发〔1980〕272号）

(续)

	序号	项目名称	实施机关	设定依据
国务院决定保留的工商登记前置审批事项目录	22	设立期货专门结算机构审批	证监会	《期货交易管理条例》(国务院令第627号)
	23	设立期货交易场所审批	国务院或证监会	《期货交易管理条例》(国务院令第627号)
	24	证券交易所设立审核、证券登记结算机构设立审批	国务院	《中华人民共和国证券法》
	25	专属自保组织和相互保险组织设立审批	保监会	《国务院对确需保留的行政审批项目设定行政许可的决定》(国务院令第412号)
	26	保险公司及其分支机构设立审批	保监会	《中华人民共和国保险法》
	27	外国保险机构驻华代表机构设立审批	保监会	《中华人民共和国保险法》《国务院对确需保留的行政审批项目设定行政许可的决定》(国务院令第412号)《国务院关于管理外国企业常驻代表机构的暂行规定》(国发〔1980〕272号)
	28	快递业务经营许可	国家邮政局或省级邮政管理机构	《中华人民共和国邮政法》

6.4 企业生存能力

本节提要：通过介绍企业生存能力的概念、企业生存能力的影响因素、企业生存能力指标，使学生熟悉评估和提高企业生存能力的指标和方法。

据美国《财富》杂志报道，美国中小企业平均寿命不到7年，大企业平均寿命不足40年。而中国，中小企业的平均寿命仅2.5年，集团企业的平均寿命仅7~8年。美国每年倒闭的企业约10万家，而中国有100万家。从国内外的统计数据来看，大部分企业的生命周期短，缺乏做强、做大、做久的能力。

6.4.1 企业生存能力的概念

企业生存能力简单地说就是企业维持现状持续生存的能力，在财务上表现为以收抵支和偿还到期债务的能力。依据企业社会责任理论，影响企业生存能力的因素主要有企业利益相关者的合作程度、企业对基础资源的拥有程度和企业资源结构的合理程度等。

6.4.2 企业生存能力的影响因素

6.4.2.1 企业利益相关者的合作程度

随着现代企业理论的发展，企业作为生态系统一员的观念也越来越为大家所接受，企业生态中的利益相关者的合作程度对企业生存能力有直接的影响。企业利益相关者合作程度是一个综合的考核指标，反映企业利益相关者对企业生存的积极和消极作用，主要反映企业利益相关者对于企业生存能力的贡献度。企业利益相关者对企业生存的积极作用表现为利益相关者的可合作性；消极作用表现为利益相关者的竞争关系和存在的敌意行为。宏观层面上的利益相关者主要指政府，政府通过制定行业政策、产业政策或产业群政策来影响企业的生存。因而，根据政府政策环境进行有效的企业战略定位，利用好政策环境对于企业生存能力具有积极的作用。微观层面上的利益相关者很多，主要有投资者、经营者、员工等，他们对企业的生存有着不可忽视的影响。例如，企业的高级管理人员、关键市场人员和关键技术人员等，与企业的生存息息相关，如果没有这些人员的合作，企业就会生存困难。近年来，一些著名的企业（包括上市公司），或者高级经理层率众出走，或者企业副总携市场渠道和营销人员辞职，或者技术人员集体离职、另立门户，即便原企业还在生存，生存能力也会大大减弱。这些事件产生的原因与企业缺乏对利益相关者承担社会责任的意识有关，也足以说明企业利益相关者合作与否对于增强企业生存能力的至关重要性。

6.4.2.2 企业对基础资源的控制程度

企业对基础资源的控制程度是企业生存能力的另一个重要影响因素。基础资源作为企业生命得以维持的能源保障，是企业肌体的肌肉、血液和支持企业神经中枢的能量。影响企业生存能力的基础资源是指关于企业生死存亡的资源，有些资源如果缺乏则会危及企业的正常运转。必要的财力资源或资金保证能力，就是企业的生命线。在新经济浪潮下，一些企业盲目"烧钱"，在有风险资金时大手大脚，造成"速成名牌"，盲目扩张，而不注意企业是否具有以收抵支和偿还到期债务的能力。于是，当没有风险资金的注入而企业又没有合适的盈利模式、没有资金流入时，企业就不再具备以收抵支和偿还到期债务的生存能力，要么裁员减负，要么关门大吉，要么被收购、兼并而走向死亡，没有社会责任观念。全球的互联网公司在2000年，大都经历了这样一次洗礼，而数以万计的网络公司在人们的惋惜、不解和困惑中失去了生存的空间。绝不是互联网和新经济没有发展前途，而是企业本身因为各方面原因忽视或忽略了自身生存能力的培养，对于关乎企业生命的社会责任没有给予足够的重视，而自取灭亡。

6.4.2.3 企业资源结构的合理程度

企业资源多种多样，反映到财务上的资源表现为企业的资金与资产，即资源的两种形态。企业资源结构就是企业的资金结构与资产结构。企业的资金结构是指企业自有资金与借入资金的比例结构。自有资金是企业对外举债时还本付息和承担风险的基础。风险大的资金结构，隐含着偿还到期债务的风险增加；而过于保守的资金结构，也会削弱企业的获利能力，并最终削弱企业的偿债能力。因而，企业必须保持合理的资本结构，以保证到期偿还债务的能力。资产结构为企业控制的各种资产的比例结构。资产结构合理与否不但影响企业到期偿还债务的能力，对企业的正常营运也影响甚大，如流动资产比例过小,则会导致长期资产闲置;反之则会导致长期资产超负荷运行,结果都是削弱企业的营运能力。因而企业资源结构合理程度直接关系到企业能否正常营运和偿还到期债务,进而影响企业的生存能力。

6.4.3 企业生存能力指标

企业生存能力表现为企业产品竞争能力、企业盈利能力、企业运营能力以及企业经营安全能力。盈利能力和运营能力以及经营安全能力在财务上表现为企业运营中以收抵支和偿还到期债务的能力,企业具备获取保证运转所需现金的能力,具有足够的净现金流量才能维持正常运营。

6.4.3.1 产品竞争能力指标

反映产品竞争能力的指标一般有产品市场占有率、产品销售率、产品国内市场覆盖率、畅销产品产值率、产品优质品率、产品质检抽样合格率、产品价格系数(指本企业某种产品单价与该种产品平均单价之比),等等。

6.4.3.2 企业盈利能力指标

反映企业盈利能力的指标有企业利润增长率、资本金利润率、总资产贡献率、成本利润率、销售利润率、投资盈利率、普通股每股账面价值、普通股每股收益额等指标。

6.4.3.3 企业运营能力指标

企业运营能力好坏主要表现在企业经理(厂长)的经营思想和决策能力的高低,企业家精神的优劣;企业内部外部信息传递速度与沟通状况以及企业各项经济效率的高低。指标有定性和定量两部分。定性指标有经理(厂长)的企业家精神、决策能力,经理(厂长)经营思想渗透率,企业信息沟通与反馈状况等,这些定性指标一般通过问卷调查并进行若干加工取得有关数据。定量指标包括企业销售合同执行率、企业劳动生产率、企业开工率、总资产周转率、流动资产周转率、存货周转率、应收账款周转率、主要产品成本比率(指某种主要产品单位成本与该产品行业平均单位成本的比率)等。

6.4.3.4 企业经营安全能力指标

反映企业经营安全能力的指标一般有货款回收率、坏账损失率、全部资金自有率、资产负债率、流动比率、呆滞资金占压率等。

案例学习

"广告做得好,不如新飞冰箱好",这句广告词是曾经"新飞"冰箱品牌最好诠释。1983年在掌门人刘炳银的带领下,创立新飞品牌,通过不断改革与创新,在家用电器行业与海尔齐头并进,辉煌至极。但好景不长,在2001年刘炳银因病去世后,新飞电器业绩每况愈下,经营混乱,终于在2017年因经营不善,以破产告终。

1984年张瑞敏临危受命,出任曾经即将濒临倒闭的青岛冰箱厂厂长,在他的带领下企业很快扭亏为盈，随后创立蜚声中外的"海尔"世界名牌，为民族争光。截至2018年海尔在欧洲、北美、亚洲、中东和非洲共有29个制造基地和16个工业园，家用电器行业占据高达7.8%的国际市场份额。短短30年来，海尔电器在总舵手张瑞敏的带领下，当之无愧地成为国际家电行业掌门。

复习思考题

1. 创办新公司起名时需要遵循哪些原则？
2. 根据新《公司法》，哪些类型的新企业在登记注册时需要开设验资账户？
3. 新公司登记注册过程中分别需要经过哪些部门的审核和批准？
4. 影响企业生存能力的因素有哪些？
5. 哪些财务指标可以体现企业的生存能力？
6. 为什么"新飞"与"海尔"这两个企业会有不同的寿命？

第 7 章　创业大赛与涉农企业

本章要点：使学生了解全国大学生创业大赛，对历届全国大学生创业大赛的金奖项目进行地域特点、行业特点剖析，以期为大学生创新创业提供有益启示；利用 SWOT 分析方法，对全国涉农企业所具有的内部优势、劣势，以及面临的外部机遇与威胁进行分析，希望对大学生在涉农领域创业实践有一定借鉴意义；学习、感悟云南褚橙、网易黑猪、顺才果业、奇火锅案例。

关键术语：创业大赛；涉农企业；案例分析

7.1　创业大赛

本节提要：使学生了解目前我国主要的创业大赛，并尝试给有志于创新创业的大学生提供一些有益的启示。

自 2014 年 9 月李克强总理在夏季达沃斯论坛上提出了"大众创业、万众创新"以来，中国掀起了创业创新的高潮，各类形式多样的创业创新大赛也应运而生，其中包括中国创新创业大赛、"中国创翼"青年创业创新大赛、"挑战杯"中国大学生创业计划竞赛、"创青春"全国大学生创业大赛、中国"互联网+"大学生创新创业大赛等。创业大赛作为初创者创业实践的重要途径，为创业者积累经验、提升能力提供了平台。本节就历届"挑战杯"中国大学生创业计划竞赛、"创青春"全国大学生创业大赛获奖项目进行深入分析，为读者创新创业提供借鉴。

7.1.1　中国大学生创业计划竞赛

7.1.1.1　"挑战杯"中国大学生创业计划竞赛

中国大学生创业计划竞赛起源于清华大学。早在 1997 年，清华大学的青年学生就把美国的大学生创业计划竞赛引入中国，并于 1998 年在清华大学举办首次竞赛活动。大赛至今已经举办 11 届，2018 年第十一届"挑战杯"中国大学生创业计划竞赛在浙江大学举行。

"挑战杯"竞赛共有两个并列项目,一个是"挑战杯"中国大学生创业计划竞赛,另一个则是"挑战杯"全国大学生课外学术科技作品竞赛。这两个项目的全国竞赛交叉轮流开展,每个项目每两年举办一届。"挑战杯"中国大学生创业计划竞赛,又称商业计划竞赛,是风靡全球高校的重要赛事。它借用风险投资的运作模式,要求参赛者组成优势互补的竞赛小组,提出一项具有市场前景的技术、产品或者服务,并围绕这一技术、产品或服务,以获得风险投资为目的,完成一份完整、具体、深入的创业计划。竞赛采取学校、省(自治区、直辖市)和全国三级赛制,分预赛、复赛、决赛三个赛段进行。

"挑战杯"大学生创业计划竞赛项目分为已创业与未创业两大类和农林畜牧及食品等相关产业,生物医药,化工技术和环境科学,信息技术和电子商务,材料,机械能源,文化创意和服务咨询七大类别。大赛实行分类、分组申报。拥有或授权拥有产品或服务,并已在工商、民政等政府部门注册登记为企业、个体工商户、民办非企业单位等组织形式,且法人代表或经营者为在校学生或毕业未满3年的高校毕业生、运营时间在3个月以上(以预赛网络报备时间为截止日期)的项目,可申报已创业类;拥有或授权拥有产品或服务,具有核心团队,具备实施创业的基本条件,但尚未在工商、民政等政府部门注册登记或注册登记时间在3个月以下的项目,可申报未创业类。

7.1.1.2 "创青春"全国大学生创业大赛

为贯彻落实习近平总书记系列重要讲话和党中央有关指示精神,适应大学生创业发展的形势需要,在原有"挑战杯"中国大学生创业计划竞赛的基础上改版,由共青团中央、教育部、人力资源和社会保障部、中国科协、全国学联决定,自2014年起共同组织开展"创青春"全国大学生创业大赛,每两年举办一次,下设大学生创业计划竞赛(即"挑战杯"中国大学生创业计划竞赛)、创业实践挑战赛、公益创业赛三项主体赛事。这次改版目的就是让大赛更加贴近创业实际,不断引导和激励高校毕业生弘扬创新的时代精神,培养和提高高校学生创新、创意、创造、创业的意识和能力,促进高校学生就业创业教育、创业实践活动的蓬勃开展,发现和培养一批具有创新思维和创业潜力的优秀人才,帮助更多高校学生通过创业创新的实际行动实现自身价值,为实现中华民族伟大复兴贡献青春的力量。

创业实践挑战赛主要面向高等学校在校学生或毕业未满3年的高校毕业生,以参赛项目的盈利状况、发展前景等作为主要评价内容。因此,要求参赛项目需拥有或授权拥有的产品或服务已投入实际创业3个月以上。

公益创业赛面向高等学校在校学生,参赛项目要拥有较强的公益特性,通过商业运作的方式,运用前期的少量资源撬动外界更广大的资源来解决社会问题,并形成可自身维持的商业模式。团队须实践其公益创业计划,形成可衡量的项目成果。

7.1.2 历届"挑战杯"全国大学生创业大赛参与项目分析

随着创业大赛举办的规格和影响不断提升，参赛的高校逐届增加，从第一届的120所增加到第九届的2000所高校；同时，参赛作品也整体呈递增趋势。除第六届比第五届少5件作品以外，其余各届参赛作品均多于上一届。首届竞赛参赛作品400件，到第十届已增至11万件（表7-1）。参赛高校和作品的递增趋势，反映出竞赛越来越激烈，大学生参与热情也越来越高，竞赛质量也随之不断提升。

表7-1 历届创业大赛竞赛规模

届次	第一届	第二届	第三届	第四届	第五届	第六届	第七届	第八届	第九届	第十届	第十一届
参赛高校数	120	137	244	276	300	356	374	390	2000	—	—
参赛作品数	400	455	542	603	605	600	640	650	10万	11万	—
获金奖数	10	15	20	29	32	31	55	69	68	75	69

注：数据来源于"挑战杯"全国大学生创业计划大赛官方网站和"创青春"全国大学生创业大赛官方网站，经作者整理。

7.1.2.1 "挑战杯"金奖项目的分类

"挑战杯"创业大赛将参赛作品分为农林畜牧及食品等相关产业类，生物医药类，化工技术和环境科学类，电子技术和电子商务类，材料类，机械能源类，文化创意和服务咨询类七大类别。首届大赛获金奖的作品主要局限于电子信息、文化创意、农林畜牧与食品类等少数领域中。此后各届金奖作品的类别逐步扩展，进而实现了七大类别全覆盖。而且，各类别作品的得奖数量分布比较均衡。据统计，历届"挑战杯"创业大赛金奖作品合计461件（不包含港澳高校项目），其中农林、畜牧、食品及相关产业类占金奖总数的11.5%，生物医药类占12.7%，化工技术和环境科学类占13.2%，电子技术和电子商务类占23.6%，材料类占7.8%，机械能源类占10.6%，文化创意和服务咨询类占20.6%（表7-2）。其中，电子技术和电子商务类、文化创意和服务咨询类的占比最高，从侧面表明了这两类是当前创业创新的热点所在；涉农产业项目获得金奖所占比例不高。

表7-2 历届创业大赛各类项目所获金奖数量及占比

类别	农林和食品类	生物医药类	化工和环境类	电子技术类	材料类	机械能源类	文化和服务类
第十届	10	5	5	24	6	9	16
第十一届	10	7	5	19	5	8	15
历届总量	52	59	61	109	36	49	95
所占比例(%)	11.3	12.8	13.2	23.6	7.8	10.6	20.6

注：数据来源于"挑战杯"全国大学生创业计划大赛官方网站和"创青春"全国大学生创业大赛官方网站，经作者整理。

7.1.2.2 "挑战杯"金奖项目的特点

在对近三届的全国大学生创业大赛获得金奖的项目进行分析后,发现金奖项目的分布呈现以下几个高度集中的趋势:

(1)金奖高度集中在双一流的高校等名校中

根据教育部公布的信息,首批双一流建设高校共有42所,这42所学校在近三届的"创青春"全国大学生创业大赛中获得的金奖项目数量为76个,占到全部金奖数量的35.8%,超过1/3,其中第十届所占比例最高达到40%(表7-3)。

表7-3 近三届首批双一流建设高校获得金奖的数量

	第九届	第十届	第十一届	总计
双一流高校获得金奖数	20	30	26	76
金奖总数	68	75	69	212
所占比例(%)	29.4	40.0	37.7	35.8

注:数据来源于"挑战杯"全国大学生创业计划大赛官方网站和"创青春"全国大学生创业大赛官方网站,经作者整理。

(2)金奖项目高度集中在高等教育发达的东部地区

从各省份近三届的"挑战杯"创业大赛金奖获得数量上来看,总体上除上海市获得数量连年降低外,金奖高度集中在江苏省、浙江省、广东省等东部沿海省份,特别是江苏省,不仅获得最多的金奖项目,而且数量连年增加。内陆省份除了四川省金奖项目连年增长外,其余省份获得金奖的数量极少甚至为零(表7-4)。

表7-4 近三届各省"挑战杯"金奖获得数量

届次	北京市	上海市	江苏省	浙江省	广东省	湖北省	山东省	福建省	安徽省	陕西省	天津市	湖南省	吉林省	山西省	河南省	贵州省	黑龙江	四川省	河北省
九	4	8	13	9	7	5	1	2	2	1	0	0	1	0	0	1	0	1	0
十	3	2	15	10	6	4	3	3	3	1	0	2	0	0	0	1	0	3	1
十一	5	2	18	8	6	6	2	3	1	1	0	1	0	0	0	0	0	4	1
总计	12	12	46	27	19	15	6	8	6	3	0	3	2	0	0	2	0	8	2

注:数据来源于"挑战杯"全国大学生创业计划大赛官方网站和"创青春"全国大学生创业大赛官方网站,经作者整理。

7.1.2.3 创业实践挑战赛金奖项目的分类与特点

作为创业的实战演练,创业实践挑战赛申报条件之高、项目得分之多,堪称"创青春"全国大学生创业大赛中最具有含金量的比赛。本节从地域、学校、创业方向方面对历届创业实践挑战赛荣获金奖的项目进行分析。

(1)双一流高校获金奖数量分析

2014年创业实践挑战赛的金奖项目共35个,其中双一流大学所获得的金奖项目为

22个，所占比例高达62.9%；2016年创业实践挑战赛的金奖项目共38个，其中双一流大学所获得的金奖项目为22个，所占比例高达57.9%；2018年创业实践挑战赛的金奖项目共35个，其中双一流大学所获得的金奖项目为20个，所占比例仍旧高达57.1%。根据教育部最新公布信息，我国高等院校总数达到2956所，而双一流高校所占比例仅为1.4%，也就是说仅占我国高校数量1.4%的双一流大学收获了创业实践挑战赛的一半以上的金奖项目（表7-5）。

表7-5 历届双一流大学在创业实践挑战赛获金奖数量

	2014年	2016年	2018年
双一流高校获奖数量	22	22	20
总金奖项目数	35	38	35
所占比例(%)	62.9	57.9	57.1

注：数据来源于"挑战杯"全国大学生创业计划大赛官方网站和"创青春"全国大学生创业大赛官方网站，经作者整理。

（2）地域所获金奖数量分析

从近三届获得金奖数量上看，江苏省获得的金奖数量最多，达到17个；紧随其后的是上海市，获金奖14个；北京市、广东省，各获金奖13个；浙江省获金奖11个；湖北省获金奖10个。其余的省份所获金奖数量均没有超过5个，有些省份甚至没有收获金奖。这说明创新创业在北上广等城市的受重视程度较高。而且创业人才也大都集聚在沿海发达城市，这些城市无论从创业创新的政策、环境、资源以及氛围等方面都具有优势（表7-6）。

表7-6 各省份历届创业实践挑战赛获得金奖数量

	北京市	上海市	江苏省	浙江省	广东省	湖北省	山东省	安徽省	陕西省	湖南省	山西省	黑龙江	四川省	河南省
2014年	3	7	3	3	7	3	0	1	0	0	0	0	2	1
2016年	5	4	5	4	3	3	2	1	3	1	0	1	2	0
2018年	5	3	9	4	3	4	0	0	0	1	0	0	0	0
总计	13	14	17	11	13	10	2	2	3	2	0	1	4	1

注：数据来源于"挑战杯"全国大学生创业计划大赛官方网站和"创青春"全国大学生创业大赛官方网站，经作者整理。

（3）金奖项目的创业方向分析

为了更好地对历届创业实践挑战赛的108个金奖项目的创业方向进行分析，将参赛项目分为两大类：科技型企业和传统型企业。科技型的企业包含信息科技、网络科技、航空科技、环保科技、医学科技、人工智能、软件技术、电子电气技术、生物科技、农业科技等相关方向；传统型的企业包含了餐饮、文化、材料、外贸、农业、服装、咨询等创业方向。

在 2014 年创业实践挑战赛的 35 个金奖项目中，科技型企业有 29 家，传统型企业有 6 家，科技型企业的占比达到 82.9%。在科技型企业中，信息科技企业有 4 家，网络科技企业有 5 家，环保科技企业有 6 家，医学技术企业 1 家，人工智能企业 1 家，生物技术企业 1 家，软件技术企业 1 家，其他科技型企业 10 家；传统型企业中，餐饮企业 1 家，文化创意企业 2 家，材料企业 1 家，外贸企业 1 家，农业合作社 1 家。

在 2016 年创业实践挑战赛的 38 个金奖项目中，科技型企业有 30 家，传统型企业有 8 家，科技型企业的占比达到 78.9%。在科技型企业中，信息科技企业有 6 家，网络科技企业有 2 家，医学技术企业 1 家，人工智能企业 5 家，生物技术企业 1 家，电子电气技术企业 3 家，航空技术企业 1 家，农业科技企业 2 家，其他科技型企业 9 家；传统型企业中，文化创意企业 2 家，教育咨询企业 2 家，化工企业 1 家，农业企业 2 家，体育企业 1 家。

在 2018 年创业实践挑战赛的 35 个金奖项目中，科技型企业科技型企业有 26 家，传统型企业有 9 家，科技型企业的占比达到 74.3%。在科技型企业中，信息科技企业有 5 家，网络科技企业有 1 家，医学技术企业 2 家，人工智能企业 3 家，生物技术企业 1 家，电子电气技术企业 2 家，其他科技型企业 12 家；传统型企业中，餐饮企业 2 家，文化创意企业 2 家，咨询企业 1 家，服装企业 1 家，农业合作社 1 家，新型材料企业 2 家。

综合统计说明，在三届创业实践大赛中产生的 108 个金奖项目，科技型企业有 85 家，占到金奖项目的 78.7%；传统型企业 23 家，占到金奖项目的 21.3%。这表明，科学技术作为第一生产力，越来越受到创业者重视与关注，成为创业成功的关键所在。

7.1.2.4 公益创业赛金奖项目的分类与特点

三届公益创业赛所产生的金奖数量共有 61 个，其中 2014 年 20 个，2016 年 21 个，2018 年 20 个。其中，对孤寡老人、农民工子女、残疾人、自闭症儿童等弱势群体提供公益服务，帮助弱势群体的公益项目有 18 个；文化和教育的公益项目有 10 个，包括支教、扶贫、抢救文化遗产等；环境保护方面的公益项目有 6 个，包括水资源保护、环境污染防治、可持续发展等。

7.1.3 中美大学生创业竞赛比较

7.1.3.1 美国大学生创业竞赛

美国创业教育始于 20 世纪五六十年代，创业竞赛是创业教育的重要部分。举办创业竞赛有助于高校建立跨校合作关系，也为学生提供了良好的资源和平台，催生了诸多优秀企业的产生和发展。1973 年，国际大学生企业家联盟举办首次创业大赛；1984 年，百森商学院和得克萨斯大学奥斯汀分校联合举办第一次商业计划竞赛，之后美国创业类竞赛获得蓬勃发展。2000 年，美国有 40~50 个创业竞赛，2004—2009 年，创业类竞赛开始以平均22%的速度增长。至此,美国形成数目众多、规模不一的大学生创业竞赛。其中,莱斯商业计划竞赛(Rice Business Plan Competition)是奖金额度最高、规模最大的学生创业竞赛。

莱斯商业计划竞赛由莱斯大学技术与创业联盟(The Rice Alliance for Technology and Entrepreneurship)主办。莱斯大学技术与创业联盟由莱斯大学工程学院、自然科学学院和商学院于1999年合作成立,为科技成果商业化、创业教育、技术公司提供支持。莱斯商业计划竞赛旨在为大学生创业者提供一次真实的体验,让他们能够对自己的商业计划和一分钟电梯游说(Elevator Pitch)视频内容进行调整,从而获得投资,成功地将他们的产品商业化。参赛者可以获得在社会中成功创业所需的技能,投资者和经验丰富的企业家的指导,与风险投资者和其他投资者进行3天的交流,评委对商业计划的针对性反馈。

莱斯商业计划竞赛于2001年首次举办,已经从当年的9支参赛队伍、1万美元奖金发展为2017年的42支参赛队伍、150万美元现金和奖励。2017年,超过180家企业和私人赞助商为商业计划竞赛提供支持。大赛共收到约750份参赛申请,评审从所有参赛申请中选出42支队伍进行现场比赛,比赛为期3天,由近300名大多来自投资行业的评委按投资意向进行评分,决出优胜者。

7.1.3.2 莱斯商业计划竞赛和中国"互联网+"大学生创新创业大赛比较

从大赛宗旨、组织和发展、具体开展等方面,对美国莱斯商业计划竞赛和中国"互联网+"大学生创新创业大赛进行比较。

(1)共同点

莱斯商业计划竞赛和中国"互联网+"大学生创新创业大赛均为所在国规模最大、极具影响力的大学生创业类竞赛。大赛宗旨均涵盖推动参赛团队创业成果商业化,主办方均具有较强知名度和号召力,莱斯大学为美国顶尖私立研究型高校,其研究生创业项目排名全美第11位。中国"互联网+"大学生创新创业大赛的所有主办单位均为政府管理部门和省级政府,承办单位为知名高校。两项大赛赛制符合国际惯例,均是从所有参赛团队中选出部分项目进入现场总决赛,所提交材料均涉及商业计划书、一分钟展示视频、团队信息等,现场比赛均为3天。

(2)不同点

①大赛宗旨:莱斯商业计划竞赛旨在模拟现实创业情况,帮助参赛团队吸引风险投资人或投资公司的资金。具体来说是为大学生创业者提供现实体验,让他们能够对自己的商业计划和电梯游说视频内容进行调整,从而获得投资资金,成功将产品商业化。莱斯商业计划竞赛着力于帮助大学生创业者吸引资金,将创业理念转变为创业现实,以现实为导向,着力点比较微观,具有针对性。

中国"互联网+"大学生创新创业大赛有三重目的:深化创新创业教育改革;推动

赛事成果转化和产学研用紧密结合,服务经济;以创业带动就业。从大赛举办宗旨可以看出,中国"互联网+"大学生创新创业大赛着力点多重且宏观。为达成此目的,大赛除全国总决赛外,还设置了7项同期活动,即高校创新创业成果展、深化高校创新创业教育改革经验交流会、"互联网+"大学生创新创业大赛组织工作研讨会等。

我国大学生创业大赛关注宏观,而莱斯商业计划竞赛着力微观,这与国家经济发展、创业环境、创业教育发展等因素均有关系。创新创业是美国保持世界经济竞争力的核心驱动力,美国创业教育也是世界创业教育的佼佼者,对于促进大学生创业已经形成了完善的宏观社会环境和微观教育环境。大学生的创新意识和创业理念业已形成,创业教育体系,尤其是课外创业教育资源项目更注重增加学生实际创业体验。要帮助大学生创业者将创业理念转化为现实,资金必不可少,因此莱斯商业计划竞赛着力吸引各方投资者的参与,帮助大学生创业者获得资金。当前我国经济处于效率驱动阶段,着力向创新驱动转型,需鼓励创新思维发展。我国创业教育虽然开始时间不算晚,但真正得到重视则是在2014年"大众创业、万众创新"提出后。2015年5月4日,国务院办公厅印发《关于深化高等学校创新创业教育改革的实施意见》,高校创业教育受到重视。经济发展正待转型,大众创业号角响起,万众创新思维还未成型,创业教育体系有待完善,在此背景下,中国"互联网+"大学生创新创业大赛开始举办,势必要承担多重责任。

②大赛组织和发展:莱斯商业计划竞赛由莱斯大学技术与创业联盟自主、自发、自下而上组织和发展。莱斯商业计划竞赛举办18年来,所有参赛的563支团队,62%成功启动,31%现在仍活跃在市场中。这说明莱斯商业计划竞赛确实达到了帮助大学生创业者吸引资金,将创业产品商业化的目的和宗旨。

中国"互联网+"大学生创新创业大赛由教育部等管理部门主办,一所高校承办,自上而下组织和发展起来。在我国创业大环境没有特别完善、创业教育刚受重视的情况下,由管理部门牵头,有利于推动大赛的顺利开展。然而,由于大学生创业者的创新、创业意识还没有完全培养起来,为保证大赛的规模和影响,有一些地方会强制学生参赛。例如,陕西省规定各校要按照不低于全日制在校生数(本专科生、研究生)1.8%的比例组织学生参赛(即每1000名学生应至少有18个参赛项目),省教育厅将定期通报各高校参赛项目报名情况。大学生创业大赛要想获得持久的发展,一是要培养参赛者的创业热情和创业意识,让学生主动积极参与;二是应重视参赛项目的质量而不是数量。

③大赛具体开展:大赛具体开展方面,莱斯商业计划竞赛更为成熟,中国"互联网+"大学生创新创业大赛体系还有待完善。如大赛奖励方面,中国"互联网+"大学生创新创业大赛设30个金奖、90个银奖、480个铜奖,设最佳创意奖、最具商业价值奖、最佳带动就业奖、最具人气奖各1个,获奖项目颁发获奖证书,提供投融资对接、落地

孵化等服务。其表述比较笼统，并没有说明获奖项目具体能获得的奖励和服务。莱斯商业计划竞赛则详细列举了获奖项目能获得的现金和非现金奖励，包括21项现金奖励和10项实物奖励（如知识产权咨询、财务管理服务、营销服务等）。冠军得主将一并获得得州鹅协会提供的30万美元的股权投资和20万美元猫头鹰投资。进入总决赛的6名团队将获得3000美元至30万美元不等的奖励，进入半决赛、挑战赛、电梯展示赛的团队也将获得不同金额的奖励。对于大学生创业者来说，获得投资资金比获得获奖证书更有现实意义。因此，将奖励以具体数字和等价实物的方式具体表述出来，更有利于激发大学生创业者的参赛热情。

参赛配套指导方面，莱斯商业计划竞赛不仅与专业的咨询公司合作，为每一个进入决赛的参赛团队进行指导，还在比赛过程中安排评审反馈环节，帮助参赛团队明确电梯展示视频和商业计划书的优缺点。另外还承诺决赛名单公布后，所有材料齐全的申请团队都将收到来自莱斯商业计划竞赛评审的反馈意见。莱斯商业计划竞赛期望，无论团队是否被选中参与决赛，申请参赛的过程都会为大学生创业者提供培训机会。中国"互联网＋"大学生创新创业大赛并没有说明为大赛参赛团队配备专门指导，仅在协办单位之一中关村百人会天使投资联盟的服务指南中提到会对高校师生进行双创讲座和项目辅导，表述较为模糊和笼统。

参赛材料提交方面，两项大赛均要求提供项目商业计划书、项目展示PPT、一分钟展示视频、团队信息等材料。中国"互联网＋"大学生创新创业大赛没有明确要求所提交材料的内容和格式。莱斯商业计划大赛对所提交材料应包含的内容、格式、命名方式等都有详细要求。例如，商业计划不超过10页，包含执行摘要和财务数据，具体包含以下部分：执行摘要，产品或服务描述（如现在发展阶段、原型等），消费者、市场分析（市场规模和潜在市场份额），销售和市场营销计划（如何面向市场），知识产权，竞争者分析（竞争者和竞争差异），管理团队和顾问，财务亮点（现金流、损益表、资产负债表），投资（寻求投资的金额、正在使用的资金等）。商业计划书是项目开展的依据，也是能否赢得投资者青睐的关键。规范的商业计划书撰写是创业教育的核心课程之一，应该受到创业大赛和创业教育的重视。另外，对提交材料进行必要的规范要求，有利于参赛项目公平竞争，也有利于专家评审迅速找到项目的可投资观测点，提高评审效率。

7.1.4 历届创业大赛对创新创业者的启示

（1）大赛提供了大学生创业创新实践的平台

一直以来，高校对于学生的创业创新能力的培养处于理论有余而实践不足的状态，这种状况显然难以满足学生日渐增强的对于创新创业能力培育的需求，难以满足新时期经济社会发展的需求。全国大学生创业大赛无疑为这种状况的改变展现了良好的势头。

全国大学生创业大赛的举办为培养学生的创业创新能力提供了实践的平台。"挑战杯"创业大赛使得当代大学生能够亲身参与到创业项目的发展全程，不仅给予宝贵的试错容错机会，还能够让学生全方面、系统化地接受创业指导，更为重要的是培养了学生敢为人先的创业精神、合作共赢的团队精神、敬业奉献的企业家精神。充分利用大学生创业创新实践平台，积极参与各类创业创新挑战大赛，锐意创新，在培养企业的核心竞争力的同时，在团队管理与建设等方面做出积极努力，不断迎接挑战，磨炼自我。

(2) 大学生创业创新环境具有区间差异性

作为一名创新性创业者，要善于发现和把握外部机遇和资源。通过对历届全国大学生创业大赛金奖项目的地域分布分析，可以看出金奖项目大部分来自江苏省、上海市、北京市、广东省、浙江省、湖北省。这些地区创业的资源集聚、氛围浓厚、创业政策优惠，为创业者提供了便利的条件和良好的平台。

(3) 应选择独具特点的创业项目

选择独具特点的创业项目是创业成功的有效保证。因此，大学生创业者在创业项目的选择上，应参考获奖项目的产业分布特点，结合自身所学、所长、所愿的实际，着重考虑有特色、具有核心竞争力的项目，这样的项目除了可以避免陷入同类型的竞争者同质化的困境，还可以提升产品的辨识度与认知度，也才有可能拥有更广阔的发展空间。

7.2 涉农企业与大学生创新创业

本节提要：使学生了解涉农企业的概念和我国涉农企业的发展现状；尝试用SWOT方法帮助学生了解我国涉农企业发展的优势与劣势、外部机遇与威胁。

7.2.1 涉农企业的界定

农产品加工厂、农产品贸易公司、农产品运输公司、农业科技咨询公司、农场、养殖场等，都属于涉农企业。传统意义上来说，农业企业是指以动植物和微生物为劳动对象，以土地为基本生产资料，通过人工培育和照料动植物，获得人类必需消费品的生产经营企业。现代农业企业则包括与农业产前、产后、产中有关的所有企业，也可以称为涉农企业或农业关联企业，凡是直接或间接为农业生产服务的企业，都可以被认为是涉农企业。除了从事与农相关的生产服务外，涉农企业与从事其他行业的企业相同，都是依法设立，有自己的企业名称、组织机构、活动场所，具有法人资格，能够独立承担民事责任。

7.2.2 涉农企业的分类

涉农企业按照资产所有制性质分为：国有农业企业、集体农业企业、私营农业企业、股份制农业企业；按照生产产品分为：种植业企业、畜牧业企业、农产品加工企业、农业服务企业；按照产业链长短分为：初级农产品生产企业、农产品加工企业、农工商一体化企业。

7.2.3 我国涉农企业的发展现状

7.2.3.1 涉农企业在乡村振兴中的战略作用

涉农企业的发展与壮大有利于提升农产品市场价值，提高农民收入，提升农业收益。现代农业企业用发展工业的理念来发展农业，改变了传统农业生产自给自足的落后局面，强化了专业分工和市场意识，提高了农产品的品质、标准化程度和市场竞争力，促进了农业科技的创新和推广，有力地推动了传统农业逐渐向现代农业的转变。

涉农企业大多数都位于农村地区。这些企业会随着企业的壮大，不断加大对于农业农村的基础设施建设，有效地带动了农村一系列相关产业的发展。有的企业甚至直接参与农村的建设，发展乡村社会公益事业，如创办养老院和希望小学等。因此，涉农企业的发展壮大是实现乡村振兴的关键一环。

涉农企业带动农民增收主要体现在四个方面，一是通过与小农户建立连接机制，实现农业产业化，通过为农民提供必要的生产技术指导和生产标准，来提高农产品的质量和水平，增加农民收入；二是通过直接购买农产品来带动农民增收；三是通过流转农民土地，吸纳农民就业的方式来增加农民收入；四是提供就业岗位，使农民通过打工增收。

涉农企业的发展还有利于实现农产品的产、供、销一体化，实现农产品精深加工，提升农产品附加值，延伸农业产业链，提高农业产业化水平。尤其是农业产业化龙头企业对于提升农业效益的作用更加明显。

7.2.3.2 涉农企业发展现状分析

在涉农企业发展的过程中，有许多的制约因素限制了其快速发展，其中有政府的原因、有企业的原因，也有农业产业自身的原因。

为深入分析我国涉农企业的发展现状，本节采用 SWOT 分析法。此分析法，20 世纪 80 年代初由美国旧金山大学的管理学教授韦里克提出，经常被用于企业战略制定、竞争对手分析等场合。本节通过对涉农企业的内部优势和劣势、外部机会和威胁等的分析，将深入剖析涉农企业所处的境况，以期对大学生创业有所裨益。

（1）涉农企业的劣势

①农产品生产周期长，质量不高：受自然条件影响大，抵抗自然风险的能力弱，运输难、保存难。水果加工企业、奶制品加工企业、肉类加工企业均受到自然气候因素的影响，一遇到自然灾害或者动物疫情，企业就会面临极大风险。例如，非洲猪瘟的疫情就对我国养殖业企业造成极大的损失。另外，我国农产品以大众消费品为主，

质量不高，以激烈的价格战来竞争，时常会出现滞销的情况。

②品牌竞争力差：农产品市场的竞争已经逐渐变为品牌的竞争，只有树立品牌才能保证企业能够抵御风险，屹立不倒。而国内农产品企业大都处于初加工阶段，品牌的营销意识不强，虽然也有一些成功的农产品品牌，但是总体来说，品牌数量较少，品种过于单一，更是缺少具有国际影响力的知名品牌出现。

③涉农企业科技创新不足，研发人才匮乏，投入产出效率低：涉农企业对于科技创新的投入不足，开展的科技活动少，研发基础条件差，科研经费短缺，研发人员稀缺、素质不高，同时，涉农企业的科技创新资金主要来源于企业自有资金，筹集经费渠道少，产出不足。

④涉农企业融资难：融资困难是涉农企业尤其是中小企业所面临的困境。农业生产的特殊性使得多数的金融机构不愿意将资金借贷给涉农企业，造成涉农企业"融资难"的现象。涉农企业在初创过程中，所需要的资金主要来源于企业自筹、股东出资和民间借贷，只有少部分来自于银行贷款，融资渠道过于单一。

⑤涉农企业缺乏系统、科学的管理：涉农企业的管理层对于企业管理尤其是现代企业管理来说，大都缺乏系统、专业的学习，企业决策基本都是靠着经验，缺少科学的分析与理性的判断。

(2) 涉农企业的优势

①得天独厚的自然资源优势：我国地大物博、物华天宝，自然资源尤其丰富，优越的地理环境为我国农业生产提供了可能。涉农企业根据各地农业特点，因地制宜，依托当地的特色资源，发展农业，打造特色品牌，形成主导产业。如山西清徐的老陈醋、云南的褚橙、新疆库尔勒的香梨、江苏扬州的扬州鹅等。

②丰富廉价的劳动力优势：涉农企业所雇佣的工人、农民，其薪酬相对于城市来说是廉价的，而且农民作为劳动力是非常丰富的人力资源。

(3) 涉农企业外部压力

①农产品市场多变，竞争激烈：农产品的质量要求高，因为这涉及食品安全的问题，但是农产品对普通居民来说，是刚需消费，价格不宜过高。这就使得农业企业利润空间非常有限。

②随着国外大批农产品涌入，我国农业企业面临更加激烈的竞争：由于国外农产品的高质量与高技术含量等特点，受到我国消费者尤其是高端消费者的青睐。

③绿色贸易壁垒的威胁：绿色贸易壁垒是发达国家为了保护本国农产品而实施的一项措施。我国的部分农产品因为质量不高而被退货，影响我国农产品走向国际市场。

④我国涉农企业自身竞争力不强：我国各级政府为推动涉农企业的示范带动作用，为涉农企业提供了诸多优惠政策，包括政府相关的贷款贴息、直接奖补资金等，一旦政策有所变化，容易丧失竞争优势，从而受到市场的威胁。

(4)涉农企业外部机会

①政策红利：为了促进涉农企业带动农民增收，我国各级政府对于涉农企业的支持力度不断加大，从原料采购、设备引进到融资贷款等方面，均为涉农企业提供了良好的政策环境。随着脱贫攻坚的不断深入以及实施乡村振兴战略，政策的红利还会不断释放。

②科技红利：21世纪以来，互联网、云计算、物联网等高科技应运而生，为涉农企业的发展提供了技术支持。各类信息、各种技术方便快捷地为企业所用，对于农业产业化带来了极大的便利。

③全球化红利：随着经济全球化进程不断加快，国际间的合作将日趋频繁，为涉农企业提供了广阔的平台。一方面，外国跨国公司带来了先进的生产技术和生产设备，也为涉农企业带来了商机；另一方面，也将我国高质量的农产品带到世界各地。

7.2.4　涉农企业发展状况对大学生创新创业的启示

(1)坚持品牌化的发展方向

农产品必须走品牌化发展之路。涉农企业在品牌化的道路上，一定会实现巨大的收益。内蒙古蒙牛乳业、山西紫林醋业、云南褚橙等涉农企业均受益于品牌化发展战略，实现了规模的不断扩张。山东鲁花花生油自始至终坚持"做好油"的品牌化战略，以中央电视台作为传播媒体，在严格掌控产品质量的前提下，大力宣传"让大家吃上放心油"的企业理念，深受消费者的信赖。鲁花牌花生油荣获"国家级放心油""中国驰名商标"等荣誉称号，产品畅销海内外。涉农企业的品牌化发展为企业提高了抵御风险的能力，拥有了更强的竞争力和更高的市场渗透力，增强了竞争优势，对于企业获得市场份额，提高利润率极为关键。

(2)坚持科技创新引领的发展方向

科技创新是涉农企业的核心竞争力。只有不断坚持科技创新，才能适应消费者的需求，在众多的企业中脱颖而出。涉农企业要想实现长足发展，必须在农产品创新上做出努力，注重提高产品的质量，积极研发高、精、尖的产品，实现农产品的精深加工。随着科技浪潮的席卷，涉农企业面临着产业与技术革命，在下一次革命到来时，能否顺势而为，实现跨越发展，关键在于科技创新引领。例如，山西紫林醋业在继承传统酿醋工艺的基础上，坚持自主研发，推出了保健醋、果醋以及醋饮料等新产品，在食醋产业激烈的市场竞争中实现了超常规、跨越式的发展。福建超大集团的有机肥经过多年研发，反复试验、反复筛选，采用国内外先进的生化处理工艺及微生物技术研制而成，其科研成果经过权威专家的鉴定，处于领先水平，企业由此获得了丰厚的回报。

(3)坚持信息化的发展方向

信息化是产业发展必备的要素。信息化是企业提高效率，降低成本的关键。涉农企业应围绕实现管理信息化、运营信息化、销售信息化发力。当前，我国已经步入信息化、网络化时代，特别是5G网络的运用，将使得信息传递交流更加方便快捷。但大多数涉农企业在信息化建设方面仍旧处于落后状态，无法应对新时代的挑战。涉农企业应充分认识信息网络的重要性，将其融入到自身的管理、运营与销售中，如可以与电子商务平台合作等，将涉农企业带上信息化的发展道路。

（4）坚持合作共赢的发展方向

合作共赢已经成为当代企业发展的主题。抱团发展是解决涉农企业发展过程中诸多难题的途径之一。我国涉农企业面临许多制约其发展的瓶颈，如欲求得跨越发展，必须在技术创新、产品研发、市场营销等方面与相关企业合作，实现"双赢"和"多赢"。无论在品牌化发展方向上，还是在科技创新方面，亦或是在信息化发展方向上，涉农企业均可以实现联合发展。涉农企业可以成立同类型企业的联盟，以抵御风险、共同发展；可以与跨界企业合作，实现优势互补；可以与科研院所合作建立平台，实现创新引领。

（5）坚持绿色发展理念

涉农企业必须坚持绿色发展的新理念。绿色是持续发展的必要条件的重要体现，绿色发展解决了人与自然和谐共生问题，体现了人民对美好生活的不断追求。回首过去，大部分养殖场粪污处理循环利用设施设备不完善，养殖设施建设与粪污收集、处理、利用模式不相适应，常常是粪污遍地、臭气熏天，不仅容易引发动物疫病，还污染环境，影响人民群众的生活质量。现在养殖项目进行畜禽粪污无害化处理、资源化利用，加上一系列人居环境整治行动，不仅人民群众受益，涉农企业也在绿色发展上获得了效益。这说明了"绿水青山就是金山银山"发展理念是深得人心的。

7.3 案例分析

本节提要：使学生深入了解褚橙、网易黑猪两家涉农企业的发展之路；通过介绍顺才果业、奇火锅两个在全国创业大赛的获奖项目，引导学生制订自己的创业计划，鼓励大学生积极参加创业竞赛。

7.3.1 褚橙的发展之路及创业启示

7.3.1.1 褚橙的发展之路

褚橙，其实是云南高原农业的一个普通水果品种——冰糖橙。前些年面对市场的变化，时常会产生滞销的情况，这常常使得当地的果农和经销商损失惨重。

但意想不到的是，当云南冰糖橙与褚时健联系在一起时，这一普通的水果品种发生了质变。就在2013年11月，命名为"褚橙"后云南冰糖橙受到市场热捧，风靡全国，在价格卖到6元一个时,仍然供不应求,这种现象在一直处于供大于求的消费市场并不多见。如今的褚橙已然成为了橙子中的名品,品牌价值扶摇直上。

想要探究褚橙风靡的缘由,就得从褚橙的创始人褚时健说起。褚时健曾是云南玉溪卷烟厂的厂长,他曾用18年的时间把一个名不见经传的小厂打造成为亚洲第一的烟草集团,"红塔山"成为价值400多亿元的中国著名品牌,他本人也获得了国家和社会给予的最高荣誉:全国优秀企业家终身荣誉奖"金球奖"。然而,就在他风光无限之时,因为贪污罪被判处无期徒刑,后减刑至17年。

褚时健的故事并没有因为判刑而戛然而止,他出狱后已是70多岁的高龄,却毅然决然地承包了一片160公顷的荒山,先后组织了二三百人种起了橙子。他为了让大众消费者吃上"好吃""绿色""安全"的橙子,可以说耗尽了心血。种植地选择在地处温热河谷气候的哀牢山,这里年日照2000小时,年降水量1200毫米,自然恒温21℃,非常适宜橙子的栽培;在管理上,为了让每个橙子都能够得到充足的光照和通风,每棵橙树都有专人剪枝,以保证每棵树结出的果实都是最好的;他还引来了哀牢山的清泉水浇灌,并全部采用农家肥料,加上不打农药、不打蜡,从生产全过程保证安全绿色。就这样,他一干就是10年,现在的果园已经拥有35万株冰糖橙,固定资产8000万元,年利润达到3000万元,为当地农民带来了可观的收入。

其实,味甜、绿色的褚橙在营销之初也面临着销售难的问题。褚橙刚开始取名"云冠冰糖橙",上市好长时间销售都不理想。好的产品一定要有巧妙营销才能卖出好的价钱。在褚橙的营销过程中,首先与网络经销商"本来生活网"合作,在网络上进行售卖,而且融入了褚老的"励志"故事,并改名为"褚橙",许多的消费者出于对褚老的敬仰之情,表示"我们吃的不是橙子,而是励志精神、创业精神"。与此同时加入了"幽默"这样的情感营销,使得褚橙的包装、宣传语以及宣传活动都变得非常的幽默。其中,针对不同的情境设置标语不同的幽默包装,为一些名人量身定做了"幽默问候箱"。这些名人将包装的照片发到微博上,引起了广大消费者的热评,一时间褚时健的"褚橙"成为热词,"褚橙式幽默"也风靡一时,褚橙品牌家喻户晓。

7.3.1.2 褚橙发展的启示

(1)做好产品的生产管理

"打铁还需自身硬"。好的产品是品牌的前提,要在整个生产环节上下工夫,确保质量上乘,产品过硬。褚橙以绿色、安全、美味作为根本,受到了市场的肯定。

(2)做好产品的营销策划

深入挖掘产品中所蕴涵的情感与精神,通过与消费者产生心理共鸣来获得消费者的信赖与偏爱。既可以通过品牌故事来与消费者进行沟通,也可以通过包装、设计、服务等方式来吸引消费者,激发消费者的购买欲望。

(3) 做好跨界的交流合作

褚橙在一开始出于对品牌的保护和担心零售价格失控，几乎都是通过自建渠道方式销售。但是，褚老在通过与网络营销商的沟通交流后，放弃了传统的销售渠道，选择了"本来生活网"作为北京独家经销商。这开启了褚橙品牌的跨界营销，也实现了双方的合作共赢。

7.3.2　网易味央黑猪的发展之路及创业启示

7.3.2.1　网易味央黑猪起源

2009 年，网易 CEO 丁磊宣布正式进军农业。网易养猪最早是基于丁磊个人对于农业的浓厚兴趣，他认为现在的市场上找不到安全、美味的好猪肉，所以才准备自己养猪，让网易黑猪成为"猪肉界"的严选。

2011 年，网易专家组带着 900 分制的考评表，考察了 48 处地块，在综合考量了水源、土地、空气等十几项标准，最终在获得"联合国人居奖"的安吉县找到了合适的养殖场地，并正式启用"网易味央"的品牌。这一举动表达了网易在新农业模式的创新和食品安全上的探索不会停止的决心和信心。

2012 年，网易官方表示消费者在 2013 年年底就可以吃上网易味央黑猪。可是一年后，网易黑猪并未如期上市，当年出栏的只有 100 多头黑猪，网易农业的法定代表人也发生变更，网易味央也因此成为大家嘲弄的对象。

面对养猪过程中出现的种种难题，网易依旧坚信，成功可能会来得有点晚，但是一定会实现。终于，在 2014 年的乌镇世界互联网大会时，网易黑猪出现在互联网大佬们的餐桌上，并且受到了到场嘉宾的一致好评，由此网易味央黑猪一炮而红。

2016 年年底，网易味央猪肉正式上市，并且成功引爆市场。网易黑猪的拍卖以超过 10 万元的价格成交，价格堪比神户牛肉。

7.3.2.2　网易味央黑猪的创新之路

2016 年，网易味央的第一个自有猪场——网易味央（安吉）现代农业产业园正式投产。这一现代农业产业园占地面积 80 公顷，其中约有 8 公顷直接用于黑猪养殖。猪舍通过应用现代化农业技术，实现了 6 个人管理 2 万头猪的智能化运作。园区内保持着原始竹林、板栗林、茶园等植被，远离外界污染。《舌尖上的中国》总顾问大赞其有如安缦酒店。猪场自主发明了全球唯一猪用厕所，解决了猪舍拥挤、脏臭等问题，实现猪群进食、排泄、休息分开，有利于更好地保持猪舍清洁卫生，减少疾病发生。配合猪用厕所的环保处理系统占地小、处理高效，处理终水水质超过自来水标准，且部分回用于冲洗猪舍和猪马桶，真正实现"零污染"。

为了让猪生活得更健康，网易味央不断改善猪群生长环境，提高猪的生长条件，为猪群提供超过普通猪场的猪均面积，其中大部分面积为舒适、干燥的实心躺卧面积，并且地面经过防滑处理。在猪舍结构设计中为猪群引入天然紫外线杀菌，采用智能通风系统，让猪舍保持冬暖夏凉和洁净。

网易味央为猪定制了300天的饮食计划，5种以上营养方案。日常饲料中不添加抗生素和重金属，转而通过添加益生菌和生物制品来提高猪群免疫力。同时通过谷物、杂粮、果蔬搭配营养三餐，引进德国进口全自动液态饲喂系统进行科学饲喂。这样做不但易于猪粮营养的充分吸收，还可避免因空气杂尘引起的呼吸道疾病。

为了真正保障猪群的身心健康，网易味央为各阶段的猪群提供可供翻弄的材料和玩具箱，提高环境丰富度，不剪牙、不断尾、听音乐，让猪可以自然享受表达天性的愉悦，从源头保证猪肉安全。

在品牌营销方面，网易味央充分利用互联网的优势对现代化的猪场进行公开直播，成为第一家公开直播的猪场；充分利用乌镇世界互联网大会，让互联网大佬为网易味央站台，并留下了几张顶级买家秀；充分利用互联网众筹，筹集资金1919万元，成为中国农业众筹总额第一项目。这一系列的品牌营销让网易黑猪成为互联网行业中的明星。

7.3.2.3 网易味央黑猪对大学生创新创业的启示

（1）七年跨界、不忘初心

自2009年初，丁磊先生宣布进军养猪业以来，长时间不被看好，也一直面临着困难与压力，但是面对网易养猪折戟的压力，他始终没有放弃，在养猪事业中投入资金、精力不计其数，成功贵在坚持，坚持才能成功。

（2）科技环保、品质承诺

网易味央从猪场选址、猪舍建设，到日常生产的环保处理及能源节约，始终坚持用科学的态度和创新的技术践行对自然保护的坚定承诺。可以说，这样的养殖模式，实现了人、猪、环境和谐与可持续发展。从自营现代农场到用户的餐桌，无论是卫生清洁的养殖环境，还是系统全面的饲喂数据，网易味央所做的一切都围绕食品安全做全方位考量。以全程可控的生产体系与创新定制的智能管理，为国人打造真正安全、健康、高品质的产品体验。

（3）跨界融合、惠及大众

在开放创新、持续友好的品牌愿景下，网易味央以互联网基因重塑农产品生产、销售模式，用匠人之心为中国现代农业注入一股清流，分享更多创新的可能：第一家公开直播的猪场、全球唯一猪用厕所、中国动物福利最好的规模养殖场、中国环保处理最全面的规模养殖场、中国最美猪场等。网易黑猪肉以其安心、美味、高品质的特点受到越来越多人的关注，开始逐渐走上餐桌。

7.3.3 全国性创业大赛获奖项目——"顺才果业""奇火锅"

7.3.3.1 "挑战杯"中国大学生创业计划竞赛金奖作品——"顺才果业"

在第八届"挑战杯"中国大学生创业计划竞赛作品中，有一个来自浙江大学的作品：

"杭州顺才生态农业开发有限公司商业计划书——'顺才果业'产业链供销平台"。该公司成立于2011年，是一家以经营石榴起步，集产供销于一体的果品企业。公司依托技术专利和质量追溯系统，利用农超对接和电子商务模式，凭借专业的合作社和精准的市场定位、多元化经销策略和经验丰富的运营团队，与家乐福、物美、乐购等建立了长期合作关系，取得了91万销售额的业绩。公司开拓农教对接、农企对接等渠道，实现多元化发展，致力于打造国内一流果业品牌，为西部及少数民族地区创造巨大社会效益。

"顺才果业"是浙大贫困学子卢顺才所创立的品牌。卢顺才出生于四川凉山彝族自治州会理县的一个少数民族山寨。这里偏僻闭塞、发展落后，连最简单的生活用品都要到15千米外才能买到。但就是在这样贫穷的条件下，卢顺才不甘贫穷，坚定信念，努力学习，成为会理县考入浙江大学的第一人。大学新生报到时，他怀揣70元钱，四处打工，在40℃的环境下连续工作一个月……在浙江大学学习的过程中，卢顺才发现，作为"石榴之乡"和有机石榴生产基地，会理的石榴，青皮软籽、味甜多汁。但由于地理位置偏僻，这些石榴大多在当地贱卖，每斤只有1~3元，他想如果能够将这些石榴大量运到浙江来销售，在旺季的时候可以卖到两倍甚至更高的价格，由此他开始了自己的创业之路。四年大学生活，他调研水果市场、自己采购分销、联系买家，不仅没有向家里要过钱，还依靠卖石榴还清了家里的债务，并且取消了贫困生的资格。2010年，在省市各级领导的亲切关怀下，在浙江大学的帮助下，在姚纳新、丁列明等知名企业家的悉心指导下，他正式创立了"顺才果业"。心怀对水果行业的热爱，他下决心要将"顺才果业"打造成为全方位、立体式的高端水果品牌。"顺才果业"在创业初期确实受到了社会各界的关注与支持，卢顺才在创业的过程中凭借着拼搏奋进的精神逐渐打开了市场。

7.3.3.2 赢在中国第三赛季冠军——谢莉与"奇火锅"

谢莉，奇火锅快乐餐饮有限公司总经理，全国三八红旗手，《赢在中国》第三赛季总冠军。她从一个仅有7张桌子的小火锅店起家，经过10年的发展，把奇火锅做成拥有200多家连锁店的中国餐饮连锁百强企业，总资产达到亿元。在她的背后，有着怎样的创业经历呢？

1997年，为了帮助丈夫余勇走出创业失败的低谷，谢莉毅然辞掉了自己的护士工作，与丈夫一起开启了创业生涯。刚开始手中只有3000元资金，她决定与丈夫余勇开一家小餐馆，于是在报纸上找到了一个合适的店面，只有7张桌子，她便租了下来，用"7"的谐音给小店取名叫"奇火锅"。开业两个多月却很少有顾客来光顾，她心急如焚，再这样发展下去，用不了多长时间她的小店就会关门大吉。就在这样的境况下，她把目光聚焦到出租车司机身上，她发现出租车司机习惯于凌晨两三点结伴就餐，而这时很多的小餐馆已经打烊了，她想如果能够延长经营时间，就会吸引司机们来店，就这样谢莉坚持每天都营业到凌晨三四点。经过大半年的努力,她惊喜地发现火锅店终于能够盈利了。但好景不长,由于城市建设的需要,她的火锅店面临着拆迁,好不容易获得的成功就这样破碎了。她哭过、痛过,但是没有放弃,她决定重新来过,并扩大规模,没有资金就把房子做了抵押贷款,终于重新开业,规模从7张桌子扩大到18张。很快,老顾客来了,又带来新顾客,经过两年时间,她积累了第一桶金。

就在奇火锅生意最红火之时,谢莉的店面再一次面临拆迁,这次她没有哭,而是冷静下来思考奇火锅的未来发展方向,她决定把奇火锅做成品牌。她重新选址,赔钱促销,吸引人气,就这样奇火锅迅速成为重庆火锅行业的焦点。但要想将奇火锅做成品牌,这样还不够,而且经常有顾客问:"奇火锅究竟奇在哪里?"谢莉每天都在思考着这个问题。有一天,她听到一个年轻的女顾客说:"味道是好,如果能吃了不上火就更好了。"谢莉眼前一亮,她在火锅底料中加入各种中药,研制出不上火的火锅底料。"奇火锅,奇就奇在吃了不上火。"凭借着这句广告语,奇火锅作为一匹黑马,迅速从激烈的火锅市场竞争中突围而出,走上了扩张之路。

2007年,当谢莉看到《赢在中国》的报名宣传片时,敏锐地感到这是一次品牌推广的良机。带着自己的奇火锅,她走进了这场创业真人秀,历经了半年多的考验,一举拿下了总冠军。奇火锅的品牌,随她从夺冠的一刻起变得格外响亮。截至2008年6月,奇火锅已在全国开起200余家加盟店,加盟店年营业额达到5.3亿元。

复习思考题

1. 本章所学案例对你有哪些启发?你认为创业大赛与实际的创业过程最大的区别是什么?
2. 如果你参加创业大赛,参加比赛的理由是什么?

第8章 业界翘楚为梦想起航

本章要点：使学生了解当下世界范围内创意农场发展现状，引导大学生进行思维碰撞；使学生了解创新在科学研究、企业发展和个人成长中的推动作用，激发创新精神；使学生了解行业翘楚的创业经历，感悟创业者创业的历程。

关键术语：业界翘楚；创新创意；创业启示

8.1 涉农创意之翘楚

本节提要：使学生了解当下世界范围内创意农场发展现状，引导大学生进行思维碰撞。

20世纪末以来，创意农业首先出现在英国、德国、法国、荷兰、意大利等西方农业发达国家。与此同时，美国、澳大利亚、日本以及中国台湾也出现模式不同的创意农业项目。近年来，我国创意农业得到快速发展，在运营模式上主要有多功能综合的休闲度假为主的田园综合体模式、超大面积的农业景观模式、以休闲度假为主的田园农家乐模式等。

8.1.1 三水宝苞农场

在当前旅游消费升级时代背景下，任何细节对于项目的体验、感官都有着非常重要的作用。农庄的创意、互动、设计常见的景观大多基于自然风光，但这并不是唯一。创意景观设计，可以让普通的乡村变得活色生香。那些广为流传的爆款农庄都是对农庄景观及休憩体验进行了精心打造和设计，当文化创意产业与农业相遇时，它们之间会擦出怎么样的火花呢？

三水宝苞农场位于佛山海峡两岸农业创意城，占地面积约530公顷。宝苞农场以农耕体验为特色，是集亲子娱乐、生态旅游、户外拓展、高尔夫练习、野炊烧烤、湿地景观和商业服务等多功能于一体的综合服务区，主打家庭亲子游、团体拓展，鼓励人与自然的亲密接触。

宝苞农场的女主人明明，1993年出生，是宝苞农场的创始人。张爱玲说"出名要趁早",这似乎给了明明一些启示——她坚信创业一定要趁早。2011年她上大一,那时候年轻人流行玩微博,她觉得好玩,就注册了几个账号,设定为不同的角色,经常针对学校里的人和事发表一些大胆泼辣的言论,言论就像段子手,内容好玩有趣。很快就聚集了近百万的粉丝,一些商家开始联系她,与她合作,她转发营销微博,这样做广告得到一部分分成。钱虽然不多,但是玩就能赚钱让她很兴奋,她还在微博上做代购,也拍卖自己的画作,积少成多,赢得了创业的第一桶金。

经营的风生水起之时,爱折腾的她突然把这些号全部卖掉。那时,她一个朋友正在做"免费午餐"的公益项目,她来了兴致,从此进入公益圈。公益圈里大咖云集,她利用做活动的机会,拿到他们的微信号,向他们请教,学到了很多有益的东西。2013年10月,她参与知名公益人邓飞与中欧商学院联合发起的"e农计划",活动结束后,买了一瓶蜂蜜。正是这瓶外观朴拙、滋味好吃的蜂蜜,触动了她灵敏的商业嗅觉。从小在城市长大的她开始琢磨一件事:能不能在城市建一个农场,生产无公害果蔬,同时借鉴网络上农场游戏的模式,给农场注入丰富多彩的娱乐体验元素。她觉得这是一件好玩又有趣的事情。做农场,她是外行,但玩,她是行家,"农业+互联网+娱乐"的新玩法,富有挑战性,充满吸引力。

农场定位为娱乐体验式农场,远离城市自然不妥,但是,市区寸土寸金,要找到一大片闲置土地建农场也几乎是不可能的。于是,她把目标锁定在市区周边,经过调研考察,最终看好佛山三水一处废弃已久的劳改农场。佛山三水是珠三角经济中心辐射地带,农场位于珠三角绕城高速、广三高速出入口附近,临近北江,交通便利,风景优美,从市区开车前往只需几十分钟。劳改农场改建为新农场,不仅会节省一笔可观的前期投资费用,也会带给周边居民很大便利。

利用做公益时积攒的人脉,明明在朋友圈连发宝苞娱乐农场的概念,引起很多人的热烈讨论和关注。2014年年初,广东荣晖农业股份有限公司向她抛来橄榄枝,她以联合创始人的身份,成功租下530公顷荒地,成为宝苞农场的女主人。

宝苞农场的特色项目有以下几种。

(1)一亩空间:创意田园生活试验

宝苞农场为市民提供一块私家菜园,实现家庭的绿色田园梦想。拥有优质农田空间,500平方米公共种植、166平方米主人自耕。四周的篱笆可以铭刻田园主人的名字,标志着这是尊享的家庭空间。农场内的田间灌排设施完善,土壤肥力高,自耕地上可完全按照个人意愿安排耕作。庄园内除自给自足之外,农场还为"一亩空间"的主人们提供一年内120次,每次含10种不同种类约重8斤的新鲜蔬果的生态蔬菜礼包配送到户服务。

(2)货柜客栈:菜地里的诗意生活

"货柜客栈"是宝苞农场的独特卖点之一。废旧的货柜经改造,变成田园中的宜居之所。外墙设计新颖,充满个性和时尚感,与四周幽美宁静的自然环境融为一体。内部配套设施齐全完备,配有整体淋浴房、开放式厨房、太阳能热水器及完备水电供应系统等设施,完全满足用户的生活需求。

(3)耕地宝:人人都来做庄主

"耕地宝"是指以一分地为单位,每平方米耕地月租金3.8元,一年一分地租金2980元,租户依照个人意愿,按照对环境无害的方式种植自己喜欢的作物,一年四季的菜属租户所有,吃不完的可以交由农场代卖,所得收益与租户分成。这样一块耕地不仅仅用来耕种,还可以是一份投资。

(4)亲子趣味性采摘习耕

习耕区占地面积13 379平方米,设有习耕亭、蛙池、习耕园、草莓池、草堂和七彩稻田,是学习耕种劳作的园地,给您一个亲手扶起犁耙,提起楼柄,体验劳动辛勤的机会。

(5)亲子潜能性拓展

亲子大棚:在宝苞看来,快乐是孩子成长的动力,淘气堡是孩子们的童话世界,波波池、滑滑梯、障碍通道等游戏,一家人都可以尽情"撒野"。体操池中可以舒展筋骨、互动游戏,拉近彼此的距离。

(6)学农赏玩性科普

学农区:在学农牧场中近距离接触奶牛、羊驼、小鸡、小猪等动物,在生动的趣味项目、周到的组织安排和丰富的快乐体验中,进行深刻的教育实践。青年营里基础设施配备完善,开设多种野外求生技能课程。

(7)亲子实用性厨房

野炊区:配备极具农家特色的柴火大灶,15人份的风味大餐,和孩子们一起亲自下地捉活鸡、捞鲜鱼、现采农家蔬菜、破柴枝,尽情地挥舞铁铲、翻转铁锅,感受原生态食材的自然滋味。或者到烧烤区组织烧烤BBQ,即刻就能体验食物经炭火高温烘烤后带来的飘香美味。

8.1.2 Mokumoku农场

Mokumoku农场位于日本三重县伊贺市郊区,由农户养猪的经营联合体发展而成,是以"自然、农业、猪"为主题的田园综合体。Mokumoku农场不仅向市民提供新鲜、健康、绿色的农产品,还向市民开放,是集农村休闲、体验农事、农事教育等旅游于一体的市民农园。

Mokumoku农场由农业生产区、休闲娱乐区、餐饮住宿区、购物区四大区域组成,休闲娱乐区占据中间核心区域,其他三个活动区散落周边,形成辐射的活动线。农场在进行农业生产的同时,提供观光游览、科普教育、产品展览、餐饮美食、休闲体验、购物消费、度假住宿等服务,满足消费者度假的食、住、行、游、购、娱需求。

Mokumoku农场目标群体定位于儿童及家长群体，以经营联合体为经营主体，向市民提供农产品、农产品加工品以及农村休闲、体验农事、农事教育等服务，形成了良好的口碑宣传，也形成了收入稳定的农业循环生态商业模式。从商业模式来看，Mokumoku农场是一个发展成熟的田园综合体。

Mokumoku农场作为一个典型的田园综合体，立足农业，将农业与第二、三产业进行巧妙结合，延伸了农业产业链，提升了农业价值链，形成了一个循环的生态商业模式。

（1）保持农业生产功能，有效缩短了农户生产与市场的距离，增强了农民对于农产品的定价权

Mokumoku农场是由当地养猪农户联合发起建成的，农场经营着蘑菇农园和牧场，提供有机蔬菜、新鲜肉类和乳制品。农场种植蔬菜、花卉和养殖牲畜，既能美化乡村环境，又能保持原来的农产品供给功能，且农场外部仍保持着乡村的原始生态感，农场设计匹配周围的生态环境，营造出一个轻松、舒适、和谐、自然的乡村氛围，是休闲旅游的好场所。

农场产品直接对餐厅、商店、菜市场和主题馆进行销售和消费，实现"从农田到餐桌"的点对点供应。农场出售的农产品都标有农户姓名和照片，购买者可以清楚知道农产品的生产相关信息。一方面增加消费者对农场商品的信任度；另一方面也对农产品的供应者形成一定的约束，促进当地农业生态品质化发展。

（2）农业延伸到食品加工业，提高了农产品附加值

Mokumoku农场开设有麦芽工坊、啤酒厂、面包糕点工坊以及猪主题馆、叉烧肉主题馆、香肠主题馆等休闲体验区，主要生产原料直接来源于农场。农业延伸到食品加工业，一方面可以提高农产品的附加值，拓展农民参与农产品价值分配的空间；另一方面能够保障食品的新鲜、健康、安全供应，有力保障当地农民的就业和增收。

（3）农业和农产品加工业延伸到商业旅游等服务业，农业产业链延伸带动了价值链的提升

农业和农产品加工业延伸到服务业，衍生出各种各样的农业旅游和消费产品，增加了农民就地就业的机会，形成对农业价值的空间立体开发，使农场成为生态经济化的直接转化平台。农场生产的果蔬、乳畜产品及其加工品，既可以作为Papa纯天然餐厅、乡村料理店的食材，还可以在蔬菜交易市场进行销售，产地直接对接市场，提升农产品经济价值；农场巧妙地将加工产品的店铺包装成猪主题馆、叉烧肉主题馆、香肠主题馆等主题馆，为游客提供骑马、挤牛奶、喂羊、面包香肠手工制作、蔬菜采摘、迷你猪表演、品尝初酿啤酒等农事体验活动，在出售商品的同时提供旅游产品、休闲体验和科普教育，将农业的多功能性经济化。

8.2 涉农创新之翘楚

本节提要：使学生了解创新在科学研究、企业发展和个人成长中的推动作用，激发学生的创新精神；鼓励大学生在自己所学专业领域内积极创新。

8.2.1 创新助力科学研究

8.2.1.1 袁隆平——一粒种子改变世界

袁隆平说："一个人一辈子做好一件事，就足够了。"他这一辈子，就做了一件事——培育优良的杂交水稻。而就这一件事，就解决了数亿万人口的粮食问题。

袁隆平，1930年9月出生于北平（现北京），1953年毕业于西南农学院。1964年开始研究杂交水稻，1973年实现三系配套，1974年育成第一个杂交水稻强优组合'南优2号'，1975年研制成功杂交水稻制种技术，从而为大面积推广杂交水稻奠定了基础。1985年提出杂交水稻育种的战略设想，为杂交水稻的进一步发展指明了方向。1987年任"863计划"两系杂交稻专题的责任专家，1995年研制成功两系杂交水稻，1997年提出超级杂交稻育种技术路线，2000年实现了农业部制定的中国超级稻育种的第一期目标，2004年提前一年实现了超级稻第二期目标。在饱尝了"失败、成功、再失败、再成功"的酸甜苦辣后，袁老始终坚持实践出真知的真理，把整个青春都奉献在了田埂上。如今年近九十，仍在追梦的袁隆平，先后获得"国家特等发明奖""首届最高科学技术奖"等多项国内奖项和联合国"科学奖""沃尔夫奖""世界粮食奖"等11项国际大奖。出版中、英文专著6部，发表论文60余篇。1995年当选为中国工程院院士。2019年9月17日，国家主席习近平签署主席令，授予袁隆平"共和国勋章"。

作为一个科学家，不能迷信权威、迷信书本，也不能因为取得一丁点的成绩就沾沾自喜、居功自傲。科学是没有止境的，只有敢于探索、敢于创新，才能成果迭出，常创常新。

1960年，天灾席卷中国。严重的饥荒让每个人的脸都变成了蜡黄色。目睹残酷的现实，袁隆平下定决心要培育出高产水稻，让粮食大大增产，用农业科学战胜饥饿。他打破了世界性的自花授粉作物育种的禁区，提出水稻杂种优势利用的观点，成为最早开创了水稻杂种优势利用研究的科学家，被同行誉为"世界杂交水稻之父"。1964年，袁隆平首先提出培育"不育系、保持系、恢复系"三系法利用水稻杂种优势的设想并进行科学试验。1970年与其助手李必湖和冯克珊在海南发现一株花粉败育的雄性不育野生稻，成为突破"三系"配套的关键。此后几年，袁隆平等完成三系配套并培育成功杂交水稻。这一成果在1976年后在国内大面积推广应用，大大提高了水稻产量。1986年袁隆平提出杂交水稻育种分为"三系法品种间杂种优势利用、两系法亚种间杂种优势利用到一系法远缘杂种优势利用"的战略设想。

研究杂交水稻的实践中，袁隆平本着"只有永远不满足，不断创新，我们才能有新的动力、新的收获"的信念，尊重权威但不迷信权威，敢想敢做敢坚持，相信自己能够依靠科技的力量和自己的本事自主创新，终于获得巨大成功。

当时，米丘林、李森科的"无性杂交"学说——"无性杂交可以改良品种，创造新品种"的传统论断垄断着科学界。袁隆平继续做了许多试验，依然没有任何头绪。他开始怀疑"无性杂交"的一贯正确性，决定改变方向，沿着当时被批判的孟德尔、摩尔根遗传基因和染色体学说进行探索，研究水稻杂交。而在当时，作为自花授粉的水稻被认为根本没有杂交优势。"别人都讲我是'鬼五十七'（长沙方言，意为不务正业），我也不理。"从此，他义无反顾地选定了杂交水稻这道科研课题。

1960年7月，盛夏的一天，在安江农校实习农场早稻田中，袁隆平像往常一样下课后挽起裤腿到稻田查看。突然，他发现了一株植株高大、颗粒饱满的水稻"鹤立鸡群"。他如获至宝，马上用布条加以标记，反复观察，并采集花药进行镜检。

第二年，他把收获的种子种下去，结果长出的水稻高的高、矮的矮。"当时我非常失望地坐在田埂上……突然灵感来了，水稻是自花授粉的，不会出现性状分离，所以这一定是个天然杂交种！"

袁隆平马上想到，把雌雄同蕊的水稻雄花人工去除，授以另一个品种的花粉，就能得到有杂交优势的种子了。但单凭人力不可能大量生产这样的种子，如果专门培育一种雄花退化的水稻，将其和其他的品种混种在一起，用竹竿一赶花粉就落在雌花上了，就能大量生产杂交稻种。

想到这里，袁隆平欣喜若狂，也更加充满信心。接下来几年的夏天，水稻扬花吐穗的时候，他都拿着放大镜，顶着烈日在田间苦苦寻觅。1964年7月5日，他在安江农校实习农场的洞庭早籼稻田中找到一株奇异的"天然雄性不育株"，这是国内首次发现。经人工授粉，结出了数百粒第一代雄性不育材料的种子。

1965年7月，又在安江农校附近稻田的'南特号''早粳4号''胜利籼'等品种中，逐穗检查14 000多个稻穗，连同上年发现的不育株，共计找到6株。经过连续两年春播与翻秋，共有4株繁殖了1~2代。

1966年2月28日，袁隆平发表第一篇论文《水稻的雄性不孕性》，刊登在中国科学院主编的《科学通报》半月刊第17卷第4期上。这是他关于杂交水稻的第一篇论文，直击禁区。

袁隆平深有感触地说："在研究杂交水稻的实践中，我深深地体会到，作为一名科技工作者，要尊重权威但不迷信权威，要多读书但不能迷信书本，也不能害怕冷嘲热讽，害怕标新立异。如果老是迷信这个迷信那个，害怕这个害怕那个，那永远也创不了新，永远只能跟在别人后面。科技创新既需要仁者的胸怀、智者的头脑，更需要勇者的胆识、志者的坚韧。我们就是要敢想敢做敢坚持，相信自己能够依靠科技的力量和自己的本事自主创新，做科技创新的领跑人，这样才会取得成功。"

8.2.1.2 屠呦呦——青蒿素之母

屠呦呦，1930年12月30日出生，药学家，博士生导师。1955年毕业于北京大学医学院（现为北京大学医学部）药学系，现任中国中医研究院终身研究员兼首席研究员，多年从事中药和中西药结合研究，取得显著成绩，带领课题组人员发明和研制了新型抗疟病青蒿素和还原青蒿素。2011年8月，因发现青蒿素获得拉斯克医学奖临床医学研究奖。2015年10月，屠呦呦获得诺贝尔生理学或医学奖，理由是她发现了青蒿素，这种药品可以有效降低疟疾患者的死亡率。她成为首获科学类诺贝尔奖的中国人。屠呦呦是第一位获得诺贝尔科学奖项的中国本土科学家、第一位获得诺贝尔生理医学奖的华人科学家，是中国医学界迄今为止获得的最高奖项，也是中医药成果获得的最高奖项。

"呦呦鹿鸣，食野之苹"，《诗经·小雅》的名句寄托了屠呦呦父母对她的美好期待。作为一名药学专业学生，屠呦呦考入北大医学院时就和植物等天然药物的研发应用结下不解之缘。从1955年进入中医研究院（现为中国中医科学院）来，她几十年如一日，埋首于深爱的事业中，将一份份漂亮的成绩单回馈给党和人民。

屠呦呦入职时正值中医研究院初创期，条件艰苦、设备奇缺，实验室连基本通风设施都没有，经常和各种化学溶液打交道的屠呦呦身体很快受到损害，一度患上中毒性肝炎。除了在实验室内摇瓶子外，她还常常一头汗两腿泥地去野外采集样本，先后解决了中药半边莲及银柴胡的品种混乱问题，为防治血吸虫病做出贡献；结合历代古籍和各省经验，完成《中药炮炙经验集成》的主要编著工作。屠呦呦最引人瞩目的成就是发现青蒿素，作为防治疟疾的一线药物，它每年在全世界，尤其是发展中国家，拯救了成千上万的生命，并且在与疟疾这种致命疾病的持续战斗中产生了长远的医疗福利。

在1971年10月4日，一双双眼睛紧张地盯着191号青蒿提取物样品抗疟试验的最后成果。随着检测结果的揭晓，整个实验室都沸腾了：该样品对疟原虫的抑制率达到了100%！

时间追溯到1967年5月23日，我国紧急启动疟疾防治药物研究工作协作项目，代号为"523"。项目背后是残酷的现实：由于恶性疟原虫对氯喹为代表的老一代抗疟药产生抗药性，如何发明新药成为世界性的棘手问题。

临危受命，屠呦呦被任命为"523"项目中医研究院科研组长。要在设施简陋和信息渠道不畅条件下，短时间内对几千种中草药进行筛选，其难度无异于大海捞针。但这些看似难以逾越的阻碍反而激发了她的斗志。通过翻阅历代本草医籍，四处走访老中医，甚至连群众来信都没放过，屠呦呦终于在2000多种方药中整理出一张含有640多种草药包括青蒿在内的《抗疟单验方集》。可在最初的动物试验中，青蒿的效果并不出彩，屠呦呦的寻找也一度陷入僵局。

到底是哪个环节出了问题呢？屠呦呦再一次转向古老中国智慧，重新在经典医籍中细细翻找，突然，葛洪《肘后备急方》中的几句话牢牢抓住她的目光："青蒿一握，以水二升渍，绞取汁，尽服之。"一语惊醒梦中人，屠呦呦马上意识到问题可能出在常用的水煎法上，因为高温会破坏青蒿中的有效成分，她随即另辟蹊径采用低沸点溶剂进行实验。

成功，在190次失败之后。1971年，屠呦呦课题组在第191次低沸点试验中发现了抗疟效果为100%的青蒿提取物。1972年，该成果得到重视，研究人员从这一提取物中提炼出抗疟有效成分青蒿素。这些成就并未让屠呦呦止步，1992年，针对青蒿素成本高、对疟疾难以根治等缺点，她又发明出双氢青蒿素这一抗疟疗效为前者10倍的升级版。

2016年1月，新晋诺奖得主、中国中医科学院屠呦呦研究员在青蒿素抗疟研究之后，对研究该药治疗新适应证——红斑狼疮的临床试验的审批有了巨大进展，在国家食品药品监督管理总局领导的支持下，按照新药审批的有关办法，扩大适应证申请已获得了北京市申请号，并报送食品药品监管总局药品审评中心。

2019年1月14日，屠呦呦入围BBC"20世纪最伟大科学家"；同年5月，又入选"福布斯中国科技50女性"榜单。6月，屠呦呦与团队成员经过多年攻坚，在"青蒿素抗药性"等研究上获得新突破，并提出合理应对方案。9月17日，国家主席习近平签署主席令，授予屠呦呦"共和国勋章"。

屠呦呦为青蒿素治疗人类疟疾奠定了最重要的基础，得到国家和世界卫生组织的大力推广，挽救了全球范围特别是广大发展中国家数以百万计疟疾患者的生命，为人类治疗和控制这一重大寄生虫类传染病做出了革命性的贡献，也成为用科学方法促进中医药传承创新并走向世界最辉煌的范例。

青蒿，南北方都很常见的一种植物，郁郁葱葱地长在山野里，外表朴实无华，却内蕴治病救人的魔力。正是如青蒿一样的科学追梦人，大爱在左，奉献在右，随时播种，随时开花，将生命长途点缀得花香弥漫，绿意盎然，让不同地域、种族的人一起呃吸现代科技的芬芳。屠呦呦几十年来致力于严重危害人类健康的世界性流行病疟疾的防治研究，从中医药这一伟大宝库中寻找创新源泉，从浩瀚的古代医籍中汲取创新灵感，从现代科学技术中汲取创新手段，与她领导的研究团队坚持不懈，克服困难，联合攻关，成功地从中草药青蒿中提取出青蒿素，并研制出系列青蒿素类药品。这一成就挽救了全球特别是发展中国家数百万人的生命，在世界抗疟史上具有里程碑式的意义。

8.2.2 创新推动企业发展

8.2.2.1 张金山——不断创新打造品牌

张金山说宁夏红是一个特色产业，是在种枸杞的农民挖枸杞树、枸杞卖不掉、一斤枸杞三块钱的背景下出现的。经过了近十年的努力，现在枸杞每斤在 20 块钱左右。当时宁夏的枸杞种植面积是 1333 公顷，现在发展到了 4 万公顷，产业得到了快速发展，这个过程当中宁夏红作为一个龙头企业起了一个重要的作用。一方面，通过品牌的打造宣传带动枸杞产业社会的认知度，提高消费意识，培育市场；另一方面，枸杞的加工技术在国内国际市场上是找不到的，因为"世界的枸杞在中国，中国的枸杞在宁夏"。面对着如何自主创新，以及自主创新产业、自主创新品牌、自主创新技术的挑战，企业走产学研结合的道路，形成了 30 多项专利。每一项的加工技术都具有中国的创新，企业的枸杞酒生产方法获得了联合国知识产权组织和中国专利局颁发的金奖。

1963 年，张金山出生在中卫县宣和一个农民家庭。1983 年从宁夏商业学校毕业后，分配到了原青铜峡糖酒公司工作，并以突出的业务能力和独特的人格魅力，被提拔为公司副经理、经理，并兼任青铜峡酒类专卖局局长。

1996 年，不安于现状的张金山主动放弃了金饭碗，放弃了国家干部的身份和待遇，没有给自己留丝毫的缓冲机会，他毅然回到家乡中卫县，开始了自己的创业之路。

2000 年 4 月，香山酒业集团收购了中宁枸杞制品厂，成为中国首家用高科技对枸杞进行深加工的企业。在经过翔实的调研后，张金山将产业定位在枸杞果酒上。

2002 年，在历经 24 个月，47 道生产工艺、上百道工序，"宁夏红"在一次次改进的基础上终于问世了。开创了酒类先河，以时尚、健康而独树一帜。在张金山的带领下，宁夏红已成长为中国枸杞果酒的领军品牌，并取得了开拓性的发展。张金山站在国际市场的战略性高度全面进行枸杞产业远景规划，主张高起点、高标准打造强势的国际性品牌，对产业发展进行战略性规划。

作为一个企业家，张金山具有强烈的社会责任、政治责任和历史使命感，他将企业及个人的发展置身于社会发展之中，使企业获得持续、良性发展的同时，对社会做出了很大的贡献。使宁夏红成长为国家级农业产业化重点龙头企业，引领了中国枸杞产业的发展，肩负起了打造世界枸杞之都、打造世界枸杞第一品牌、打造枸杞产业链，振兴民族经济的历史使命。

8.2.2.2 牛根生——奇招迭出铸就辉煌

牛根生，蒙牛乳业集团的创始人，老牛基金会创始人、名誉会长，"全球捐股第一人"。他 1999 年离开伊利，创立蒙牛，后用短短 8 年时间，使蒙牛成为全球液态奶冠军、中国乳业总冠军。2002 年牛根生成为"中国十大创业风云人物"之一，"牛"到了这个地步。2011 年 6 月 11 日，蒙牛乳业在港交所发布公告称，其创始人牛根生辞任董事会主席一职。

牛根生离开伊利后，先是进入北京大学进修。在北京大学的那段时间里，牛根生整天骑着一辆破自行车穿梭于各个教室之间。40多岁的"老牛"坐在教室里听课，望着身边那些风华正茂，甚至略显稚气的"同学"，内心非常难受。"我必须首先化解掉内心的委屈和痛楚，方能静下心来融入到陌生的校园环境当中去。"牛根生在心里如此告诫自己。他利用在北大进修的这段时间重新审视了自己在伊利16年的各种经验和教训，让原本在企业中形成的应激反应模式转换成理性的思维模式。士别三日当刮目相看，牛根生原本就比一般人看得高、想得远，经过在北大的沉淀与升华，"蒙牛王朝"的宏伟蓝图在心底酝酿成熟。

当时伊利统治了市场，蒙牛只能夹缝中求生存。要想扩大蒙牛的知名度，牛根生知道若依赖于常规的营销手段，难以实现重大突围，只能以奇招制胜。蒙牛提出了"创内蒙古乳业第二品牌"的创意。当时内蒙古乳品市场的第一品牌当然是伊利，蒙牛名不见经传，连前五名也挤进不去。但是，牛根生的过人之处就表现在此，蒙牛通过把标杆定为伊利，使消费者通过伊利知道蒙牛，而且留下一个印象：蒙牛似乎也很大。1999年4月1日，呼和浩特市的老百姓一觉醒来，市区主要街道旁边的300块广告牌全是蒙牛广告：向伊利学习，为民族工业争气，争创内蒙古乳业第二品牌！一石能激起千层浪，300块广告牌同时入市，自然掀起了市场巨浪。"蒙牛"成了内蒙古老百姓热衷谈论的一个话题，人们记住了蒙牛，也记住了蒙牛是内蒙古乳业的第二品牌。5月1日，就在老百姓讨论"蒙牛"的余热未散之时，48块"蒙牛"的广告牌一夜之间被砸得面目全非。牛根生当然明白这是谁干的，聪明人善于把坏事变为好事，把危机转化为机遇。牛根生利用广告牌被砸事件让社会关注蒙牛的热情再度掀高，蒙牛开始变得"愈神秘，愈美丽"。广告牌可以被砸，但是把广告印在产品包装纸上，对手应该无可奈何了吧。于是，蒙牛在冰激凌的包装上，打出"为民族工业争气，向伊利学习"的字样。蒙牛表面上似乎为伊利免费做了广告，实际上为自己做广告，默默无闻的蒙牛正好借伊利大企业的"势"，出了自己的"名"。牛根生白手起家，硬是在重重围剿之中杀出一条血路。蒙牛乳业凭借着牛根生的过人智慧，实现了高速发展，从原先的"借势"蜕变成了"强势"。

8.2.3 创新成就个人发展

8.2.3.1 "蜜柚夫妻"——建品牌、玩众筹

80后的刘国武2006年从深圳大学土木工程管理专业毕业，曾在深圳路桥集团工作了3年，随后回乡接手了父亲的建筑工程队，创办和兴建工程公司，事业顺利。然而，他在2011年却选择了二次创业，涉足农业种植业。

刘国武的选择得到妻子——深圳大学2006届中文系毕业生邓露明的支持。两人经过考察，将种植基地选在老家新乐村，这里四周森林环绕，没有任何污染企业，经过土壤检测，发现这里还是富硒山地，土壤硒含量均值为1.2毫克/千克。功夫不负有心

人，夫妻俩的努力很快得到了政府的高度重视。县政府有关部门的领导多次来柚子园参观考察，最终决定，将他们的柚子品种发展成当地特色农产品，并帮助他们成立公司，注册"洪安"商标，带动周边农户一起发展柚子产业。"狠抓品质，让每个柚子都成精品"，好口碑支撑着蜜柚价格一路攀升，他们的柚子卖到了50元一个，产值达80万元，相当于前两年柚子销售总产值。

刘国武夫妇一方面坚持工程公司的经营，另一方面收购附近13.3公顷柚园，转型创业由此展开。接受新思维的刘国武对互联网特别痴迷。刘国武夫妇还把已经注册"兴瑞红柚"商标的柚果销售瞄准电商平台等新的销售渠道，并与京东、易果网等生鲜电商平台合作，还开设微店。柚果成熟时，客户可以前来采摘、包装，体验农家乐趣，进一步推动基地休闲观光农业的发展。由于柚园发展已经进入综合发展阶段，刘国武将结束建筑工程业务，将建筑公司整体转让，专心经营他的现代农业企业。

8.2.3.2 "多肉植物园"——微信营销、产业化经营

2014年，同为80后的徐华明迷上了憨态可掬的多肉植物，把家里和娘家的阳台都养满了多肉植物，老公张力见老婆兴趣浓厚，便想不如把爱好当事业来做。2015年5月，夫妻俩便在城区开了一个小小的门店，经营多肉植物，目前他们拥有200平方米的多肉植物大棚，生意特别火爆。

他们的销售渠道就是个人微信。在销售中，夫妻俩通过微信朋友圈，让更多的朋友认识到多肉植物，结识了许多有同样爱好的朋友，除了本地的爱好者，还有不少外地打工者把多肉植物寄存在这里。就这样熟人带新人，店里只要一进货，当天就可以卖完。

未来，他们将继续创新，拓展多肉植物业务，帮人布置多肉植物花园、多肉植物阳台，时机成熟时开一家多肉植物主题店。

8.3 涉农创业之翘楚

本节提要：使学生了解行业翘楚的创业经历，体验创业过程中的艰辛和困苦，感悟创业者创业的历程。

8.3.1 李登海——创业路上永不停歇

李登海作为农民发明家，被称为"中国紧凑型杂交玉米之父"，使他与"杂交水稻之父"袁隆平齐名，共享"南袁北李"的美誉。30多年里，先后选育玉米高产新品种80多个，6次开创和刷新了中国夏玉米的高产纪录。他主持选育的"掖单"系列玉米新品种，曾获国家科技进步一等奖。

20世纪90年代中后期，他又育成"登海"系列玉米新品种，成为中国跨世纪的主推

品种。'登海9号'玉米新品种,具有优质、高产、多抗的突出特点,其产量比曾获国家科技进步奖一等奖的'掖单13号'还增产11.4%。经国家审定,适宜在东北、黄淮海、西北及南方玉米区种植。2000年3月至2007年年底累计生产销售'登海9号'5624.08万公斤,累计推广面积125万公顷,累计增产粮食11.40亿公斤,累计新增社会效益11.4亿元,为保障中国粮食安全做出了贡献。'登海9号'具有较高的淀粉含量,也受到了乙醇汽油生产企业的青睐,为保障中国能源安全也提供了有力的支撑。2015年9月25日中宣部向全社会公开发布"时代楷模"李登海。2017年5月,获得全国创新争先奖。

8.3.1.1 创新突破是竞争力源泉

在离登海种业不远的一个地方,门前用红色写着大大的四个字——"玉米之家",这就是登海种业掌门人李登海的家,院子内晾晒着的玉米粒儿在太阳的照耀下金光闪闪。对面的一片玉米地,是他个人及他所带领的科研团队苦心钻研玉米育种技术的试验田,从他脑海里迸发出的每一个玉米新品种,都是在这里经过最初的试验才走入其他试验田。38年前,李登海手攥着仅仅2万元人民币和20粒玉米种子,借用母亲的几亩粮田,自己动手搭建科研设施。就这样,他第一次踏上了繁育玉米种子的高产研究之路。"一个玉米新品种,从培育到成功的概率只有十二万分之一。"然而,李登海却在十二万分之一的几率中获得了成功,创造了一个又一个玉米高产奇迹。

从1972年开始至今,30多年的时间里,李登海培育出了100多个优良玉米杂交种,实现了玉米单产从100多公斤到1400多公斤的突破,7次创造和刷新了夏玉米高产纪录,开创了我国高产玉米育种栽培紧凑型的发展方向。可以说,李登海就是中国紧凑型玉米杂交玉米的"鼻祖"。由最初的平展型玉米高产攻关向紧凑型玉米跨越,并第一次突破700公斤的高产限额,李登海用了8年的时间,1979年'掖单2号'玉米种子亩产达到了776.9公斤。其后,李登海又花费了8年的时间,再次突破了1000公斤的高产指标,那年是1988年,当登海种业的'超试1号'突破亩产1400公斤的时候,已是2005年,这最新的一段突破李登海足足用了17年的时间。

40年的研究历程,李登海感慨道:"我从一个农业技术员到有突出贡献的中青年专家,从一个普通共产党员到十四大、十七大党代表,从一个农村的农科队长到农业部专家顾问组成员,经历了一个'从奴隶到将军'的奋斗历程。"这一路走下来,李登海始终保持着对玉米的那份执着。

8.3.1.2 三年之惑诞生经营转折点

脱下往日沾满黄泥的黄胶鞋,从田地里走出来的世界级科学家李登海,回忆起登海种业2006—2008年那艰苦的3年时光,透着苦涩,更充满艰辛后的喜悦。

李登海骨子里透着科学家执着的本性。过去,"固执"二字,不仅体现在李登海对玉米育种技术的执著钻研上,更体现在他对企业管理的"一己之见"。他将大部分精力用于繁育玉米种子的研究，没有花太多心思在种子的销售上，更别提为了迎合市场而实行合理生产。

然而，2006年，登海种业的销售出现快速下滑；2007年，'郑单958'的畅销对登海种业造成剧烈冲击；2008年，大量种子囤积、滞销。这无疑给专注于科研、一帆风顺的李登海敲响了警钟。3年里，李登海不断反思，他开始意识到完善生产机制、加大营销网络建设以及加强管理体制改革的必要性。2002年10月，登海先锋控股子公司创立，为今后动摇李登海的"固执"埋下了伏笔。

回忆3年的坎坷路，李登海说："有三股力量，支撑着登海种业艰难走过：一是登海先锋，其间的大部分利润来自于这个子公司；二是登海种业承担了国家超级玉米品种的研究项目，国家给了一部分资金支持；三是我对公司顺利渡过难关的决心和信心，以及我们科研团队自主创新的原动力。"

8.3.1.3 学习榜样攻破软肋

相对于登海种业出色的科研成果，长期以来，管理和营销被看作是登海种业的软肋，也成为制约公司发展的主要因素。与先锋公司的合作，让登海种业找到了问题所在，找到了差距，找到了学习的榜样。

2007年开始，登海种业提出"向先锋学习"，多次派人员到子公司学习。通过两年的对照比较，已逐步找到了自身在管理、营销和技术上的问题所在。这个从田地里走出来的科学家，在与美国先锋公司多年的接触中，终于找到了开启企业管理这扇门的钥匙。

李登海总结道："企业具备核心竞争力的两大要素，除了培育出具有市场竞争力的产品，即依靠自主创新，研发出抗病和抗倒力强的品种之外，还要拥有为农民用户服务的技术服务体系，从而将具有市场竞争力的品种推广开来。"

当前种子市场供过于求的整体局面，考验着登海种业营销网络的铺设及营销水平的提高。对此，李登海布局整个销售网络：将营销中心逐步向北京转移，建立先进的营销体系，同时进一步完善营销人员的薪酬分配方案。如今的李登海加大了对市场信息的调查，他意识到根据市场信息的反馈，可以更准确地把握市场变化，从而有效开展重点突破。

8.3.1.4 科学家有了企业家精神

2009年是登海种业迅速实施整改的第一年。

在登海种业的发展历程中，人才的匮乏和流失成为公司发展的瓶颈。对此，李登海感受颇深，如果体制不改变，那么今后的发展势必会受到牵制。于是，李登海提出"改革首先从吸引和留住人才开始。"

李登海亲自带领200多人的科研团队，每年研发100个参试品种，其中6~8个品种可以通过省审和国审。2001—2006年，先后设立遍布于全国的28个实验站，开始探索进行改制的方案，变身产权公司，从而实现对各地实验站科研人员的更好激励。

多年投身玉米研究的李登海意识到，"目前，中国的育种科研明显缺乏市场经济的意识。"因为在我国，种子只有通过了国家（或省级）审定才能进行销售，但这远远不够，还应当充分考虑下端市场即农民种植对种子的个性化需求。因此，企业在育种科研方面应始终围绕着市场需求而培育。作为农民出身的科学家，这时候他"开窍"了，更学会了用经济头脑去考虑企业生存和发展的问题，即考虑如何迎合市场，进行生产和销售。于是，他对登海种业今后的科研方向有了新的把握："以后科研的方向会多考虑农民在生产过程中的所需，同时，在提高生产效率和高价对高产的需求之下，降低企业成本，最终实现企业利益的最大化。"任何一个熟悉李登海的人，都不难发现在他农民科学家形象的外壳下，又多了一种企业家的精神。

8.3.1.5 李登海创业启示

（1）创业青年要找准自己脚下的路

"人要有志气，有抱负"，李登海说。1972年，当美国农民华莱士在创下了春玉米最高亩产1250公斤记录的时候，中国最高亩产还只有一两百公斤，"美国农民能干的事，中国农民为什么不可以？"从那时起，李登海便立下了"开创中国玉米的高产道路，赶超世界先进水平"的志向。

李登海说他这一生就干了一件事，从20世纪70年代创业至今，用科技创新解决中国粮食问题从未变过。去年，新品种'登海618'在莱州种粮大户戚增荣手里实现了粗放管理实打1930斤的高产量，较之前品种每亩增产500斤，按市场价1.08元每斤计算，每亩地可增收500余元，"我今年打算种300亩的玉米，用他家新品种预计可增收15万元。"

（2）应对国际市场，不断提升自主创新能力

李登海不停地强调"登海种业是有历史使命的"，这种使命也是他一生追求的目标：开创中国玉米的高产道路，赶超世界先进水平。在亩产从一两百公斤到1500公斤，品种从平展型玉米到紧凑型玉米再到超级玉米这个过程中，登海种业成功上市，但依然坚持这个历史使命不变，"我们不同于其他上市公司，我们的任务是解决中国人多地少、需要提高粮食单产的国家难题，确保国家粮食安全。"

在制定《中华人民共和国种子法》和进入WTO之后，中国的种子市场向世界开放，为确保我国粮食安全，中外合作企业必须由中方控股。李登海说，"控股权掌握在谁手里，关系着国家的粮食安全问题。"为此，李登海用了7年时间跟美国先锋公司谈合作，终于将中方控股从50%提高到51%，以最强势的控股姿态与美国先锋建立合作。

"科学没有捷径，创新不会停止。"在接下来的发展中，登海种业要开拓国际市场，不断提升自主创新能力，走出国门，进入国际市场竞争。

8.3.2 张少华——黑豚养殖创业

8.3.2.1 大学生回乡创业财富路

2013 年,张少华工商管理专业毕业后,先在长沙的一家国企上班,月薪近 6000 元。张少华家里一直养猪,但猪肉价格起伏大,销路不好,并不怎么赚钱。2014 年 5 月,考虑到家里有闲置的旧房子,且家里一直养猪,他开始在工作之余探索其他养殖之路,寻找合适的养殖方案以帮助家庭提高收入。

张少华发现,特种养殖黑豚肉质好,高蛋白、低脂肪、低胆固醇,豚肉食品营养价值高,且供不应求。黑豚养殖周期短,一只商品豚都可以卖到 50~80 元,性价比更高。他主动和湖南思毅黑豚农场联系,经过实地考察,决定引进该公司的特种黑豚种。

"引进特种黑豚的过程挺耗时间的,我经常要请假去考察和学习养殖技术,还要回家帮忙改造豚舍。"为了两头兼顾,他辞去长沙国企的工作,回到老家沅陵的一家电器公司上班,"这样离家近些,方便照顾家里"。

之后,张少华家所在村成立了养殖协会,村委邀请他加入,并作为特种养殖的理事,张少华便成了协会骨干成员。"我更想拥有自己的事业,带动家乡发展。"在和家人商量后,他最后放弃了电器公司的工作,回到村里全身心投入创业。

8.3.2.2 克服万难精益求精

引进黑豚种后,为了丰富这些小家伙的食谱,张少华还特意在互联网上查找有关黑豚养殖知识,发现黑豚还可以喂一种叫"hn-mc 玉米草"的牧草,于是联系了经营牧草种子的优草种销售站,一次性购进了 10 亩地的"hn-mc 玉米草"种,黑豚养殖的粮草也为其准备到位。

周围一些人并不理解他的选择。但张少华认为,自己虽然读的专业和养殖没有什么关联,但并不意味着读书无用。"大学生理解学习能力更强,思维更活跃,与人交际、市场开拓合作上更具优势。"他说,以前家里的养猪方式比较传统,现在自己做起特种养殖,在消毒防疫、饲料配方等方面会更加科学。为了给小黑豚增加运动量,他还建了运动场,每天让黑豚运动 4 小时以上并接受日照。

2017 年随着养殖规模的扩大,他表示将结合协会的推动作用,大力宣传和推广,引导更多村民来养殖特种黑豚。他所在的县城及怀化市区其时正通过整合全乡农产品资源,张少华也正准备考虑做肉的加工与包装,与城市生鲜肉食农产品销售店、超市对接,与农贸等市场对接,建立一条产销合作的发展道路,带领群众奔向养殖致富之路。

2018 年张少华在老家湖南沅陵县准备结合特色肉食农产品专卖店,助推当地生态农业、生态旅游的发展。团队下一步将围绕农产品策划活动,组织体验式购物,将更多人引进他们的乡村,结合向阳乡景观美、农产品优的特点,发展生态农业、生态旅游。

8.3.2.3 张少华创业启示

(1) 选好项目

创业不仅仅是一种商机,更重要的是敢于对自己做出改变,在对的时间,果断地做出决定。这不仅需要勇气,还需要有强大的内心力量去面对未知的风险。

(2) 创新技术

用智力换资本,这是大学生创业的特色之路。一些风险投资家往往就因为看中大学生所掌握的先进技术,而愿意对其创业计划进行资助。因此,打算在高科技领域创业的大学生,一定要注意技术创新,开发具有自己独立知识产权的产品,吸引投资商。

(3) 培养能力

大学生由于长期接受应试教育,不熟悉经营"游戏规则",技术上出类拔萃,理财、营销、沟通、管理方面的能力普遍不足。要想创业获得成功,创业者必须技术、经营两手抓。建议可从合伙创业、家庭创业或低成本的虚拟店铺开始,锻炼创业能力。

8.3.3 刘永好——新希望传奇

刘永好生于1951年9月,四川省成都市人,毕业于四川工程职业技术学院,高级工程师。刘永好曾先后担任全国政协委员、全国政协经济委员会副主任、全国光彩事业促进会副会长、中国饲料工业协会副会长、中国乳业协会副会长等职务,并先后荣获"中国十佳民营企业家""中国改革风云人物""中国十大扶贫状元""中国企业管理杰出贡献奖",以及美国《商业周刊》评选的"2000年亚洲之星""2004亚太最具创造力华商领袖"。2005年福布斯富豪榜中国排行第6名,2006年被评为"CCTV年度经济人物""三农人物",2007年刘永好被美国著名的安永会计事务所评为"安永企业家奖",荣获2007年中国管理100"持续创价值"奖,荣登2007年度"光彩人物榜",2008年获称"中国改革开放30年影响中国经济30人",2014年,刘永好入围"2014年度华人经济领袖"。

8.3.3.1 艰难岁月

20岁前,刘永好因家境贫寒从来没有穿过一双像样的鞋子和一件新衣服。为了实现心中美好的梦想,他与三个哥哥一起走上了创业的道路。

在1980年的春节,为了让家人能在过年时吃上肉,刘永好的二哥刘永行从大年初一到初七在公路边摆了一个修理电视与收音机的地摊。短短几天的时间竟赚了300块钱,相当于当时10个月的工资,这一消息就像一颗重磅炸弹在兄弟们的心中炸开了花。刘氏四兄弟一商量:"既然能靠修理无线电挣那么多钱,我们是不是可以办一家电子工厂呢?"

说干就干是刘氏兄弟一个非常重要的特点,开办电子工厂对于学计算机的老大刘永言、学机械的刘永好和会修理家用电器的刘永行而言并非难事。没多久,中国第一台国产音响横空出世,起名"新意音响",但由于资金等问题没有成功。

8.3.3.2 饲养鹌鹑

虽然音响没做成，但刘永好创业的强烈愿望被点燃了，但是做什么呢？搞养殖不需要太多投资，技术含量低，而且自己也熟悉，思考一番的刘永好决定从养殖业开始做起。于是，在左邻右舍鄙夷不屑的议论声中，刘永好与兄弟们在自家的阳台上养起了鹌鹑。

鹌鹑越养越多，下的蛋也越来越多。每天下班回家以后，刘永好与二哥刘永行就骑着自行车沿街叫卖，不久他们在古家村办起了一家良种场。

刘永好的三哥陈育新（刘永美）率先"停薪留职"，刘永好与大哥、二哥决定随后跟进。"良种场"的主营业务是孵小鸡、养鹌鹑以及培育蔬菜种。

1984年4月的一天是一个转折点，资阳县的一个专业户找到他们下了10万只小鸡的订单，这对于刘氏兄弟来说可是一笔大买卖！被冲昏了头的刘氏兄弟立即借了一笔数目不小的钱买了10万只种蛋。但是他们万万没想到，2万只小鸡孵化出来交给那个专业户后不久，他们就听说专业户跑了，对方已是倾家荡产。正赶上农忙时节，小鸡农民不会要，借的钱又要马上还，四兄弟感到了绝望。

四兄弟思来想去，既然农民不要，就将种蛋与小鸡卖给城里人。于是，兄弟4人连夜动手编起了竹筐。之后，刘永好带着鸡仔到农贸市场去卖，一竹筐鸡仔加上一个瘦弱的人，本占不了多大地方，但是农贸市场上的商贩们个个都有自己的势力范围。刘永好初来乍到，根本无法找到安身之处。人就是这样，没逼到绝境谁都不知道自己有多大的潜力。当你坚持到无法再坚持，执着到无法再执着的时候，事情也便成了。第二天，刘永好终于依靠自己的诚恳得到了一个地方。那天，一竹筐的鸡仔总算卖完了。

与刘永好一样，家里其他的兄弟连着十几天每天都是凌晨4点起床，风雨无阻，骑3个小时的自行车赶到20公里外的农贸市场，再用土喇叭扯着嗓子叫卖。连他们自己也没想到，8万只鸡仔竟然全都卖完了。

虽然创业初期的首次危机化解了，但兄弟们的士气却大打折扣。在关键时刻，老大刘永言鼓励众兄弟们振作起来，一定要坚持下去。就这样，四兄弟内心的激情被重新点燃，重新鼓起了斗志，决心把"小"鹌鹑养"大"，把这条路扎扎实实地走下去。

大学毕业的四兄弟各有所长，抱成一团养小小的鹌鹑，不管学到什么最新的技术他们都愿意尝试。不久，他们就开始用电子计算机调配饲料、育种选样，并摸索出一条经济实用的生态循环链：用鹌鹑粪养猪、猪粪养鱼、鱼粪养鹌鹑，使鹌鹑蛋的成本降低到与鸡蛋相差无几。

1986年，育新良种场已经年产鹌鹑15万只，鹌鹑蛋不仅卖到了国内的各个城市，并且冲出亚洲走向了世界，而刘永好在这个过程中也逐渐显露出他的销售才能。

1986年，刘氏四兄弟决定用"希望"这个充满美好前景的词来重新命名自己的养殖场。

8.3.3.3 饲料大王

人们常说"教会徒弟，饿死师父"，刘氏兄弟将自己养殖鹌鹑的技术与经验毫无保留地传授给了新津县的养殖专业户。1987 年，新津县的养殖专业户小兵团作战，用刘氏兄弟的饲料与农具，在孵化率、产蛋率与饲料转换率三项指标上都高出刘氏兄弟 2%~3%。他们不愿与身边的农民兄弟短兵相接，以避免造成两败俱伤。这时，刘氏兄弟想到了产品升级，转战猪饲料市场，决定改行。

那个时候，有一家名叫"正大"的外资饲料公司已经占领了中国猪饲料市场的半壁江山。尽管价格奇贵，但是由于对猪的增肥效果很好，因此农民购买"正大"饲料都要排长队。

1987 年，希望公司在古家村购买了 10 亩地，投资 400 万元，建立了希望科学技术研究所与饲料厂，又投入 400 万元当作科研经费，聘请了一批国内外专家进行研制开发。到 1989 年，"希望牌" 1 号乳猪全价颗粒饲料正式上市，擅长销售与市场推广的刘永好开始大"玩"自己的销售与广告才能。

仅用了 3 个月，"希望"牌饲料的销量便追上了"正大"。"希望"牌饲料的质量不比"正大"差，每吨的价格却便宜了 60 元。

面对"希望"不断蚕食市场，"正大"着急了。"正大"每吨降 20 元，"希望"也跟着降了 20 元；"正大"咬咬牙，再降价 100 元，"希望"干脆降 120 元！一时之间，"希望"牌饲料的销售量狂涨了 3 倍！刘永好的这场市场营销策略打得"正大"既无招架之功，又无还手之力。最后，"正大"主动找到"希望"，双方达成协议——"希望"以成都市场为主，而"正大"以成都以外的市场为主，这实际上就宣告了"正大"退出成都市场。这一仗奠定了"希望"饲料在中国猪饲料市场的霸主地位。

8.3.3.4 和平分家

俗话说，清官难断家务事，但是在刘家却没有难断的家务事。在创业阶段，刘氏兄弟极少有不可调和的分歧，偶尔有几次也是由母亲来决断；母亲去世以后，四兄弟的性格都是尊重真理，有事情坐下来谈，谁有理就听谁的。刘家有 4 个媳妇与 1 个女儿，创业初期，四兄弟就开了一个会议，一致通过了"让各自媳妇回家看孩子，今后不得参政议政"的决定，刘家没有出现内乱，而是家和万事兴。

1992 年，在希望饲料公司的基础上，中国第一家经国家工商局批准的私营企业集团——希望集团成立了。集团成立不久，按兄弟四人的价值取向与各自的特长，刘氏产业被划分为 3 个领域：老大刘永言进军高科技领域；老三负责现有产业的运转，并开拓房地产；老二刘永行与老四刘永好一起到各地发展分公司，复制"新津模式"。在产业明确后，刘家兄弟选择了最为简单的产权划分方式——平均分配资产，兄弟四人各占整个产业 1/4 的股份。

之后刘家老二与老四又有一次分家，刘永好掌控西南，刘永行坐镇东北，此后，创业期间产权模糊不清的刘氏兄弟在一夜间划分得清清楚楚：老大刘永言建立大陆希望公司，老二刘永行创立东方希望公司，老三刘永美成立华西希望公司，老四刘永好建立南方希望公司。他们没有忘了自己的妹妹刘永红，也给了她一些股份。可以说，这是中国企业史上最精彩、最完美的"亲兄弟，明算账"。

8.3.3.5 更高平台

每个人的一生都有很多改变命运的关键时刻与关键事件，刘永好的关键点是什么时候呢？1993年。他表示，这一年命运对他格外垂青，他站在了一个更高、更大的学习平台上。

1993年3月，作为非公有制经济界推选出的政协委员，刘永好出席了全国政协八届一次会议。他首次站在人民大会堂的讲台上发言，"私营企业有希望"的标题刚刚念出口，台下就暴发出了热烈的掌声。

1993年10月，作为来自企业界的唯一代表，刘永好当选全国工商联副主席，开始与全国的优秀企业家成为朋友。一个月后，他到香港参加第二届世界华商大会，作为大陆第一次派往这个国际盛会的代表，他又开始与来自全球的企业家们成为朋友。

身份的不断变化让刘永好的人生舞台一下子扩大了。这对向来擅长外交的刘永好而言真是如鱼得水。在短短的时间内，他的身边就汇集了大量的人脉资源，而这个条件并不是每个企业家都能幸运地遇到，他深知机会的可贵。

不管是在企业界、学术界还是在政界，与其说刘永好交了许多朋友，不如说他认识了很多老师。一向谦虚谨慎的他把众多智囊纳入自己的"知识库"，有需要时信手拈来，因此，刘永好并不是一个人在治理企业，而是中国各领域最优秀的专家在帮他治理企业。

刘永好在1993年和41位政协委员共同提议，希望成立一家主要由民营企业家投资，以服务民营企业为主的银行，即后来的中国民生银行。

中国民生银行于1996年1月12日在北京正式挂牌，经叔平担任董事长，刘永好任副董事长。从1999年5月开始，刘永好用了一年的时间斥资1.86亿元收购了民生银行的一些股份，持股量达1.38亿股，成了第一大股东。

8.3.3.6 刘永好创业启示

（1）创业者要有良好的心态

创业者要有一个良好的心态，在成功时顶得住荣誉的压力，在失败时要顶住挫折的磨炼，不能轻易退却。

（2）选择自己感兴趣的行业

创业者必须要成为创业领域内的"专家""行家"。在刘永好看来，如果要创业，就必须熟悉社会，熟悉所处的行业。创业者要多到有兴趣的行业去工作、去实践，积累才干，了解行情，培养市场意识、社会意识。在创业时，创业者要苦练"内功"，由知情者变为熟悉者，再到行业专家权威，这样才能够缩短创业周期，增大成功的可能性。

（3）能够吃苦耐劳，具备坚持精神，愿意从小做起

刘永好认为，创业者要有吃苦的准备，要坚持不懈，并愿意从小事做起。"刚创业时，我4点钟就起床打扫卫生，蹲在地上观察小鸡，做记录，常常一蹲就是两个小时。"刘永好认为，只有那些从小事做起、不断通过实践锻炼自身能力的人才有可能成功。

（4）在时机还未成熟时，先把创业的冲动埋在心里

对那些急于创业的人，刘永好说："在创业准备还不充分的时候，可以先把创业的冲动埋在心中，积累能量，等待机会。因为未来的不确定性会不断给你提供新的机会。"刘永好举了一个自己的例子，"刚开始，其实我们并不想养鹌鹑。我们准备创办电子工厂，但没有成功，后来我们一直把创业冲动埋在心里。到了1982年，中央号召农村发展专业户，我们四兄弟觉得机会来了。所以，大学毕业以后都放弃了公职跑到农村去创业。当时，大家很瞧不起农村，但是我们想，越是人们不注意、瞧不起的地方就越有机会。"

（5）不要老想着怎么赚钱

刘永好说："追求盈利是每一个创业者必须考虑的问题。但对于每一个创业者来说，挣钱并不是一厢情愿的事情。决定能不能挣钱的不是你自己，而是客户。你给客户提供了超值服务，提供了价值，你也就挣到钱了。"

8.3.4　马云——三次经典创业经历

马云，中国著名企业家。从一无所有到中国首富，他在这段时间里都经历了什么？他是如何成为中国首富的？

马云1964年9月10日生于浙江省杭州市，祖籍浙江省嵊州市（原嵊县）谷来镇，现任阿里巴巴集团董事局主席、日本软银董事、大自然保护协会中国理事会主席兼全球董事会成员、华谊兄弟董事、生命科学突破奖基金会董事、联合国数字合作高级别小组联合主席。

8.3.4.1　第一次：创办海博翻译社

1982年18岁的马云第一次高考失败，先后当过秘书、做过搬运工，后来给杂志社蹬三轮送书。一次偶然的机会，马云在帮浙江舞蹈家协会主席抄文件的时候接触到路遥的代表作《人生》，这本书迅速改变了马云，他从书中体悟到"人生的道路虽然漫长，但关键处却往往只有几步"，遂下定决心，参加二次高考。

1983年马云二次高考失利，1984年第三次高考艰难过关，就读于杭州师范学院。1988年马云大学毕业进入杭州电子工业学院，成为一名青年教师，每个月的工资还不到100元，为了生存，兼职教英语并从事翻译工作。马云认为杭州当时有很多的外贸

公司，需要大量专职或兼职的外语翻译人才，但杭州还没有一家专业的翻译机构，于是他找了几个合作伙伴一起创业，风风火火地成立了杭州第一家专业翻译机构。

创业开始举步维艰，第一个月，翻译社的全部收入才700元，而当时每个月的房租就是2400元。于是好心的同事朋友就劝马云别瞎折腾了，就连几个合作伙伴的信心都发生了动摇。但是马云没有想过放弃，为了维持翻译社的生存，马云开始贩卖内衣、礼品、医药等小商品，跟许许多多的业务员一样四处推销，受尽了屈辱，受尽了白眼。

整整3年，翻译社就靠着马云推销这些杂货来维持生存。1995年，翻译社实现赢利。现在，海博翻译社已经成为杭州最大的专业翻译机构。虽然不能跟如今的阿里巴巴相提并论，但是海博翻译社为马云的创业经历画下了重重的一笔。

海博翻译社给马云最大的启示就是：永不放弃。只要你永不放弃，你就可以取得成功。

8.3.4.2 第二次：创办中国黄页

中国黄页是中国第一家网站，虽然是极其粗糙的一个网站。网站的建立缘于马云到美国的一次经历。1995年初，马云参观了西雅图一个朋友的网络公司，亲眼见识了互联网的神奇，他马上意识到互联网在未来的巨大发展前景，马上决定回国做互联网。

创业开始，马云仍然没有什么钱，所有的家当也只有6000元。于是又变卖了海博翻译社的办公家具，跟亲戚朋友四处借钱，这才凑够了80 000元。再加上两个朋友的投资，共计10万元。但对于一家网络公司来说，区区10万元，实在是太寒酸了。

对于中国黄页来说，创办初期，资金也的确是最大的问题。由于开支大，业务又少，最凄惨的时候，公司银行账户上只有200元现金。但是马云以他不屈不挠的精神，克服了种种困难，把营业额从零做到了几百万。有人说，如今的环境跟马云创办中国黄页的时候截然不同了，那时10万可以，现在肯定不行，说这样的话的人，这辈子也不可能有什么大的成就，因为他们眼里看到的都是困难。

当然，后来中国黄页被杭州电信收购了。但是，中国黄页在马云手里，依然是成功的。

8.3.4.3 第三次：创办阿里巴巴

阿里巴巴无疑是中国互联网史上的一次奇迹，这次奇迹是由马云和他的团队创造的。

但是阿里巴巴创业开始，钱也不多，50万，是18个人东拼西凑来的。50万，是他们全部的家底。然而，就是这50万，马云却喊出了这样的宣言：我们要建成世界上最大的电子商务公司，要进入全球网站排名前十位！

那是1999年。1999年，中国的互联网已经进入了白热化状态，国外风险投资商疯狂给中国网络公司投钱，网络公司也是疯狂地烧钱。50万，只不过是像新浪、搜狐、网易这样大型的门户网站一笔小小的广告费而已。阿里巴巴创业开始时相当艰难，每个人工资只有500元，公司开支的每一分钱恨不得掰成两半来用。外出办事，发扬"出门基本靠走"的精神，很少打车。据说有一次，大伙出去买东西，东西很多，实在没办法了，只好打的。大家在马路上向的士招手，来了一辆桑塔纳，他们就摆手不坐，一直等到来了一辆夏利，他们才坐上去，因为夏利每公里的费用比桑塔纳便宜2元钱。

2007年11月6日，阿里巴巴在香港联交所上市，市值200亿美金，成为中国市值最高的互联网公司。马云和他的创业团队，由此缔造了中国互联网史上最大的奇迹。马云的成功绝非单单因为他创业时间早！也许你认为马云恰逢时运，你生不逢时；也许你认为马云资金雄厚，你身无分文；也许你认为马云运气高照，你霉字当头，但请不要忘了马云两次高考落榜，做过搬运、蹬过三轮、当过小贩；请不要忘了阿里巴巴创业之始35个人挤在一个房间，大家要靠集资才能创业，马云要靠借贷才能发工资；请不要忘了马云身高1米62，体重仅100斤出头，中国黄页推出之初很多人认为他是骗子。马云的创业成功绝非偶然，那是智慧和勇气的结晶，那是信心与实干的结果，那是领袖与团队无间结合。

8.3.4.4 马云创业历程回顾

1999年3月阿里巴巴正式推出，逐渐为媒体、风险投资者关注。马云在拒绝了38家不符合自己要求的投资商之后，于1999年8月家接受了以高盛基金为主的500万美元投资、于2000年第一季度接受了软银的2000万美元的投入，从而由横空出世、锋芒初露，到气贯长虹、势不可挡，直至成为全球最大网上贸易市场、全球电子商务第一品牌，并逐步发展壮大为阿里巴巴集团，成就阿里巴巴帝国。

2003年5月10日，马云创立淘宝网，开始抢夺eBay易趣C2C市场。

2004年12月，马云创立第三方网上支付平台支付宝。

2005年8月17日，雅虎宣布以10亿美元现金和雅虎中国全部资产为代价，同时获雅虎10亿美元投资，换取马云创办的阿里巴巴40%的股份和35%的投票权，马云出任中国雅虎董事局主席。

2007年11月，马云创立的阿里巴巴网络有限公司在香港联交所主板挂牌上市。

2008年10月31日，阿里巴巴有限公司和杭州师范大学合作共建杭州师范大学阿里巴巴商学院，马云出任董事长。

2013年5月10日，马云正式卸任阿里巴巴集团CEO，陆兆禧接替马云出任阿里巴巴集团首席执行官。

2014年9月19日，阿里巴巴集团于纽约证券交易所正式挂牌上市。

2015年10月23日，"2015信中利·胡润IT富豪榜"发布，51岁的马云及其家族以1350亿元资产蝉联中国IT业首富，在13年里财富增长540倍。

2015年10月26日，2015年"福布斯中国富豪榜"在北京发布，马云以218亿美元财富，排名第二。

2015年11月4日,马云名列"福布斯全球最有权力人物排行榜"第22位。

2016年10月27日,"2016福布斯中国富豪榜"公布,马云以282亿美元财富,排名第二位。

2017年2月4日,阿里巴巴集团澳大利亚新西兰总部揭幕典礼在澳大利亚新南威尔士州举行。典礼上,浙商总会会长、阿里巴巴集团董事局主席马云表示,要将"让天下没有难做的生意"的理念带到大洋洲。

2017年7月17日,"2017福布斯富豪榜"发布,马云以354亿美元身家排在第18位,重新取代王健林成为华人首富。

2018年5月,"福布斯全球十大最具影响力CEO"排名第六。

2018年7月31日,"2018福布斯中国慈善榜"发布,马云排名第14。

8.3.4.5 马云创业启示

马云创业经历的意义更在于马云说过"如果马云能够成功,相信中国80%的人都能成功"。如果能像马云一样敢思、敢想、敢说、敢做、敢为天下先,那你也可能实现自己的阿里巴巴帝国。

(1)不甘落后、永不放弃

三次高考,二次失败只是更加激励马云坚持不懈,必须成功的信念。

(2)反应敏锐、思路清晰

善于发现和把握互联网发展规律,从中国黄页到阿里巴巴到淘宝到支付宝都验证了这一点。

(3)胆大心细、一往无前

先是作为"杭州十佳教师"辞职下海,然后离开和杭州电信合作的中国黄页,离开和外经贸部合作的中国国际电子商务中心(EDI),一是大胆,一往无前、不留退路;二是心细,离开之前心中其实已经酝酿了一盘更大的棋局。

(4)激情四射、魅力服人

马云先后离开与杭州电信和外经贸部合作的公司,手下员工都愿意放弃更好条件甘愿吃苦受累追随马云重新创业,当年创业的18个人至今仍然追随马云发展。他更能通过个人魅力和激情吸引某国际风险投资公司的亚洲代表蔡崇信放弃工作追随,6分钟搞定软银孙正义投入2000万美元的风投。

(5)相信自己、理智分析

马云对自己有超级的自信,在阿里巴巴创业的第一次会议上马云就预告了未来,要求全程摄影,以此作为历史见证。很多人说马云狂妄,但马云说过自己创立海博网络的时候靠的就是勇气和眼光。马云很狂、很自信,但相信这是他基于理智分析的结果。一个人成功一次是偶然,但马云自1999年阿里巴巴创业成功到今天的不断发展,不能说马云只有大胆和自信,这里面肯定还包含了智慧和理智。

8.3.5 孙德良——农村娃到数十亿富豪的蜕变

一个大学毕业生失业了,在有"人间天堂"之称的杭州。为了"脱贫",他开了间小公司。在一片被垃圾环绕的破旧平房中,他租下一间小屋子。一个客人上门了,他用煤炉烧开水待客,客人没说什么就走了,再也没有回来。

这个大学毕业生叫孙德良,这一年是 1997 年。

如今,这个在那位客人看来没实力的小公司已经成长为中国互联网行业的一面"旗帜",2003 年盈利超过 5000 万元人民币。

孙德良毕业于沈阳工业大学计算机专业,浙江网盛生意宝股份有限公司(Toocle.cn)董事长兼总裁、浙大 MBA 研究生导师。他是业内公认的中国互联网元老之一、我国专业电子商务鼻祖、中国最早从事互联网行业的专业人士之一,创建了第一家 B2B 电子商务网站、中国互联网 A 股第一家上市公司。其带领的网盛科技为中国"互联网寒潮"时代第一个赢利的互联网公司,被媒体誉为"中国互联网产业的另类标杆"。浙江网盛生意宝股份有限公司(原浙江网盛科技股份有限公司)是一家专业从事互联网信息服务、电子商务和企业应用软件开发的高科技企业,是国内最大的垂直专业网站开发运营商,国内专业 B2B 电子商务标志性企业。2006 年 12 月 15 日,网盛科技在深交所正式挂牌上市(股票代码:002095),成为"国内互联网第一股",创造了"A 股神话"。上市之后,网盛生意宝积极拓展电子商务新领域,独创了"小门户+联盟"的电子商务新发展模式,成为中国电子商务发展的新航标。

说起这个奇迹,孙德良摸摸脑袋,有点不好意思地说:"全是一场大雨浇出来的。"

8.3.5.1 大雨突袭,造就财富奇迹

1972 年,孙德良出生在浙江萧山一个并不富裕的农民家庭。他从小受到的教育就是努力读书,到城里去。高考时他的成绩并不是十分理想,进了沈阳工业大学读计算机专业。作为一个非名校大学生,在校时的孙德良就意识到没有一技之长将难以在社会上立足。当他看到英语很好的师兄因为这个技能而找到了一份很好的工作,他也立志要将英语学好,作为自己的一块敲门砖。于是大学期间,他发愤图强,努力学习英语,甚至将一本厚厚的英汉大辞典从头到尾背了下来。因此,他不仅收获到了毕业后的第一份工作——一家互联网公司的翻译,而且认识到了互联网的非凡力量,从而走上互联网的创业路。而这种背字典的精神,也在他日后的创业过程中发挥着举足轻重的作用。

关于孙德良的创业,有两个故事是他津津乐道、逢人必讲的:两万元和一场雨。1997 年,在社会上闯荡了两年之后,他最终选择了自己创业之路。但是作为一个没有固定收入的年轻人,没有人愿意借钱给他做创业的资本。最终是农村的老父用家里的房子做抵押,借到了两万元。正是这两万元,造就了他今天的数十亿身家。

而"一场雨"更是孙德良懂得变通的典范故事:创业初期,孙德良想凭借浙江兴盛

的服装业，做一个服装网站。当时杭州的武林广场有一个服装展会，他打算去做个市场调查。但是一场雨，将他的美梦打碎。参展商和观众都被淋得无影无踪，而他也只能到附近的一个同学处避雨。正是在这个同学处，孙德良看到了一抽屉的化工企业名片。在毫无头绪的服装业和一堆人脉的化工业面前，孙德良忽然想起：为什么不做一个专业的化工网站呢？而且浙江是一个化工企业密集的地区，国内企业要出口，要获取信息，这样一个网站是各化工企业迫切需求的。

于是1997年10月，孙德良的"中国化工网"诞生了，这是国内第一个垂直专业网站。作为第一个吃螃蟹的人，孙德良收获了无数媒体的关注，无形中给自己的网站做了良好的广告宣传。时至今日，中国化工网已经成为众多国内化工企业员工上班首先打开的网站，其重要性不言而喻。不仅如此，中国化工网一度占到了网盛生意宝总业绩的84.23%。

8.3.5.2 善用宣传，博得世界眼球

21世纪初，一直勤勤恳恳耕耘着化工网站的孙德良忽然变成了媒体追踪报道的焦点。原因是他和当时规模还很小的公司打赢了被誉为"中国入世第一案"的产权官司。

作为中国化工网的创始人，孙德良一开始就对域名www.chemnet.com关注颇多。Chemnet是由英文Chemical Network（化工网络）简称而来，具有直观的"化工网"的意思。但是这样一个域名早在1995年就在美国被注册。无奈之下，孙德良只有申请china.chemnet.com域名给中国化工网用。但是他仍然时刻关注这个更为适合的域名。2001年某一天，孙德良忽然发现该域名因为没有续费而被注销，第二天一早，他就联系到注销方，并以9000美元购得了这梦寐以求的域名。

没想到，当时世界排名第57位的澳大利亚公司Orica因为这个域名的所有权问题将网盛告上了法庭。孙德良实在是太在乎这个域名了，因此当他面对澳大利亚公司快递过来的厚厚的诉讼材料，他着实紧张了一下，但是他依然选择面对。孙德良立刻联系律师，可惜在当时互联网刚兴起和中国刚"入世"的大环境下，国内懂国际域名知识产权的律师还很少，最终孙德良只得依靠公司内部组建了自己的应诉团队。而此时中国刚加入世界贸易组织，眼光独到的孙德良立刻意识到这是一个机会：这是一场跨国官司，而且是中国入世以来第一个因为域名产权而产生的官司。如果能击败世界500强公司，这本身就是一个极佳的看点。

于是这个几乎没怎么和媒体打过交道的浙江生意人一家家走访媒体，和总编们打交道。这件事很快就成为媒体关注的焦点，网盛和孙德良本人也因此得到了很好的宣传，官司打赢后，其品牌价值得到了显著的提升。这个案件甚至成为高校课程中法律与新闻运作的经典案例。在接受采访时，孙德良对记者透露其中"秘诀"：这是表达的艺术，同一件事，不同的人用过不同的方式来表达，效果很可能就会相差径庭。而平日里，"观察、分析、总结、表达"八个字，被他视为个人成长与培养公司管理层的"一

大法宝"。

这是孙德良独到智慧的体现。而在网盛生意宝发展的过程中,时刻离不开这样的智慧。2006年12月15日,网盛顺利登陆了深圳交易所,成为"中国互联网A股第一股"。彼时,它还是"网盛科技"。

2007年,孙德良在完成战略制定和框架搭建后,却面临着推广经费不足的难题。一向在业界以脑子灵活而著称的他,没有苦思冥想传统渠道的解决方案,而是将目光移到了资本市场。此时,这个市场对他来说已经不仅仅意味着融资,更重要的是它的传媒功能。孙德良知道,在中国有着庞大的股民人群,而每个股民的背后又有相应的影响群。如果改名,必然会得到股民和媒体的关注,相应的推广作用也就能实现了。

因为证券市场对于股票代码的名字有着硬性的规定:必须要带有2~4个公司的字样。这一改名之路并不是一帆风顺的。孙德良先是将公司名从"网盛科技"改为"网盛生意宝(Toocle.cn)",然后才能将股票代码变更为"生意宝"。几经波折,孙德良的愿望终于实现。在网上搜索"生意宝更名"能搜到近十万网页,而这只股票在市场上不俗的表现也受到越来越多股民的关注。

8.3.5.3 激情澎湃,走楼梯看风景

在网盛生意宝的公司网站上,点开"公司文化"这一栏,能看到一行醒目的大字:"激情澎湃走楼梯"。这是网盛的公司文化,每个网盛人信奉的人生哲学,也是孙德良十余年创业路上的切身体会。

"无论是个人发展还是企业从小壮大,都是一步步走出来的。从一楼到十楼,坐电梯几秒钟就能到达,但一旦发生危机,掉下来也很快。企业发展不如'走楼梯',一步步走上去,到了十楼再往下看,不会头晕。"关于这句话,孙德良用这样一个很形象的例子进行了阐释,"只是,我希望走楼梯的每一步,都要走得激情澎湃。"

确实,在互联网这个发展迅速的行业里,孙德良能取得今天的成绩,和他的这个理论是分不开的。理性地走楼梯,慢慢地走上去,而不是一蹴而就,这是孙德良理性发展的智慧。网盛之前,国内也有很多互联网企业上市,但是他们大多都奔向了纳斯达克。遍地开花的网站引来无数的风险投资,网盛也被诸多投资商青睐。但是孙德良理性地拒绝了这些资金,他认为那个时候网盛还没有能很好地利用这么多钱的发展思路,和其他网站一样一味地扩张并不是他的追求。

正是因为孙德良这样脚踏实地的理性,在互联网泡沫破碎、纳斯达克崩盘的互联网寒潮里,网盛如蜡梅般在寒冬里挺立,为其日后发展壮大、成为"中国互联网第一股"奠定了基础。

从上市到现在,网盛生意宝经历了一个痛苦的三年布局期,现在到了收获的时候。回首这三年的路,孙德良将其概括为:2007——布局之年;2008——酝酿之年;2009——发展之年;而2010年,是网盛的腾飞之年。虽然其时公司规模还相对较小,

被外界称之为"小强公司",但谈及下一个十年目标,孙德良说:"网盛生意宝就是要在这些年实现从'小强'向'中强'乃至'大强'的跨越。"

"互联网是一个充满了激情的行业,从事其中,就要有梦想;有梦想才能激发人的激情;有激情才能不断地创新,超越自我;企业发展了,就会有更大的梦想,产生更大的激情,周而复始,螺旋上升,这是我心目中的企业长生不老图。"这是孙德良对"激情澎湃"的最好阐释。

8.3.5.4 舍得舍得,有舍必将有得

关于孙德良减持中国服装网(www.efu.com.cn)三成股份的新闻再一次把他推向了风口浪尖,削减的部分有一部分出售给了浙江江浩坤元创投。媒体纷纷惊呼,这是因为不拿风险投资一分钱、不要银行一分贷款的"骆驼公司"向风险投资"妥协"了。

而此时,坐在办公室的孙德良却享受着战略布局成功后的怡然自得。这只是在商场打拼了十几年后,孙德良悟出的另一个智慧:一个人的成败坐标是由胸怀和智慧组成的。"互联网产业人才才是最重要的资源,只有你有足够的胸怀,把更多的利益让渡给他们,大家才会把公司当作自己的事业来做",孙德良如是说。

确实,在生意宝上市3年后,孙德良的"小门户+联盟"已经获得了巨大的成功。现在登陆生意宝网站(www.Toocle.cn),同时在线的人数多达350万,而注册会员也逾500万大关。

此时的孙德良,要做的是实现他在推出生意宝之初就提出的打造"100个中国化工网"的理念。而减持中国服装网,引进风险投资,能更好地帮助服装网冲击创业板。如果它成为了第二个中国化工网,孙德良的收益自然不会减少,网盛的发展也会因此迈上一个更新的台阶。

在后经济危机时代的今天,网盛因其稳健的发展战略在B2B市场上长盛不衰。而其一直坚持的"小门户+联盟"的模式也帮助了不少中小企业与网盛实现共赢。

在孙德良的创业哲学里,有一个关于"三力"的智慧。所谓"三力",是指"毅力、定力、魄力"。孙德良说,在他十几年的创业路上遇到过无数的困难,但是因为有毅力,他们没有向困难屈服,而是选择勇敢地面对,因此网盛历经互联网寒潮而毅然不倒;而定力,就是他这些年专注于电子商务,没有在高利润的诱惑下转投股市、房地产等泡沫行业,此次减持中国服装网,是其作为一个领导者远见卓识的魄力所在,不拘泥于眼前,而待更长远的发展。

8.3.5.5 孙德良创业启示

(1)低调务实是成就事业法宝

中国化工网站创建伊始,互联网的泡沫正在中国蔓延,这个时候,孙德良东拼西凑了12万元,举起了中国化工网的大旗,4个员工,几台计算机,一间四面被垃圾包围的办公室,一个从美国租来的只有10M的虚拟主机。他没有一味地炒作概念,追求

"注意力经济",而是像小本经营的传统小公司一样,给中国化工网制定的盈利模式就是收会员费和卖广告。这实质上是以做小买卖的精神来做网站。

(2)要有国家的、区域的、城市的创新创业文化氛围

一个国家、一个区域、一个城市,其核心竞争力是人们在长期共同生活和共同社会实践中形成的,为大多数社会成员所认同和接受的思想观念、价值取向和道德规范。浙江有新经济发育最重要的"气候环境"和"土壤条件"——浙江是全国资源配置市场化程度最高、民营经济最活跃的地方,也是中小企业最集中和对外贸易最有活力的地方。愿中国每个城市的管理者从中受到启发。

(3)贵在创新

一直以来,"草根"是浙商的形象,学历低、起点低,产品的技术含量和产业层次也低。可孙德良改变了这一形象,他是浙商形象创新的代表。他不仅在传统行业风光无限,而且在前沿领域也一样的得心应手。孙德良为什么选择了网络,就是因为在这个天地里,平等、进入门槛不高、不依赖特定资源、不相信特权和垄断、从无到有从小到大、需要梦想、敏锐的眼光和一定的冒险的魄力。

复习思考题

1. 结合案例谈谈创业成功的必备条件。
2. 结合相关案例,试分析当今时代大学生应该如何创新。
3. 好创意的必备要素是什么?

参考文献

毕来林，王勇，2016. 山西农业大学"三部曲"铺就大学生创业之路[J]. 山西教育（管理）（12）：10-12.
陈仕平，饶红敏，2017. "挑战杯"大学生创业计划竞赛项目评审的问题与对策[J]. 江西科学，35（4）：656-659.
丁栋虹，2014. 创业学[M]. 北京：清华大学出版社.
樊行健，2006. 财务经济分析论纲[M]. 成都：西南财经大学出版社.
佛山创意产业园 https：//baike. so. com/doc/6292454-6505966. html：2019.08.30
傅智园，2018. 大学生创业风险评估体系研究：基于ISM模型分析[J]. 知识经济，478（20）：173-176.
郭璐，2018. 基于创意创新创业的人生价值诠释[J]. 课程教育研究（20）：12-16.
郝江岭，2012. 从社会资本理论看大学生就业问题[J]. 读与写（05）：65-66.
吉祥华，2013. 国内外创业环境研究综述[J]. 中国集体经济（22）：36-38.
季俊杰，陈喜，2016. "挑战杯"中国大学生创业计划竞赛的现状、问题与对策[J]. 上饶师范学院学报，36（3）：116-120.
科农，2017. 着力打造"星创天地"推进农村科技创新创业——安徽省"星创天地"典型经验介绍[J]. 安徽科技，366（02）：27-30.
兰华，2016. 高校大学生创业院的建设现状与对策[J]. 职业与教育，866（10）：74-76.
李家华，2013. 创业基础[M]. 北京：北京师范大学出版社.
李秋兰，2015. 成都YC公司创业计划书[D]. 成都：电子科技大学.
李肖鸣，2018. 大学生创业基础[M]. 北京：清华大学出版社.
梁会青，翁立婷，2018. 中美大学生创业竞赛比较[J]. 世界教育信息，31（01）：26-32.
林佳，林晓明，石光，2018. 基于"挑战杯"竞赛培养大学生创新能力的探索[J]. 当代教育实践与教学研究（9）：191-192.
刘建芳，王伟新，肖建中，等. 2018. 田园综合体商业模式创新的国际经验及启示[J]. 世界农业（09）：34-38，106.
柳松洁，姬广，2013. 基于生存挑战的大学生创业实训模式初探[J]. 佳木斯教育学院学报，134（12）：510-511.
马强，2015. 农业企业商业模式创新探析[J]. 合作经济与科技，512（09）：100-102.
马树才，袁国敏，2000. 现代企业管理统计实务[M]. 沈阳：东北大学出版社.
彭莹莹，范京岩，段华，2007. 创业团队构建风险分析与控制[J]. 科技经济市场（11）：217-218.
三青，2007. 中国需要真正的创业教育——基于"挑战杯"全国大学生创业计划竞赛的分析[J]. 高等教育研究，28（3）：87-94.
司徒小镇 https：//baike. so. com/doc/25220412-26217376. html：2019.08.30

宋逸成，彭友，2010. 大学生创业动机探析[J]. 江苏经贸职业技术学院学报(01)：57-59，81.
孙媛媛，2015. 大学生创业风险意识培育探析[J]. 白城师范学院学报，108(01)：47-49.
"挑战杯"全国大学生创业计划大赛官方网站 http：//www.tiaozhanbei.net/和"创青春"全国大学生创业大赛官方网站 http：//www.chuangqingchun.net/about
王腊梅，2014. 当代大学生创业风险分析及管理[J]. 合作经济与科技，491(12)：22-24.
王伟，朱燕空，2010. 创业机会评价指标体系构建[J]. 商业时代，781(02)：75-76.
王秀玲，2016. 小女孩玩转新农场[J]. 新青年(珍情)(12)：8-9.
网易未央，http：//www.weiyang.cn/
未知，2005. 创业资源整合二 人才资源[J]. 科技创新(02)：28-29.
未知，2005. 创业资源整合六 行业资源[J]. 科技创新(02)：36-37.
未知，2005. 创业资源整合七 政府资源[J]. 科技创新(02)：38-39.
未知，2005. 创业资源整合三 信息资源[J]. 科技创新(02)：30-31.
未知，2005. 创业资源整合四 技术资源[J]. 科技创新(02)：32-33.
未知，2005. 创业资源整合五 资产资源[J]. 科技创新(02)：34-35.
未知，2005. 创业资源整合一 人脉资源[J]. 科技创新(02)：26-27.
未知，2018. 一年10亿销售，细数故宫背后的营销手段[J]. 公关世界，442(23)：80-83.
谢玲红，毛世平，2016. 中国涉农企业科技创新现状、影响因素与对策[J]. 农业经济问题，35(5)：89-95.
徐进，2017. 国内外大学生创业园典型成功经验研究[J]. 时代教育(23)：188.
徐甜，2018. "互联网+"背景下的工作变迁及其应对——以餐饮服务业为例[J]. 中国商论，752(13)：20-21.
严东，2017. 当前大学生创业模式分析——以杨凌示范区为例[J]. 湖新西部，422(29)：50-53.
颜剩勇，2007. 企业社会责任财务评价研究[M]. 成都：西南财经大学出版社.
杨丽华，刘明，2014. 褚橙成功路[J]. 企业管理(4)：58-59.
杨阳，2016. 星创天地，让创客扎根农村[J]. 中国农村科技，257(10)：29-33.
叶依广，刘志忠，2004. 创业环境的内涵与评价指标体系探讨[J]. 南京社会科学(2)：228-232.
易华，2009. 创意阶层内涵探析[J]. 湖南商学院学报，16(5)：42-45.
余涤非，2012. 我国农业产业化龙头企业战略研究[D]. 青岛：中国海洋大学.
余胜海，2018. 不折腾：大众创业成功法则[M]. 北京：电子工业出版社.
曾慧，2015. 创业阶段划分及其绩效的研究综述[J]. 企业导报(08)：67.
张磊，2017. 大学生"挑战杯"竞赛时效性研究[J]. 大学生研究(08)：105-109.
张融，2019. 传统文化IP的传播策略研究[D]. 上海：华东师范大学.
张项民，付浩，郭凯，等，2018. 创业机会识别研究现状和展望[J]. 创新科技，218(04)：65-69.
赵公民，2014. 创业基础[M]. 北京：国防工业出版社.
赵公民，2017. 创业基础——理论与实物[M]. 北京：清华大学出版社.
赵俊亚，李明，2019. 大学生创新创业教育[M]. 北京：清华大学出版社.
职业锚测评表及解析 https：//wenku.baidu.com/view/9437751bd0d233d4b04e6932：2019.08.27
中国瓜果书创意产业基地 https：//baike.sogou.com/v660594.htm?fromTitle：2019.08.27